★ 职业教育城市轨道交通专业精品教材 ★

U0649438

Chengshi Guidao Jiaotong Cheliang Gouzao

城市轨道交通车辆构造

雷晓娟　张天彤　主　编

张万成　刘凤娟　副主编

王治根　主　审

人民交通出版社股份有限公司

北京

内 容 提 要

本书是职业教育城市轨道交通专业精品教材之一。主要内容包括:城市轨道交通车辆基础知识、城市轨道交通车辆车体、城市轨道交通车辆设备及其布置、城市轨道交通车辆转向架、城市轨道交通车辆车门、城市轨道交通车辆连接装置、城市轨道交通车辆动力学,共7个单元。

本书可作为城市轨道交通车辆技术专业的教学用书,也可作为城市轨道交通企业管理人员、技术人员的参考用书。

图书在版编目(CIP)数据

城市轨道交通车辆构造/雷晓娟,张天彤主编. —
北京:人民交通出版社股份有限公司,2020.7 (2024.12重印)
ISBN 978-7-114-16600-6

Ⅰ.①城… Ⅱ.①雷… ②张… Ⅲ.①城市铁路—铁路车辆—车体结构—职业教育—教材 Ⅳ.①U270.3

中国版本图书馆 CIP 数据核字(2020)第 091748 号

书　　名:	**城市轨道交通车辆构造**
著 作 者:	雷晓娟　张天彤
责任编辑:	时　旭
责任校对:	赵媛媛
责任印制:	刘高彤
出版发行:	人民交通出版社股份有限公司
地　　址:	(100011)北京市朝阳区安定门外外馆斜街 3 号
网　　址:	http://www.ccpcl.com.cn
销售电话:	(010)85285911
总 经 销:	人民交通出版社股份有限公司发行部
经　　销:	各地新华书店
印　　刷:	北京市密东印刷有限公司
开　　本:	787×1092　1/16
印　　张:	13
字　　数:	308 千
版　　次:	2020 年 7 月　第 1 版
印　　次:	2024 年 12 月　第 4 次印刷
书　　号:	ISBN 978-7-114-16600-6
定　　价:	32.00 元

(有印刷、装订质量问题的图书由本公司负责调换)

Preface 前言

随着我国城镇化规模不断扩大,人员流动与机动车数量快速增加,现有城市交通基础设施面临着巨大的挑战。城市轨道交通对改善现代城市交通拥堵局面、调整和优化城市区域布局、促进国民经济发展发挥的作用,已是不容置疑的客观现实。在城市化进程加快、新一线城市经济崛起的背景下,我国城市轨道交通迎来快速发展,轨道交通运营规模不断扩大,轨道交通运营人才紧缺问题亟待解决。

本套城市轨道专业教材教材自2010年出版以来,在教学、科研和培训工作中发挥了很大的作用,深受使用院校师生的好评。为体现城市轨道交通发展中新技术、新材料、新设备、新工艺和新标准的应用,更好地适应职业教育"校企合作,工学结合"的人才培养模式,满足实际教学需求,人民交通出版社股份有限公司根据使用院校师生反馈的意见和建议,组织相关专业教师、企业技术人员,对本套教材进行了全面修订。

本书在原有教材基础上,根据教育部发布的教学标准,重新编写了全书内容。本书取材于深圳、广州、上海、北京、西安及成都地铁等轨道交通车辆,主要介绍了具有代表性地铁车辆的结构、组成部件及工作原理,充分体现了当代城市轨道交通车辆的技术水平。全书共分七个单元,紧扣职业教育的特点,由浅入深地介绍了城市轨道交通车辆基础知识、城市轨道交通车辆车体、城市轨道交通车辆设备布置、车辆转向架、车门、车辆连接装置及城市轨道交通车辆动力学基本理论。全书内容图文并茂,简洁易懂,便于学习。

本书由西安铁路职业技术学院雷晓娟、郑州铁路职业技术学院张天彤担任主编,由黑龙江交通职业技术学院张万成、西安铁路职业技术学院刘凤娟担任副主编,由西安市轨道交通集团有限公司运营分公司高级工程师王治根担任主审。具体编写分工:雷晓娟负责编写单元4、单元7,张天彤负责编写单元2、单元6,张万成负责编写单元3,刘凤娟负责编写单元1,西安轨道集团运营分公司田飞负责编写单元4的4.9和单元5。

本书在编写过程中得到西安市轨道交通集团有限公司运营分公司郭永锋等同志的大力支持,并提出宝贵意见,在此表示衷心的感谢!

限于编者水平,书中难免有疏漏和错误之处,恳请广大读者提出宝贵建议,以便进一步修改和完善。

编　者
2020 年 3 月

Contents 目录

单元 1 城市轨道交通车辆基础知识

教学目标

1. 掌握城市轨道交通车辆的类型、结构组成和特点；
2. 能识别不同列车的编组形式及车辆编号；
3. 熟悉城市轨道交通车辆基本技术参数；
4. 了解城市轨道交通车辆限界知识。

建议学时

4 学时

城市轨道交通车辆有如下特点：

(1)一般为电动车组，有单节、双节和三节式等，有动力车与非动力车之分；

(2)作为公共交通工具，其车内的平面布置上有明显特征，如座位少、车门多且开度大、内部设备简单等；

(3)对于高架轻轨和独轨车辆要求轴重小，以降低线路工程投资，满载和空载的差异大；

(4)城市轨道交通车辆运行于城市中，对车辆的隔音、消音要求较高；

(5)车体的防火要求严格，特别是运行于地下隧道中，一旦发生火灾后果不堪设想；

(6)作为城市景观的一部分，车辆的外观及色彩都有相应的要求。

1.1 城市轨道交通车辆的类型及组成

城市轨道交通车辆是技术含量较高的机电设备，也是城市轨道交通工程中最关键的设备，其选型和技术参数不仅是界定线路技术标准的基础和确定系统运营管理模式、维修方式的基本条件，而且还是系统设备选型和确定设备规模的重要依据。各城市的城市轨道交通车辆的结构和性能不尽相同，这与许多因素有关，除城市轨道交通车辆提供商的技术背景和设计时考虑问题的角度有所不同以外，还与当时的城市轨道交通车辆发展水平及城市运用环境等有很密切的关系，它们都尽可能结合城市各自的特点，满足城市交通客流量大、安全、快速、舒适、美观、节能和环保的要求，具有先进性、可靠性和实用性。

1.1.1 城市轨道交通车辆的类型

1）按运能分类

自1863年世界上第一条地下铁路诞生后，经过150多年的发展，当今城市轨道交通呈多元化发展态势，但因其技术特征的复杂性及各地定义的基准不一，目前并没有统一、规范的分类标准。根据《城市公共交通分类标准》（CJJ/T 114—2007），城市轨道交通车辆分为以下几类。

（1）地铁列车。

地下铁道，简称地铁，原指在地下运行的城市轨道交通系统，但随着城市轨道交通系统的发展，它的延长线或部分线路，甚至整条线路可能建在地面或高架上，但由于它的技术制式如车辆、信号、通信、线路和地下线路基本一致，故通常称之为地铁。如图1-1所示为西安地铁列车。

地铁列车具有运量大、速度快的特点，其单向运能约为3万~7万人/h，最高运行速度为80~120km/h；采用电力牵引，双钢轨、钢轮支撑和导向，线路转弯半径大。

（2）轻轨列车。

轻轨是一种中运量快速轨道交通运输系统，是有轨电车逐步发展到路权专用、自动化程度高，车辆可在地下、地面或高架轨道上运行的城市轨道运输系统，如图1-2所示。

图1-1 西安地铁列车

图1-2 轻轨列车

相对于地铁列车，轻轨列车单向运输能力约为1.5万~3.5万人/h，最高运行速度为60~80km/h。高技术标准的轻轨接近轻型地铁，路权专用，低技术标准的轻轨则接近于有轨电车，与地面交通共享道路通行权，路权公用。轻轨列车采用电力牵引，双轨道、钢轨支撑和导向，线路转弯半径大。

（3）单轨列车。

单轨又称独轨铁路，是指以橡胶轮胎为主的车辆在一根导轨上运行的轨道交通运输系统。从构造形式上分，单轨列车分为跨坐式和悬挂式两种。跨坐式单轨列车是跨坐在高架轨道上的形式，车辆的走行部在车体的下部，如图1-3所示；悬挂式单轨列车是悬挂在高架轨道下运行的，车辆的走行部在车体的上部，如图1-4所示。

单轨列车一般使用道路上部空间，需要的专用空间较小，可以适应急转弯和大坡度道路条件。其采用电力牵引，单一轨道梁支撑，橡胶轮胎导向，噪声小、振动小，但运行阻力大、能耗大，有轻度的橡胶粉尘污染。

图1-3 跨坐式单轨列车

图1-4 悬挂式单轨列车

（4）现代有轨电车。

现代有轨电车又称路面电车，是以电力牵引、轮轨导向、按照1～3辆编组运行在城市道路上的低运量的轨道交通系统，如图1-5所示。有轨电车是最早发展的城市轨道交通形式之一，由于其与汽车和行人等共用街道路权，故所受干扰多、速度较慢，其单向运输能力为0.6万～0.8万人/h，最高运行速度为35～45km/h。

（5）自动导向交通列车。

自动导向交通又称为自动旅客输送系统，是利用导轨和导轮导向、自动控制运行的新型轨道交通系统（图1-6），其一般采用混凝土或钢制导轮、橡胶轮胎，由导向轮引导车辆运行，列车自动运行控制，可实现无人驾驶。自动导向交通列车的运量相对较小，单向运输能力为0.5万～1.5万人/h，最高运行速度为50～80km/h。

图1-5 现代有轨电车

图1-6 自动导向交通列车

（6）磁悬浮列车。

磁悬浮交通是一种利用电磁力抗拒地心引力，使车体浮离轨道，并用直线电机牵引的现代轨道交通系统，如图1-7所示为上海磁悬浮列车。磁悬浮列车是一种现代高科技轨道交通工具，具有高速、安全、噪声小、舒适、环保、节能、维修简单等特点。

2）按车辆规格分类

目前，我国城市轨道交通建设正处于快速

图1-7 上海磁悬浮列车

发展阶段,城市轨道交通车辆的供应商较多,各城市的要求也不一样,因此车辆品种较多、规格各异。为有利于我国城市轨道交通车辆制造、运营、维修的良性发展,进行车辆类型的规范化及主要技术规格的统一是十分必要的。建设部 1999 年颁布的《城市快速轨道交通工程项目建设标准(试行本)》根据我国各城市对城市轨道交通车辆选型的不同要求和城市轨道交通车辆的发展现状提出了 A、B、C 型车的概念,它主要是按车体宽度的不同进行分类,其主要技术规格可参照表 1-1。《地铁车辆通用技术条件》(GB/T 7928—2003)中对用于地铁的运营车辆的技术规格也作出了相应的具体规定。

各型城市轨道交通车辆主要技术参数   表 1-1

序号	项目名称		A 型车	B 型车	C 型车		
			四轴车	四轴车	四轴车	六轴车	八轴车
1	车辆基本长度(m)		22	19	18.9	22.3	29.5
2	车辆基本宽度(m)		3	2.8	2.6		
3	车辆高度(m)	受流器车(加空调/无空调)	3.8/3.6	3.8/3.6	3.7/3.25		
		受电弓车(落弓高度)	3.8	3.8	3.7		
		受电弓工作高度	3.9~5.6				
4	车内净高(m)		2.10~2.15				
5	地板面高(m)		1.1		0.95		
6	车辆定距(m)		15.7	12.6	11	7.2	
7	固定轴距(m)		2.2~2.5	2.1~2.2	1.8~1.9		
8	车轮直径(mm)		ϕ840		ϕ760		
9	车门数(每侧)(个)		5	4	4	4	5
10	车门宽度(m)		≥1.3				
11	车内高度(m)		≥1.8				
12	车辆轴重(t)		≤16	≤14	≤11		
13	定员人数(人)	单司机室车	295	230	200	240	315
		无司机室车	310	245	210	250	325
14	站立人员标准	定员(人/㎡)	6				
		超员(人/㎡)	9				
15	最高运行速度(km/h)		≥80		≥70		
16	起动平均加速度(m/s²)		≥0.9		≥0.85		
17	常用制动减速度(m/s²)		1.0		1.1		
18	紧急制动减速度(m/s²)		1.2		1.3		
19	噪声(dB)	司机室内	≤80		≤70		
		客室内	≤83		≤75		
		车外	80~85		≤82		

城市轨道交通车辆按车型不同,主要分为 A 型车、B 型车、C 型车、L 型车、胶轮车、有轨

电车和低地板轻轨车等。其中,车辆宽度为 3.0m 的车辆称为 A 型车,车辆宽度为 2.8m 的车辆称为 B 型车,车辆宽度为 2.6m 的车辆称为 C 型车,直线电机车辆(英文称 Line)称为 L 型车。轻轨车辆又可分为 70% 低地板车辆和 100% 低地板车辆两种。各车型在国内各城市的使用情况为:上海地铁 1、2、3、4、7、9、10、11、12、13、16 号线,广州地铁 1、2、8、11、12、13 号线,深圳地铁 1、2、4、5 号线,南京地铁 1、2、3、10 号线,成都地铁 7 号线均使用 A 型车,广州地铁 3、7、9、10、14、21 号线,广佛线,深圳地铁 3 号线,北京地铁 4、6、7、10 号线,西安地铁 1、2、3、4 号线,成都地铁 1、2、3、4 号线均使用 B 型车;上海地铁 5、6、8 号线使用 C 型车;北京地铁首都机场线,广州地铁 4、5、6 号线使用 L 型车,采用直线电机牵引;重庆轻轨 2 号线使用跨坐式单轨胶轮车。

目前,同时具有发展城市轨道交通的现实需要和经济实力的,多为客流量大的大中型城市,其快速轨道交通系统发展的主流是以 A 型车或 B 型车为基础,基本编组单元为 2M+1T 或 1M+1T 的电动车组立体化运行。整个城市轨道交通系统正朝着地下铁道、高架轻轨和近郊地面三位一体的立体化、网络化方向发展。采用 VVVF(交流调频调压技术)和轻量化耐候钢或不锈钢车体,能够满足我国一些城市轨道交通系统的发展要求,并有一定的技术经济性,其走行部为轻量化、低噪声的无摇枕转向架。列车控制系统采用计算机系统并实行网络化控制,具有体积小、性能稳定和控制范围广等优点。

1.1.2　城市轨道交通车辆的组成

城市轨道交通车辆类型不同,技术参数不一样,但基本结构类似,一般的城市轨道交通车辆主要由以下几部分组成。

1)车体

车体主要由底架、侧墙、端墙及车顶组成。车体原来采用普通碳素钢制造,为了提高车体的使用寿命,后又广泛采用耐腐蚀的耐候钢制造。为达到在最轻的自重下满足强度的目的,目前普遍采用整体承载的不锈钢结构或铝合金结构,并且采用模块化生产工艺。车体底架采用上拱结构,即使在满载情况下车体也不会产生下挠度。

车体分有带司机室车体和无司机室车体两种。一般司机室采用框架结构,外罩玻璃纤维增强塑料罩壳,用螺栓紧固在车体构架上。在隧道运行的车辆前端还应设有乘客紧急安全疏散门,司机室内布置有驾驶台、转椅和设置有司机需要操作的各种电器的设备箱。

车体是搭载乘客的地方,采用美观、舒适的内部装饰。每侧有车窗和供乘客上下的宽型车门及其传动装置,车体内还布置有座椅、扶手、立柱、乘客信息系统等各种乘客服务设施,以及车门紧急手柄、紧急对讲、灭火器等安全设施。车体上还安装了车辆电子、电器、机械等各种设备和部件。

车辆及其设备禁止使用易燃材料,应采用高助燃性、低发烟浓度、低毒性的环保材料,车体要有隔声、减振、隔热、防火和各种保护乘客安全的措施,车体还应有良好的密封性和排水功能,以适应全天候运行的要求。

2)转向架

转向架是支撑车体及其荷载并使车辆沿着轨道行驶的车辆运行的装置。转向架分动力转向架和非动力转向架,它位于车体与钢轨之间,一般由构架、弹簧悬挂装置、轮对装置和制动装置等组成。对于动力转向架,还装设有牵引电机及齿轮传动装置。

转向架引导车辆沿着轨道行驶和承受与传递来自车体及线路的各种荷载并缓和其动力作用。地铁、轻轨车辆转向架一般利用转向架轮对踏面与钢轨的黏着力产生牵引力和制动力,利用车轮的轮缘与钢轨使车辆沿着轨道行驶;跨坐式单轨车辆转向架由走行轮、导向轮、稳行轮代替地铁、轻轨车辆的钢制车轮,走行轮为充氮气的钢丝橡胶轮胎,导向轮、稳行轮是充压缩空气的尼龙丝橡胶轮胎;磁悬浮车辆是由直线电机推动车辆行驶,用悬浮、导向电磁铁进行车辆的悬浮和导向。转向架是保证车辆运行质量、动力性能和运行安全的关键部件。

3)车钩及缓冲装置

城市轨道交通车辆都是多节车辆运行,车辆由车钩连接成编组运行的列车。为了缓解列车纵向冲击,在车钩的后部装设缓冲装置。此外,还必须连接车辆之间的电气和空气管路。因此,车钩及缓冲装置包括车钩、缓冲器、电路连接器和气路连接器。它们连接车辆以及车辆间的电路和气路,并传递和缓冲列车运行的牵引力、制动力及其他冲击力。

目前,城市轨道车辆大都采用密接式车钩。密接式车钩分为全自动车钩、半自动车钩和半永久牵引杆三种。自动车钩一般设置在列车端部,在低速运行时可以实现机械、电路、气路的自动连接与分离;半自动车钩一般安装在组成列车的车组之间,有时也设置在列车端部,可以实现机械、气路的自动连接与分离,而电路需要人工进行连接与分离;半永久牵引杆成组安装在列车车组的两节车辆之间,用可以拆卸的一副牵引杆进行连接,其气路、电路均需人工进行连接。车钩和缓冲装置固定在车体底架上,车辆运行中牵引、制动时发生的纵向拉力、压缩力经车钩、缓冲器,最后传递给车体底架的牵引梁。缓冲器可起到缓解车辆之间冲击的作用。

4)制动装置

制动装置是使车辆减速、停车和保证列车安全运行所必不可少的装置。在动车、拖车上都设置有制动装置,使运行中的列车能够按需要减速或在规定的距离内停车。城市轨道交通车辆制动装置除常规的机械(压缩空气)制动装置外,还要求具有电制动(再生制动、电阻制动)功能,并且应充分发挥电制动能力,电制动和机械制动能够协调配合。

列车的制动系统能保持各车辆的减速度一致,以减少车辆制动带来的纵向冲击。制动系统具有根据载客量变化的制动力自动调整功能以及紧急制动能力,除在遇到紧急情况可由司机施加紧急制动以外,在车辆运行中发生车辆分离等危及列车运行安全的事故时,列车可自动进行紧急制动。

城市轨道交通车辆的制动形式有摩擦制动和电制动两种。其中,摩擦制动有以压缩空气为动力的闸瓦制动、盘式制动,以及用电磁铁与钢轨的作用力进行制动的轨道电磁制动;电制动分为再生制动和电阻制动。电制动是在车辆制动时将牵引电机变成发电机将列车动能变为电能,再生制动是将这种电能反馈到电网供给其他列车使用,电阻制动可将电网不能吸收的电能通过电阻器将其转变为热能并散发到大气中。

摩擦制动的压缩空气动力由车辆的供气系统供给。供气系统主要由空气压缩机、干燥过滤器、压力控制装置和管路组成,此外还可向空气弹簧等需要压缩空气的设施供气。

5)空调通风系统

城市轨道交通车辆由于客流密度大,为改善车厢的空气质量必须要设置通风装置。车辆的通风方式分为自然通风、强迫通风、空气调节三种。车厢空气质量是乘坐舒适性的重要方面，随着人们对城市轨道交通车辆服务质量要求的提高，自然通风已不被采用，单一的机械式强迫通风系统也逐渐被空调通风系统所代替。空调通风系统主要由压缩机、蒸发器、冷凝器、冷凝风机等组成。车厢内部分空气和车厢外新风混合，经空调机组处理后送入车厢。根据城市的自然条件和列车的运行环境，一些车辆还设置有采暖装置。采暖装置一般采用电热器，安装在车厢的座椅或侧墙下方。

6) 车辆电气牵引系统

车辆电气牵引系统包括车辆上的受流器和各种电气牵引设备及其控制电路。

受流器分为三轨受流器和受电弓两种，受流器的选择主要取决于供电电压。供电电压为 DC 750V，一般采用三轨受流器，其优点是对市容景观影响较小；供电电压为 DC 1500V，一般采用接触器受电，其优点是线路电压降低，能量损失少，同时需要的牵引变电站数量少。

车辆电气牵引系统分为直流电气牵引系统和交流电气牵引系统两种。车辆电气牵引系统采用直流牵引电机，虽然它有质量大、体积大、维修量大的缺点，但由于具有调速容易的优点，曾得到广泛的应用。随着电力电子技术和微电子技术的高速发展，城市轨道车辆目前主要采用 VVVF(交流调频调压)技术的交流电气牵引系统，具有效率高、控制性能好的优点。

车辆直流电气牵引系统的控制方式，从凸轮变速发展到斩波调阻变速方式，它们都是把车辆动能转化的电能消耗在电阻上，存在着浪费电能的缺点。随着电子技术的发展，直流电气牵引系统的控制方式发展为微机控制的斩波调压变速方式，可将车辆动能转化的电能存储在电抗器中再反馈到电网。直流斩波调压变速方式的主要优点是：只有在列车电制动电网不能吸收再生电能时才由电阻消耗电能，节约能量；电机的电流波动小，可提高黏着能力；结构简单，便于检修。

车辆交流电气牵引系统的控制方式是采用微机控制的交流调频调压技术，牵引逆变器主要由输入滤波器、三相逆变线路、制动斩波线路和控制线路组成。交流调频调压变速控制的优点是：采用交流异步牵引电机无接点控制，维修量大大减少；电气牵引系统小型轻量化，减少质量；黏着性能好，提高了黏着能力。

7) 辅助供电系统

城市轨道交通车辆上的辅助设施，如车厢通风、空调及牵引等系统设备的通风和空气压缩机电机、照明(采用交流电源)等交流负载，以及乘客信息系统、列车控制系统、车辆及其子系统控制系统、电动车门驱动装置、蓄电池充电器、照明(采用直流电源)等直流负载，均由车辆辅助供电系统供电。

辅助供电系统主要由辅助静态逆变器、充电器、蓄电池三大部分组成。辅助静态逆变器将 DC 1500V 输入逆变成 AC 380V 供给车辆辅助交流负载，一路交流输出再转换成 DC 110V 低压直流输出供给车辆辅助直流负载。DC 110V 输出还有一类是与辅助静态逆变器分开设置，单独直接将 DC 1500V 输入转换成 DC 110V 低压直流输出供给车辆辅助直流负载。

蓄电池是车辆辅助供电系统的低压直流备用电源，在辅助逆变器正常工作时处于浮充电状态；在网压供电或辅助逆变器发生故障，不能正常工作时，作为紧急电源向车辆辅助直流紧急负载(如客室车厢紧急通风、紧急照明及各控制系统)进行供电。

8)列车控制和诊断系统

现代化城市轨道交通车辆的列车控制和诊断系统具有自我监控和诊断功能,能够实现信息的采集、记录和显示。车辆及车辆主要系统都采用微机进行自动控制,能够对列车主要设备的运行状态自动进行故障诊断。

使用微机控制设备的监控和诊断系统,还能借助手提数据收集器通过列车上的 USB(通用串行总线)维修接口来收集所有的各种有关数据。同时,也能在各系统微处理器的本地维修接口收集到相关数据。所收集的数据的种类和精确度能满足维修和分析故障的需要。

9)乘客信息系统

城市轨道交通车辆乘客信息系统向乘客提供列车运行信息、安全信息和其他公共信息,如列车的终点站、停车车站、换乘信息等;在列车发生故障或事故时,向乘客提供回避危险的指挥、指导信息等。乘客信息系统包括广播、列车运行线路电子显示图、LED(发光二极管)显示器、LCD 显示器(液晶显示器),以及各种文字、图示固定信息。向乘客播报和显示的各种形式的信息应简洁、明了,还要正确并同步,避免对乘客产生误导。

➡ 1.2 城市轨道交通车辆的编组及标识

城市轨道车辆的动车和拖车通过车钩连接成一个相对固定的组合方式称为车辆编组。标识是指对车辆及其设备进行标记或编号。为方便车辆运用、检修等情况下的管理和识别,必须对车辆进行标识。由于城市轨道交通车辆仅运行在各城市相对固定的线路上,目前我国没有统一的车辆标识规定,用户和制造商一般参照国外成熟的做法,车辆的标识方法比较相似。

1.2.1 车辆编组

我国地铁车辆编组形式为:四辆编组主要有"二动二拖",六辆编组主要有"三动三拖"和"四动二拖",八辆编组主要有"六动二拖"。

1)广州地铁

广州地铁 1 号线每一列车由六节车辆组成,其编组为:

$$- A * B * C = C * B * A -$$

其中 A 车为拖车,一端设有司机室,车顶上装有受电弓,车下装有一套空气压缩机组。B 车和 C 车均为动车,结构基本相同。广州地铁 2 号线与 1 号线基本一样,只是受电弓装于 B 车车顶,而空气压缩机组装于 C 车车底。

广州地铁 3 号线目前的每一列车均由 3 节车辆构成,共有 A(C)、B 两种车型,其中 A、C 车是带司机室和受电弓的动车(设备完全一样),B 车为拖车,动车结构基本相同,按 - A + B + C - 的方式组成,车辆之间以半永久牵引杆相连,其 3 辆编组形式为: - A = B = C -。

上述编组表达式中" - "表示全自动车钩;" = "表示半自动车钩;" * "表示半永久性牵引杆。

2）上海地铁

上海地铁1、2号线近期每一列车由六节车辆组成，采用"四动二拖"的形式，即：
$$- A = B * C = B * C = A -$$

上海地铁1、2号线远期每一列车由八节车辆组成，采用"六动二拖"的形式，即：
$$- A = B * C = B * C = B * C = A -$$

其中A车为拖车，一端设有司机室；B车为动车，车顶上装有受电弓；C车为动车，车底装有一套空气压缩机组。

3）郑州地铁

郑州地铁1号线采用"四动二拖"六辆编组结构，其编组形式为：
$$- A * B * C = C * B * A -$$

其中A车为带司机室的拖车，B车为带受电弓的动车，C车为不带受电弓的动车。

4）北京地铁

北京地铁列车按照编组形式的不同，有"四辆编组""六辆编组""八辆编组"三种形式。

（1）四辆编组形式。

北京地铁首都机场线列车采用全动车配置，列车编组形式为：
$$- Mc * M + M * Mc -$$

其中，Mc为带司机室的动车，M为不带司机室的动车。

（2）六辆编组形式："三动三拖"和"四动二拖"。

北京地铁4号线、10号线采用"三动三拖"，一个动车和一个拖车为一个单元，编组形式为：
$$= Tc1 * M1 * M3 * T3 * M2 * Tc2 =$$

其中Tc1、Tc2为带司机室的拖车，T3为不带司机室的拖车，M1、M2、M3为不带司机室的动车。

北京地铁14号线采用"四动二拖"，两个动车和一个拖车为一个单元，列车编组形式为：
$$= Tc * Mp * M + M * Mp * Tc =$$

其中Tc车为有司机室的拖车，Mp车为有受电弓的动车，M为不带受电弓的动车。

（3）八辆编组形式："六动二拖"。

北京地铁6号线、7号线采用"六动二拖"，列车编组形式为：
$$= Tc1 * Mp * M * Mp * M * M * Mp * Tc2 =$$

其中Tc1、Tc2为带司机室的拖车，Mp车为带受电弓的动车，M为不带受电弓的动车。

上述编组中，"－"表示全自动车钩，"＝"表示半自动车钩；"＊"表示半永久性牵引杆。

5）西安地铁

西安地铁1、2号线每一列车由六节车辆组成，采用"三动三拖"的形式，其编组形式为：
$$= Tc * Mp * M * T * Mp * Tc =$$

其中M车为动车，T车为拖车，Tc车为有司机室的拖车，Mp车为有受电弓的动车。"＝"表示半自动车钩，"＊"表示半永久性牵引杆。

西安地铁4号线采用"四动两拖"的编组形式，编组形式为：
$$= Tc * Mp * M1 * M2 * Mp * Tc =$$

其中" ＝ "表示半自动车钩，"＊"表示半永久性牵引杆。Tc 车为带司机室的拖车，M1、M2 车为无司机室的动车，Mp 车为无司机室带受电弓的动车。

6）深圳地铁

深圳地铁 3 号线列车由两个单元电动车组编成，三节车为一组列车单元，六节车为一列车编组。其编组方式为：

$$- Tc * M * M1 = M2 * M * Tc -$$

式中 Tc 表示带有司机室的拖车，M、M1、M2 表示无司机室的动车。" － "表示头车半自动车钩，"＊"表示半永久牵引杆，" ＝ "表示中间车半自动车钩。

7）成都地铁

成都地铁列车主要为六辆编组，一般采用"四动二拖"的编组形式。如成都地铁 3 号线编组形式为：

$$= Tc * Mp1 * M1 * M2 * Mp2 * Tc =$$

成都地铁 7 号线编组形式：

$$= Tc1 * Mp * M1 * M2 * Mp * Tc2 =$$

成都地铁远期为八辆编组，采用"六动二拖"的编组形式。如成都地铁 5 号线编组形式：

$$= Tc1 * Mp * M1 * Mp * M2 * M3 * Mp * Tc2 =$$

其中 Tc、Tc1、Tc2 表示带有司机室的拖车，M、M1、M2 表示无受电弓的动车，Mp 表示带受电弓的动车。"＊"表示半永久性牵引杆，" ＝ "表示半自动车钩。

1.2.2 车辆编号

车辆编号实际上就是给所有的车辆取一个名字，以示区别。为便于记忆，车辆编号采用有限数字式编号系统。一般每节城轨车辆都有属于自己固定的编号，但各车辆制造商或运营商的编号方式不一样。

1）上海地铁

上海地铁 1、2 号线车辆编号由五位数组成，采用 YYCCT 形式，其中 YY 为车辆出厂的年份，CC 为出厂时这一年的同类型车辆的生产顺序号，T 为车辆类型代号。在代号中"1"为 A 车，"2"为 B 车，"3"为 C 车。例如"14082"为 2014 年出厂的第 8 辆车，其车辆类型为 B 车。目前上海地铁列车的编组是固定的，编号后的车辆在列车中的编组位置相应没有变化。

2）广州地铁

广州地铁 1、2、3 号线车辆采用了一致的编号形式，其车辆编码包含信息有：车辆所属线路（用一位或二位数字表示）、车辆的类型（A、B 或 C 车）、生产顺序号（同类型车辆的连续编号，用三位数字，不同的车辆类型以新的顺序开始编号）。

如广州地铁 3 号线中某车编号为"03A001"，代表车辆为 3 号线的 A 型车，车辆顺序编号为 001。

3）北京地铁

（1）老线车辆编号。

北京地铁老线列车编号格式为：字母 +4 位数字的形式。字母代表车辆的配属：1 号线——G 为古城车辆段、S 为四惠车辆段;2 号线——T 为太平湖车辆段;13 号线——H 为回龙观车辆段;八通线——TQ 为土桥车辆段;5 号线——TP 为太平庄车辆段;10 号线——W 为万柳车辆段。第 1 位数字代表车型:1——凸轮调阻、2——斩波调阻、3——斩波调压、4——变频调压。第 2、3 位数字为列车编号,第 4 位数字为车厢编号。

一般完整的车号都标在车厢侧面和车厢内两端的铭牌上,列车首尾正面一般只标注到车辆编号,不标注车厢号。

例如,图 1-8 中的车辆编号可以解释为"(八通线)土桥车辆段,变频调压列车中第 7 号列车第 4 车厢"。

（2）新开通线路编号。

北京地铁新开通线路编号一般用"线路号 + 列车顺序号 + 车厢号"表示。如"080122"表示北京地铁 8 号线第 12 号列车第 2 号车厢;"CP0102"表示北京地铁昌平线第 10 号列车第 2 号车厢。

4）西安地铁

西安地铁 1、2、3、4 号线车辆编号由 5 位阿拉伯数字组成。第 1、2 位代表线路号（如 1 号线为 01,2 号线为 02）,第 3、4 位代表列车编组号（如 01 表示第 1 列车,11 表示第 11 列车）,第 5 位代表车辆顺号（一般用 1~6 分别表示 Tc、Mp、M、T、Mp、Tc 车。）

例如,图 1-9 中的车辆编号表示西安地铁 1 号线第 8 列车第 5 号车辆,为带受电弓的动车。

图 1-8　北京地铁车辆编号　　　　　　　图 1-9　西安地铁车辆编号

1.2.3　车端、车侧、车门、座位等的标识定义

下面以广州地铁、西安地铁车辆标识方法为例进行介绍。

1）广州地铁车辆标识方法

（1）车辆的车端、车侧的定义。

①车端。每辆车的 1 位端按如下定义:A 车 1 位端是指带有全自动车钩的一端;B 车 1 位端是与 A 车连接的一端;C 车 1 位端是连接半永久牵引杆的一端。车的另一端就是 2 位端。

②车侧。当观察者面对车辆的 1 位端时,观察者右侧的一侧就称为该车辆的右侧,另一端就定义为该车辆的左侧,如图 1-10 所示。

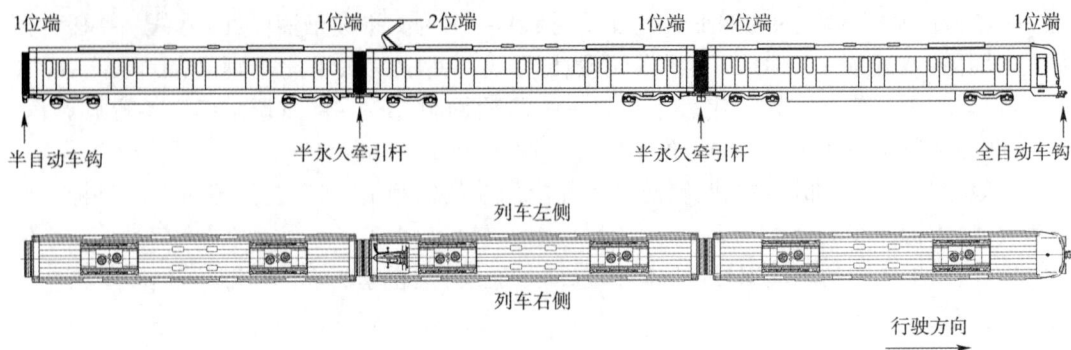

图 1-10　广州地铁列车侧视图和俯视图

（2）车辆、列车的侧面。

①车辆的侧面：面向车辆的 1 位端，观察者的右侧为车辆的右侧，另一侧则为车辆的左侧。

②列车的侧面：列车的车侧的定义与车辆的车侧的定义是不同的。它是以司机为主体，司机坐于列车驾驶端座位上，司机的右侧即为列车的右侧，左侧为列车的左侧。换句话说，是按列车的行驶的方向来定义的，这与公路上汽车按行驶方向定义左右侧是相同的。

车辆的左右侧是固定的，而列车的左右侧是随牵引方向的变化而改变的，这一点应予以注意。

（3）车辆转向架、车轴编号。

每车有两台转向架，车辆 1 位端的转向架称为 1 位转向架，车辆 2 位端的转向架称为 2 位转向架；每转向架有两根车轴，从每车的 1 位端向 2 位端依次编为 1 轴、2 轴、3 轴和 4 轴。车轮编号 1 位侧分别为 1、3、5、7 号轮，2 位侧分别为 2、4、6、8 号轮，如图 1-11 所示。

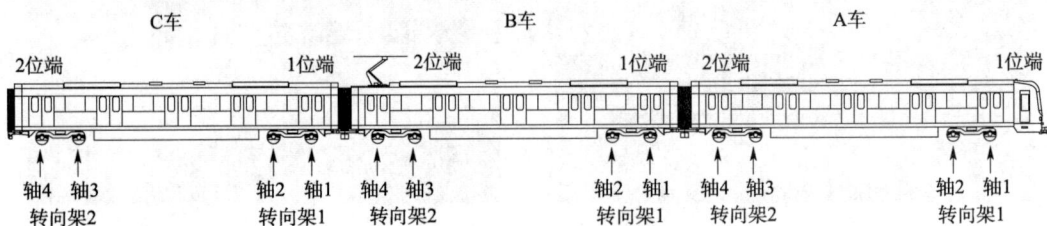

图 1-11　广州地铁转向架和车轴编号

（4）车门、座椅编号。

①车门和门页的编号。

如图 1-12 所示，车门编号由车门两个门页号码合并而成：自 1 位端到 2 位端，左侧车门编号为 1/3、5/7、9/11……17/19，而右侧车门的编号 2/4、6/8、10/12……18/20。

图 1-12　广州地铁车门编号

　　门页的编号自 1 位端到 2 位端,沿着每辆车的左侧为由小到大的连续奇数,即 1、3、5、7、9、11……17、19;右侧由小到大连续偶数,即 2、4、6、8、10、12……18、20。

　　②座椅的编号。

　　每车客室按左右对称,A、C 车分布 6 张长座椅、2 张短座椅,如图 1-13 和图 1-14 所示。

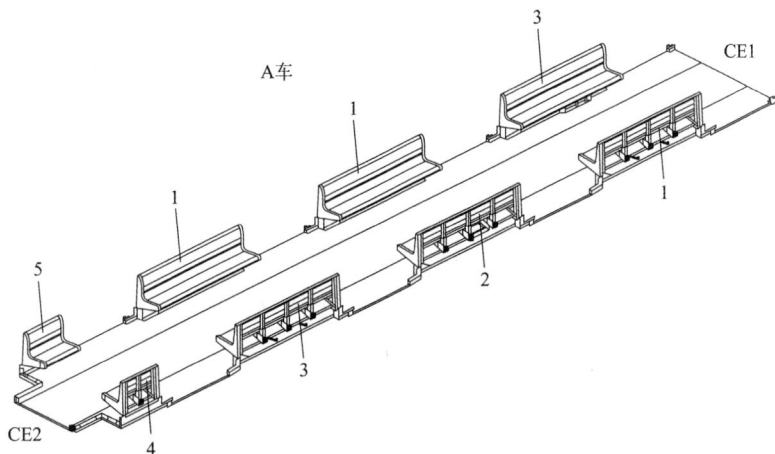

图 1-13　广州地铁 A 车乘客座椅的位置
1-长座椅;2-带有维护盖板的长座椅;3-带有灭火器的长座椅;4、5-短座椅;CE1-1 位端;CE2-2 位端

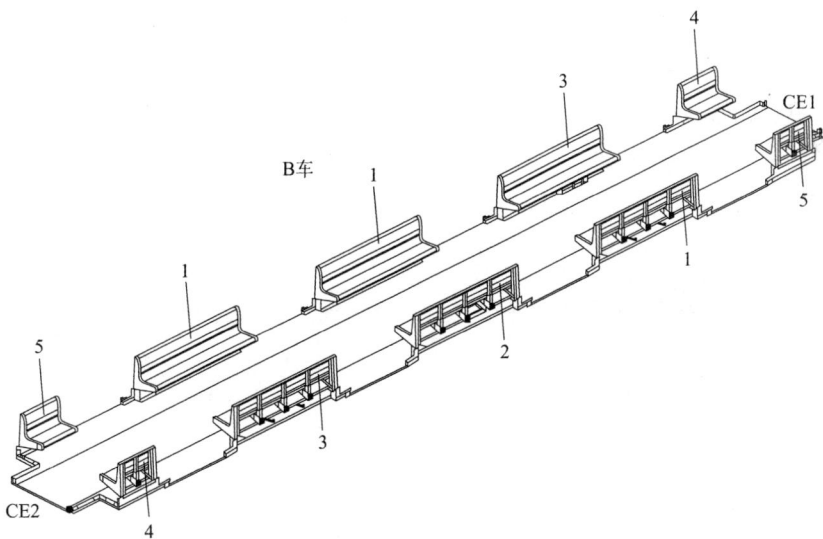

图 1-14　广州地铁 B 车乘客座椅的位置
1-长座椅;2-带有维护盖板的长座椅;3-带有灭火器的长座椅;4、5-短座椅;CE1-1 位端;CE2-2 位端

　　A 车客室安装有 46 个纵向布置的座位。在每节车厢的相邻门廊之间有 6 个长座椅(每个座椅可坐 7 人)。此外在相邻门廊或机柜盖板之间的车厢 2 位端还装有 2 个短座椅(每个座椅可坐 2 人)。

　　B 车客室安装有 50 个纵向布置的座位。在每节车厢的相邻门廊之间有 6 个长座椅(每个座椅可坐 7 人)。此外在相邻门廊或机柜盖板之间的车厢 1 位端和车厢 2 位端还装有 4

个短座椅(每个座椅可坐2人)。3辆车编组列车的总定员为142人。

(5)车辆的其他编号。

①照明灯编号。

每车客室内的车顶左、右侧各分布有一排照明灯,其中A、C车共有26盏照明灯管(其中应急照明灯10盏);B车共有28盏照明光管(其中应急照明灯10盏),如图1-15所示。照明灯的开、关由司机台上的三挡位转动开关"客室照明"(-KC-S101)控制。客室内部照明包括两个灯带,分别位于车辆的左侧和右侧。照明模块为36W荧光灯管和镇流器,由DC 110V供电。

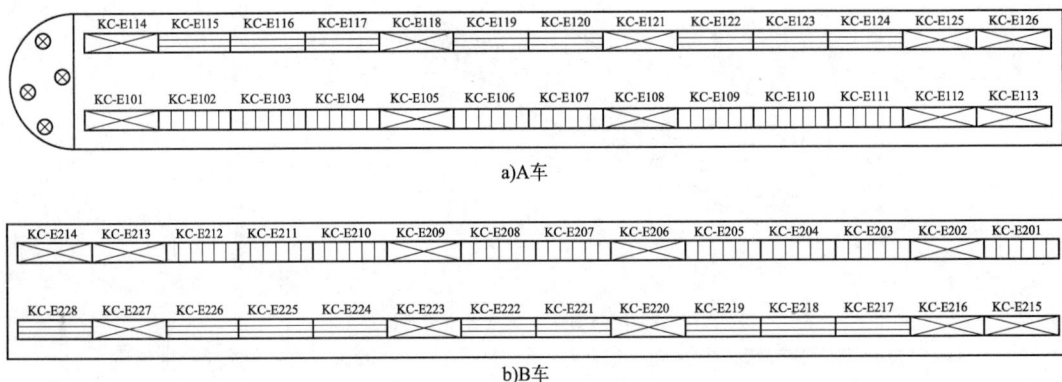

| KC-E114 | KC-E115 | KC-E116 | KC-E117 | KC-E118 | KC-E119 | KC-E120 | KC-E121 | KC-E122 | KC-E123 | KC-E124 | KC-E125 | KC-E126 |

| KC-E101 | KC-E102 | KC-E103 | KC-E104 | KC-E105 | KC-E106 | KC-E107 | KC-E108 | KC-E109 | KC-E110 | KC-E111 | KC-E112 | KC-E113 |

a)A车

| KC-E214 | KC-E213 | KC-E212 | KC-E211 | KC-E210 | KC-E209 | KC-E208 | KC-E207 | KC-E206 | KC-E205 | KC-E204 | KC-E203 | KC-E202 | KC-E201 |

| KC-E228 | KC-E227 | KC-E226 | KC-E225 | KC-E224 | KC-E223 | KC-E222 | KC-E221 | KC-E220 | KC-E219 | KC-E218 | KC-E217 | KC-E216 | KC-E215 |

b)B车

图1-15 广州地铁客室内部照明布置

⊠-应急灯;▯▯-客室灯1;▭-客室灯2;⊗-司机室灯

②空调单元编号。

如图1-16所示,每辆车的1位端、2位端车顶设空调单元1、2。司机室通风控制单元如图1-17所示。

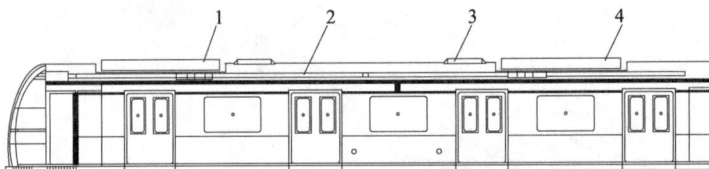

图1-16 广州地铁空调单元

1-空调单元Ⅰ;2-送风风道;3-废气排放口;4-空调单元Ⅱ

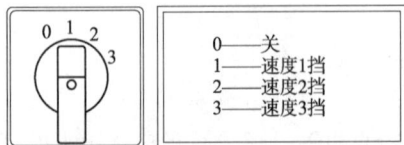

图1-17 广州地铁司机室通风控制单元

0——关
1——速度1挡
2——速度2挡
3——速度3挡

(2)车辆车侧的定义。

2)西安地铁车辆标识方法

(1)车辆车端的定义。

西安地铁2号线车辆以两端Tc车为基准,前三节列车为一组,后三节列车为一组,每组列车中,靠近司机室的为1位端,远离司机室的为2位端。

在每组列车中,站在列车外、面向司机室正面,左手侧为1位侧,右手侧为2位侧,如图1-18所示。

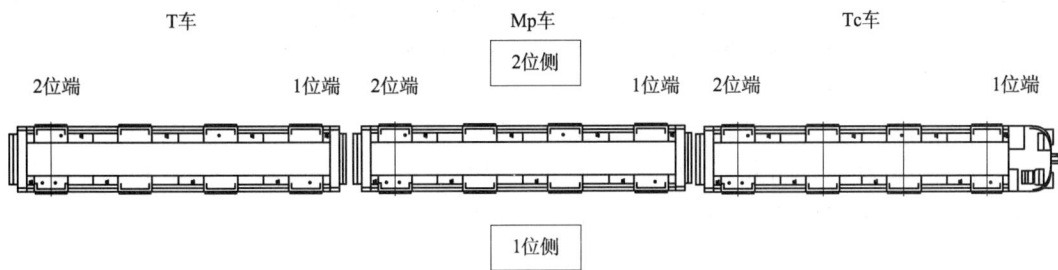

图 1-18 西安地铁 2 号线车端、车侧的定义

（3）车门的编号。

西安地铁 2 号线车门编号原则为：沿每节车辆的 1 位侧车门用奇数编号，分别为 1、3、5、7 号门；沿每节车辆的 2 位侧车门用偶数编号，分别为 2、4、6、8 号门。每个车门门页定义为：人面对门板内侧，左手为 A 门页，右手为 B 门页，如图 1-19 所示。

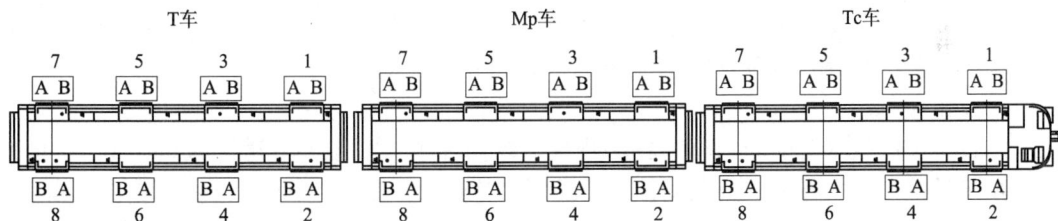

图 1-19 西安地铁 2 号线车门编号

1.3 城市轨道交通车辆的技术参数

车辆技术参数是概括地反映车辆技术规格的指标，是从总体上对车辆性能及结构的表征。车辆技术参数一般分为性能参数和几何尺寸两大类。

1.3.1 车辆主要性能参数

1）自重、载重

自重是指车辆整备状态下的本身结构及设备组成的全部质量，以 t 为单位。

载重是指正常情况下车辆允许的最大装载质量，以 t 为单位。

2）构造速度

构造速度是指车辆设计时，按照安全及结构强度等条件所决定的车辆最高行驶速度；车辆实际运行速度一般不允许超过构造速度。

3）轴重

轴重是指按车轴形式及在某个运行速度范围内，车轴允许负担（包括轮对自身的质量）的最大总质量。轴重的选择与线路、桥梁及车辆走行部的设计标准有关。

4）通过最小曲线半径

通过最小曲线半径是指配用某种形式转向架的车辆在站场或厂、段内调车时所能安全通过的最小曲线半径。当车辆在此曲线区段时,不得出现脱轨、倾覆等危及行车安全的事故,也不允许转向架与车辆底架或与车下其他悬挂物相碰。

5)轴配置或轴列式

轴配置或轴列式是指车辆所配转向架动轴或非动轴的配置情况,一般用数字或字母表示车辆走行部结构特点的方式。例如:4 轴动车,使用两台动力转向架,则轴配置记为 B-B;6 轴单铰轻轨车,两端为动力转向架,中间为非动力铰接转向架,其配置记为 B-2-B。

6)制动形式

制动形式是指车辆获得制动力的方式,有摩擦制动、再生制动、电阻制动以及磁轨制动等多种形式。

7)起动平均加速度

起动平均加速度指在平直线路上,列车荷载为额定定员,自牵引电机取得电流开始,至起动过程结束,该速度被全过程经历时间所除的商。

8)制动平均减速度

制动平均减速度指在平直线路上,列车荷载为额定定员,自制动指令发出至列车完全停止的全过程,相应的制动初速度被全过程经历时间所除的商。

9)冲击率

运行工况的改变会引起列车中各车辆遭受纵向冲击。在城市轨道交通车辆中,冲击率主要用于说明车辆本身电气及制动控制系统所应达到的冲动限制,用加速度变化率来衡量,以(m/s^3)为单位。如地铁车辆正常运行(包括起动加速度和电制动,紧急制动情况除外)时,纵向冲击率不得超过 $1m/s^3$。

10)列车平稳性指标

列车平稳性指标是评定旅客舒适程度的主要依据,反映车辆振动对人体感受的影响,主要以人的感觉疲劳程度为依据,通常以平稳性指标表示。我国主要用斯佩林公式来计算平稳性指标 W,W 值越大,说明车辆的平稳性越差。我国规定地铁、轻轨车辆运行的平稳性指标值应小于 2.5。

斯佩林公式计算方法如下:

$$W = 0.896 \sqrt[10]{\frac{j^3}{f} \cdot F(f)}$$

式中:j——振动加速度,cm/s^2;

f——振动频率,Hz;

$F(f)$——与频率有关的修正公式,反映人体对不同方向和频率振动的敏感度。

1.3.2 车辆的主要尺寸

1)车辆长度

车辆长度是指车辆处于自由状态,车钩呈锁闭状态时,两端车钩连接面之间的距离,不包括牵引缓冲装置或折棚的车辆结构的长度,如图 1-20 中的 A。

2)车辆最大宽度

车辆最大宽度是指车体横断面上最宽部分尺寸。

3）车辆最大高度

车辆最大高度是指车辆顶部最高点与钢轨面之间的距离。通常需要说明与最高点相关的结构，如有无空调、受电弓的状态等。

4）车辆定距

车辆定距是指同一车辆的两转向架回转中心线之间的距离，如图1-20中的B。

5）固定轴距

固定轴距是指同一转向架的两车轴中心线之间的距离，如图1-20中的C。

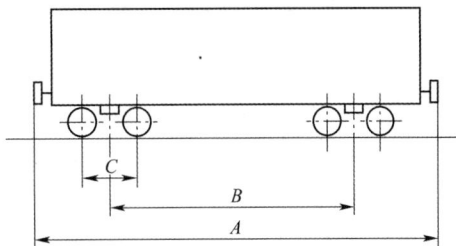

图1-20　轮轨系统车辆纵向几何尺寸

6）车钩中心线距离钢轨面高度

车钩中心线距离钢轨面高度（简称"车钩高"）是指车钩水平中心线至轨面的高度，取新造或修竣后空车的数值。列车中各车辆的车钩高基本一致，以保证列车正常运行时不发生脱钩事故。目前我国城市轨道交通车辆的车钩高尚无统一的标准，一般A型车车钩高为720mm，B型车为（660+10）mm。

7）地板面高度

地板面高度是指车辆地板面与钢轨顶面之间的距离，也是指取新造或修竣后空车的数值。地板面高度受到两方面的制约：一是车辆本身某些结构高度的限制，如车钩高及转向架下心盘面的高度；二是与站台高度的标准有关，车辆地板面应与站台高度相协调。如上海车辆地板面为1130mm，北京地铁车辆地板面为1150mm。

1.3.3　西安地铁车辆主要技术参数

1）基本参数

（1）车辆总体设计寿命：30年。

（2）每辆车的平均轴重：≤14t。

（3）牵引电机的额定功率：180kW。

（4）列车平稳性指标：$W≤2.5$。

（5）最高运行速度：80km/h。

（6）构造速度：90km/h。

（7）列车定员和荷载见表1-2。

（8）列车在平直线路上紧急制动距离见表1-3。

列车定员和荷载　　　　　　　　表1-2

项　　目	每车乘客人数（人）		列车乘客数（人）	车辆质量（t）			列车自重（t）
	Tc	M,T,Mp		Tc	T	M,Mp	
空载（AW₀）	0	0	0	33	27	35	198.00
座客载荷（AW₁）	36	42	240	35.16	29.52	37.52	212.40
定员载荷（AW₂）	226	254	1468	46.56	42.24	50.24	286.08
超员载荷（AW₃）	290	325	1880	50.4	46.5	54.5	310.80

列车在平直线路上紧急制动距离   表 1-3

制动初速度（km/h¹）	制动距离（m）
80	≤238±10%
60	≤120±10%
30	≤35±10%

2）车辆主要尺寸

（1）车辆长度（车钩连接面之间的长度）。

T 车：19500mm。

Mp，M，T 车：19000mm。

列车两端车钩之间的长度：118360mm。

（2）车辆宽度：2800mm。

（3）车辆高度（新轮，不含受电弓、空调机组）：3800mm。

空调机组最上面距轨面：3800mm。

Mp 车受电弓落弓时高度：3810mm。

（4）车轮直径。

新轮直径：840mm。

半磨耗轮：805mm。

磨耗轮：770mm。

（5）轮对内侧距（在空载情况下）：（1353±2）mm。

（6）客室侧门。

侧门数量：8 对/辆。

侧门开宽度：1300mm。

侧门开启时，门槛顶面以上高度：1830mm。

开、关门时间：（3±0.5）s。

（7）司机室侧门。

侧门净开度：725mm。

侧门开启时，门槛顶面以上高度：1995mm。

1.3.4 上海地铁列车技术参数

（1）两端车钩连接中心线长度：有司机室车 24240mm；无司机室车 22800mm。

（2）车体长度：有司机室车 23540mm；无司机室车 22100mm。

（3）贯通道最小道宽 900mm；端门宽 700mm。

（4）车钩水平中心线距轨面距离：720mm。

（5）最小曲线半径：300m。

（6）最大坡度：35‰。

（7）车辆轴重：15.5t。

（8）车辆自重（动车/拖车）：36t/32t；有效载质量 24.6t。

（9）座位数 62 人；站位数 248 人。

（10）额定乘客总数：310 人；超载时乘客总数（按 8 人/m^2）410 人。

（11）紧急制动减速度：1.3m/s^2；冲击率：0.75m/s^3。

（12）供电电压：DC 1500V。

1.4 城市轨道交通车辆限界

1.4.1 限界

1）限界的概念

限界是轨道交通的重要组成内容，是轨道交通运输中的一门基础性学科，是车辆运动学的延伸。限界为行车提供了安全而经济的空间，它确定了轨道运输与线路有关的构筑物和各种设备相互关系。限界是根据车辆、行车速度、线路、轨道、设备条件及安全间隙等决定的，是限定车辆运行及轨道周围构筑物超越的轮廓线，是区间隧道、桥梁、车站、信号、供电、消防、环控、屏蔽门等专业的设计依据。其中，车辆动态包络线限界是各种地铁限界的主要条件。

2）限界的分类

限界是保障地铁或轻轨车辆安全运行，用以限制沿线设备安装及确定建筑结构有效净空尺寸的条件。《地铁设计规范》（GB 50157—2013）中将限界分为车辆限界、设备限界和建筑限界，如图 1-21 所示。

（1）车辆限界：计算车辆在平直轨道上按规定速度运行，考虑车辆和轨道的公差、磨耗、弹性变形以及振动等正常运行状态下的各种限定因素，而产生的车辆各种部位横向和竖向动态偏移后的统计轨迹，以基准坐标系表示的包络线称为车辆限界。

（2）设备限界：设备限界是基准坐标系中位于车辆限界外，考虑了车辆在一系或二系悬挂故障状态下运行以及车辆在未计及因素所产生的包络线。设备限界外安装的任何设备（不包括站台计算长度内），即使考虑了它们的安装误差或柔性变形也均不得侵入的空间称为设备限界。

（3）建筑限界：建筑限界是设备限界外的界限。沿线任何永久固定建筑物，即使考虑施工误差、测量误差及机构永久变形在内，均不得向内侵入的限界。

3）车辆限界

车辆限界就是一个限制车辆横断面最大容许尺寸的轮廓图形。无论是空车或者重车停放在水平轨道上时，该车所有一切凸出部分和悬挂部分，都应容纳在限界轮廓之内。规定限界的目的主要是防止车辆在直线或曲线上运行时与各种建筑物或非指定的设备发生接触。车辆限界与建筑限界之间，必须留出一定空间，以便车辆安全通行，这个空间是考虑到车辆某些部件在允许的最大限度公差、磨耗和运行中车辆产生偏移的情况下，同时考虑了线路所产生的允许歪斜，仍然保证安全通过的要求。

车辆限界可分为三种状况，即车辆制造轮廓线、车辆静态限界及车辆动态包络线。

车辆静态限界是车辆停放在平直线路上所处的状态。由于平直线路存在着轨道几何偏差和磨损，以及轮轨间隙、车体相对于轮对的偏移量，所以静态车辆限界比车辆轮廓线要大。

车辆动态包络线就是通常所说的车辆限界，动态限界是以线路为基础的车辆基准轮廓线在车辆运行过程中的最外点，按车轮在线路上运行时列车车辆各部件最不利的位置来考虑。

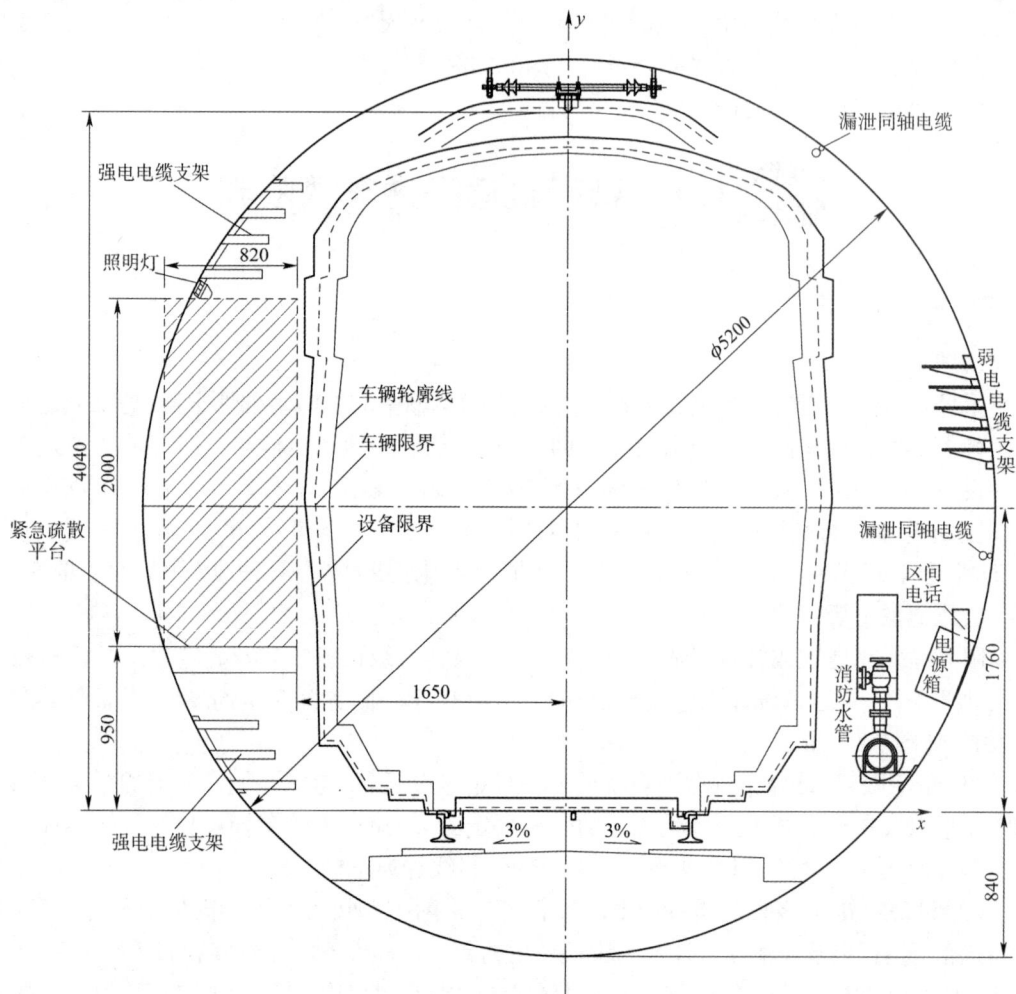

图 1-21　地铁限界(单位:mm)

确定车辆限界的原则如下:

(1)限界应根据车辆的轮廓尺寸和性能、线路特性、设备安装以及施工方法等因素经济技术比较综合分析确定;

(2)车辆限界应根据车辆主要尺寸等有关参数,并考虑在静态和动态情况下所能达到的横向和竖向偏移量及偏转角度,按可能产生最不利情况进行组合计算确定;

(3)设备限界应根据车辆限界、轨道状态不良引起的车辆的偏移和倾斜,并计及适当的安全量等因素计算确定。

影响车辆限界的主要因素较多,如车辆的主要尺寸,包括车辆长度、车辆最大宽度、车辆高度、车辆定距、固定轴距、地板面高度和受流器安装尺寸等;车辆制造公差、车辆因磨耗及弹簧变形等静态偏移量;车辆在名义荷载作用下弹簧受压缩引起车辆下沉,以及弹簧由于性能上的误差可能引起的超量偏移或倾斜;轮轨间隙和车辆自身各部分存在的横向间隙造成车辆与线路间可能形成的偏移;车辆在走行过程中因运动中的力的作用而造成车辆相对线路的偏移,包括曲线区段运行时实际速度与线路超高所要求的运行速度并不一致而引起的车体倾斜,车辆在振动中产生的左右、上下各个方向的位移;线路在列车反复作用下可能产生的变形,如轨道不平顺等;线路构造与车辆运行速度。

确定车辆动态包络线限界和线路设备限界后,就可以尽可能地减少车辆限界与设备限界之间的安全间隙,大量减少地下隧道的土方工作量。

在车辆检修中,我们通过保证车辆静态限界来保证车辆动态包络线限界。只要车辆各尺寸不超过该静态限界,就能保证车辆在运动中不会超出车辆的动态包络线限界。车辆的限界检测门就是根据这个道理制作的。

1.4.2　地铁限界

我国最早使用的北京地铁车辆横截面尺寸为 2650mm × 3509mm,与莫斯科地铁车辆相仿。自 1990 年以后,为充分利用限界,增加载客量,将车辆截面扩大为"鼓形",车体最宽处达到 2800mm。而上海地铁采用了与香港地铁相近的大型车体,车体的尺寸达到 22000mm × 3000mm × 3800mm。《地铁设计规范》(GB 50157—2013)对两种车型的车辆限界计算作出新的界定,分为有接触网的 A 型车限界(计算车辆车宽为 3000mm),接触轨受电的 B1 型车限界(计算车辆车宽为 2800mm)和接触网受电的 B2 型车限界(计算车辆车宽为 2800mm)三类,适用于运行速度不超过 100km/h 的地铁工程。运行速度超过 100km/h 的地铁工程,也可参照执行。

地铁设备限界是基准坐标系中位于车辆限界外的一个轮廓线,是用以限制设备安装的控制线。除另有规定外,建筑物及地面固定设备的任一部分,即使包括它们的刚性和柔性运动在内,均不得向内侵入此限界。接触轨限界属于设备限界的辅助限界。设备限界和车辆限界之间留有一定的间隙,这个间隙主要作为未涉及因素的安全车辆限界留量,按照限界制定时的规定某些偏移量计入此间隙。

地铁建筑限界是基准坐标系中位于地铁设备限界外的一个轮廓线,是在设备限界基础上,考虑了设备和管线安装尺寸之后的最小有效断面。它规定了地铁隧道的形状、尺寸、位置,地下车站及站台位置以及地面建筑物(包括接触网支柱、声屏障和站台屏蔽门等)的位置,包括施工误差、测量误差及结构永久变形在内,任何永久性建筑物均不得向内侵入此限界。建筑限界和设备限界之间的空间应能安排各种电缆线、消防水管及消防栓、动力箱、信号箱及信号灯、照明灯、扩音器、通风管、架空线及其固定设备。地铁建筑限界应理解为建筑物的最小尺寸,比地铁建筑限界大的隧道、高架桥等建筑应认为是符合地铁建筑限界的。

复习思考题

1.城市轨道交通车辆有哪些基本类型?

2.城市轨道交通车辆主要由哪几部分组成? 各有何用途?

3.城市轨道交通车辆是如何进行编组的?

4.城市轨道交通车辆的车端、车侧、车门、座位等是如何进行标识的?

5.城市轨道交通车辆的主要性能参数有哪些?

6.什么是限界? 有哪几种限界? 相互间的关系如何?

单元 **2** 城市轨道交通车辆车体

车体是搭载乘客的地方，是安装和连接其他设备及组件的基础，主要由底架、侧墙、端墙、车顶等部分组成。铝合金车体是一种轻型整体承载结构，主体材料是铝合金型材，采用模块化结构或全焊接组装。铝合金材料密度小，比强度大，这种材料在满足车体强度和刚度的同时大幅度地减轻了车体的质量。不锈钢车体结构采用板梁组合整体承载全焊结构。

模块化车体结构最显著的特点就在于将模块化的概念引入到车体设计、制造与生产管理的各个环节之中。它将整个车体分为若干个模块，在每个模块的制造过程中完成整车需要的内装、布管与布线的预组装并解决相互之间的接口问题。各模块完成后即可进行整车组装。每一模块的结构部分本身采用焊接，而各模块之间的总成采用机械连接。

车体材料是城市轨道交通车辆选型所必须考虑的重要因素之一。在材料确定的基础上，再对车体结构进一步优化，最终在车体轻量化的前提下满足各项技术性能指标。采用何种材料和结构形式的车体是城市轨道交通工程建设中需重点考虑的问题。

2.1 概 述

2.1.1 车体的作用与要求

车体是车辆的主体结构，其主要功能是运载旅客，承载和传递荷载，安装传动机构、电气设备及一些其他设施。车体的强度、刚度关系到运行安全可靠性和舒适性；车体的防腐、耐腐能力、表面保护和装饰方法,关系到车辆的外观、寿命和检修制度;车体的质量关系到能耗、加(减)速度、载客能力乃至列车编组形式(影响拖动比),所有这些因素都会直接影响运营质量和经济效益。

车体不仅要承受车内设备与旅客的垂直荷载,在列车的运行过程中,同时要承受牵引力和制动力的作用、起停时来自车钩的纵向冲击作用、经过弯道时产生的横向冲击作用以及经过道岔、轨缝时产生的垂向振动作用。因此,车体需要满足如下要求:

(1)质量轻,承受荷载能力强。

(2)减振性能好,能有效地缓和、吸收各种冲击与振动,有足够的抗撞击能力。

(3)有足够的机械强度,即有足够的静强度、动强度及冲击强度。

(4)有适当的上挠度,以保证车体地板面保持水平。在垂直荷载的作用下,车体材料会产生弹性变形,形成下挠度。为使车辆地板面在载客状态下始终保持水平,在设计制造车辆时,应保证AW0状态下为正上挠度,而在AW3状态下时的上挠度为零,以确保车体地板面保持水平。

(5)安全性高,具有紧急疏散的安全通道、灭火设施及撞击保护设施。

(6)车体内宽敞明亮、舒适度高,并具有消音隔音措施。

2.1.2 车体的分类

根据车体所使用材料不同,车体可分为普通钢(含耐候钢)车体、铝合金车体和不锈钢车体三种。早期的城市轨道车辆车体材料基本上是普通钢,目前主要使用铝合金和不锈钢。

根据承载方式不同,车体可以分为底架承载、侧墙承载和整体承载三种方式。整体承载式结构,即所有车体承载件和外板都参与承载,这样能充分发挥所有承载零部件的承载作用,有效地减轻车体质量。《地铁车辆通用技术条件》(GB/T 7928—2003)规定我国地铁车辆车体采用整体承载结构。整体承载结构如图2-1所示。

根据尺寸不同,车体可分为A型车车体、B型车车体和C型车车体,目前国内主要采用A、B两型。按照车体结构工艺不同,车体可分为一体化结构和模块化结构。早期主要采用一体化结构,而模块化结构因便于维修等特点,发展速度较快。

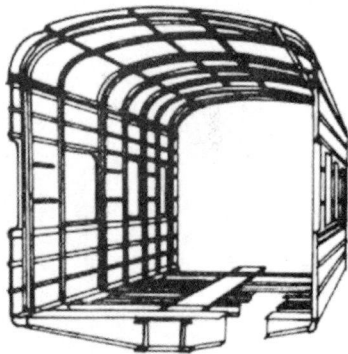

图2-1 整体承载结构

根据结构形式不同,车体可分为有板梁组合结构、开口型材与大型中空型材组合结构、大型中空型材结构三种形式。

2.1.3 车体的基本特征

(1)城市轨道交通车辆因有含司机室车和中间车,以及动车与拖车之分,车体结构相应有多样性。

(2)由于城市轨道交通车辆承载客流量大,旅行时间短,上下车频繁,因此车内设置的座位数量少、车门数量多而且开度大。

（3）对车辆的质量限制较为严格。特别是高架轻轨,要求列车质量轻、轴重小,以降低线路设施的工程投资。

（4）为减轻列车自重,车辆必须轻量化。对于车体承载结构,一般采用大型中空截面挤压铝型材、不锈钢等,车辆的其他辅助设施也尽量采用轻型材料和轻量化结构。

（5）城市轨道交通车辆一般运营在城市人口稠密地区,所以对车辆的防火要求严格。通常车体的结构采用防火设计,材料须经过阻燃处理。

（6）对车辆的隔音和降噪有严格要求,以最大限度降低噪声对乘客和沿线居民的影响。

（7）车辆外观造型和色彩必须考虑城市文化、环境美化,与城市景观相协调。

2.1.4 车体的结构

城市轨道交通车辆车体结构大多为整体承载铝合金模块化鼓形结构,由底架、侧墙、端墙及车顶多个单独模块构成。车体的一般结构形式如图 2-2 所示（A 车结构）。

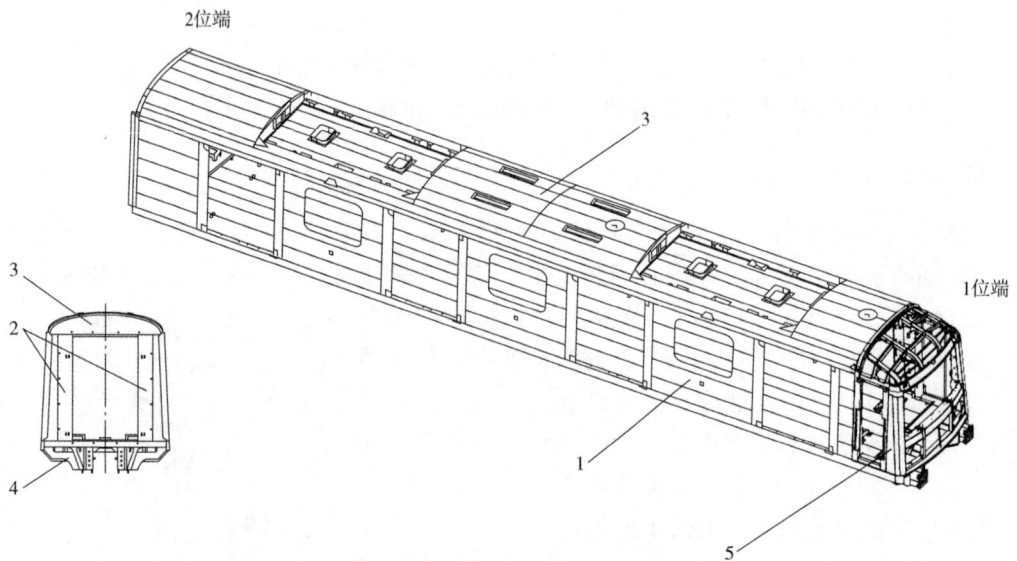

图 2-2 A 车（带司机室）车体结构
1-侧墙;2-端墙;3-车顶;4-底架;5-司机室

1）底架

底架是车体中一个重要的部件,其主要作用是承受车体上部荷载并将其传递给整个车体,承受因各种原因而引起的横向力和走行部传来的各种振动和冲击,牵引梁连挂组成列车,并在车辆间传递牵引力和制动力。车辆的大部分设备都安装在底架上。

底架结构模块包括地板、边梁、端部结构组件。边梁、枕梁、牵引梁采用连续焊接组合在一起,与底架用螺栓连接,便于更换。

（1）地板主要包括六块几乎与车辆长度相同的挤压型材构成的长地板。

（2）边梁由两块与车辆长度相同的挤压型材组成,下部挤压材是安装底架设备的底座,上部挤压件包括地板和侧墙的接口。

（3）底架端部结构由枕梁,缓冲梁,牵引梁（车钩安装板）组成。枕梁主要由两个与车辆宽度相同的挤压型材组成,包括一些固定电缆和管的各种加强及固定件组成。

2）侧墙

侧墙是决定车体高度的重要部件，与底架、车顶连接在一起，共同承受和传递来自车体的荷载。

A车侧墙由上墙板、下墙板、窗间墙板三部分组成，主要由大断面挤压铝型材的侧墙板和门立柱焊接而成，在侧墙内侧预装有隔热隔声材料、车窗和内墙板。侧墙模块与底架和车顶模块之间采用焊接连接。除了第一个客室门和司机室模块之间的小侧墙模块外，所有侧墙模块均由六个焊接挤压型材组成，纵向布置，并加上采光设计。

3）端墙

端墙安装在客室的两端，其作用是连接客室车体与贯通道（或司机室）。端墙结构包括地板、贯通道框架、侧墙部件。中间端上有许多结构部件和孔用于内部和外部设备的安装连接。

4）车顶

车顶结构由车顶侧梁、车顶板和空调机组安装槽组成，B车车顶结构还包括受电弓安装槽。车顶板与车顶侧梁和风道一起形成封闭的车顶。

安装于车顶的设备主要有：静通风口、空调设备及其换气连接、电力供应、排水装置，A车车顶还装有车辆无线电天线。

5）司机室

仅A车设置了全宽的司机室。由于司机室设置在A车相对于其他车型的延长部分，因此不会减少客室的可利用空间。司机室模块为框架结构，外部由玻璃钢罩板包裹。

在司机室前端墙中央设有紧急逃生装置。一旦发生列车不能到达下一站的情况，该紧急逃生装置就可以为乘客提供下车通道。

2.2　铝合金车体

我国城市轨道交通车辆采用最多的车体是铝合金车体，相较于早期普通钢车体，铝合金车体具有能够减轻车辆质量、降低系统能耗、耐腐蚀性好等优点。

2.2.1　铝合金材料车体的发展及优点

1896年，法国将铝合金用于铁道客车辆车窗上，1905年英国铁路电动车外墙板开始采用铝合金，美国在1923—1932年有700辆电动车和客车的侧墙和车顶采用铝合金。1952年伦敦地铁、1954年多伦多地铁车辆均开始采用铝合金车体。自20世纪60年代以来，德国科隆、波恩铁路的市郊电动车组也相继实现车体铝合金化。近些年来，我国许多城市的地铁车辆车体都采用了铝合金材料。

铝合金车体的发展经历了板梁期、开口型材期和目前广为使用的大型中空挤压型材期三个发展阶段。

铝合金车体具有如下优点：

（1）能大幅度降低车辆自重。在车辆长度相同的条件下，与碳素钢车体相比，铝合金车体的自重降低大约30%～35%，比强度约为碳素钢车体的2倍。根据国内外实际经验，地铁车辆耐候钢车体自重约9～10t，铝合金车体自重约4～5t。

（2）具有较小的密度及弹性模量，因此铝合金对冲击荷载有较高的吸收能力，可降低振动、减小噪声。

（3）可运用大型中空挤压型材进行气密性设计，提高车辆密封性能及乘坐舒适性。

（4）采用大型中空挤压型材制造的板块式结构，可减少连接件数量，车下空间大，适应大线槽布线和空气管路预装，容易实现模块化结构要求。

（5）能够减少维修费用，延长使用寿命。

（6）中空铝型材平整、光洁、庄重、美观。

2.2.2 铝合金材料特性

（1）更容易实现车体轻量化。铝的密度为 $2.71g/cm^3$，约为钢密度（$7.87\ g/cm^3$）的 1/3。

（2）经处理后强度可提高。纯铝的抗拉强度约为 80MPa，是低碳钢的 1/5。但经过热处理强化及合金化强化，其强度会大幅增加。如铝合金车体常用的材质 6005A T6，它的最低抗拉强度为 360MPa，能达到低碳钢相应的强度值。

（3）耐腐蚀性能好。铝合金的特性之一是接触空气时表面会形成一层致密的氧化膜，这层膜能防止腐蚀，所以耐腐蚀性能好。若再实施"氧化铝膜处理法"，就可以全面防止腐蚀。

（4）加工性能好。车辆用型材挤压性能好，二次机加工、弯曲加工也较容易。

（5）易于再生。铝的熔点低（660℃），再生简单。在废弃处理时也无公害，有利于环保，符合可持续发展战略。

目前，我国的铝合金系列大致有如下三种：

（1）Al-Mg 系合金（5000 系），是我国铝合金牌号中的防锈铝，具有良好的抗腐蚀性和焊接性，属不可热处理强化合金，强度中等而塑性较高。

（2）Al-Mg-Si-Cu 系合金（6000 系），是我国铝合金牌号中的锻铝合金，可热处理强化，属中强度合金，有极好的压力加工成型性，焊接性能和抗腐蚀性能也很好，无应力腐蚀倾向。

（3）Al-Zn-Mg 系合金（7000 系），是我国铝合金牌号中的超硬铝合金，属中强（高强）度可焊合金。它是在 Al-Zn-Mg-Cu 系合金的基础上取消 Cu 而改善焊接性能，故焊接裂纹倾向性少，焊后不必经特殊的热处理，仅靠自然时效即可将焊后强度恢复到母材水平。合金中加入少量 Mn、Cr、Ti、Zr 等元素，可减少裂纹倾向，细化晶粒，改善焊接性。该合金的缺点是应力腐蚀敏感性较大，Zn + Mg 含量越高，抗腐蚀性越差，因此规定 Zn + Mg 含量≤7.5%。

深圳地铁 2 号线车体铝型材采用材料是 6005A T6，底架采用的材料是 7020 T6 铝板。6005A 和 7020 铝合金材料的化学成分和机械性能分别见表 2-1 和表 2-2。

6005A 和 7020 铝合金材料的化学成分（单位:%）　　　　　表 2-1

合金牌号	Si	Fe	Cu	Mn	Mg	Cr	Zn	Zr	Ti	Mn + Cr	其他		Al
											每个	总计	
6005A	0.5 ~ 0.9	0.35	0.3	0.5	0.4 ~ 0.7	0.3	0.2		0.1	0.12 ~ 0.5	0.05	0.15	余量
7020	0.35	0.4	0.1	0.2 ~ 0.7	1.0 ~ 1.8	0.06 ~ 0.2	4 ~ 5	0.08 ~ 0.20	0.01 ~ 0.06		0.05	0.15	余量

6005A 和 7020 铝合金材料机械性能 表 2-2

合金牌号	供应状态	试样状态	壁厚 e(mm)	抗拉强度 σ(MPa)	伸长率 δ(%)
6005A	T6	T6	$e \leqslant 5$	270	8
			$5 < e \leqslant 10$	260	8
			$10 < e \leqslant 25$	250	8
7020	T6	T6	$e \leqslant 40$	350	10

2.2.3 铝合金车体形式

1）纯铝合金车体

纯铝合金车体一般可分四种形式：

（1）车体由铝板和实心型材制成,铝板和型材通过铝制铆钉、连续焊接和金属惰性气体点焊等进行连接。这些铝板和型材等多为拉延材料（板材、挤压型材、锻造材料）。现在很多地方使用大型挤压型材,进行热处理后,其机械性能有很大提高。大型挤压型材的组合能够大量减少车辆制造时的焊接工作,但制造成本增大。

（2）车体结构是板条骨架结构,用气体保护的熔焊作为连接方法。

（3）在车体结构中应用整体结构,板皮和纵向加固件构成高强度大型开口型材。

（4）车体采用空心截面的大型整体型材,结构更加简单。型材平行放置并总是在车体的全部长度上延伸,通过自动连续焊接进行连接。该车体结构以具有多种多样截面的型材为基础,并充分利用铝合金良好的力学性能。

2）混合结构铝合金车体

除纯铝合金车体外,还有钢底架的混合结构铝合金车体。这种车体侧墙与底架的连接基本都采用铆接或螺栓连接的方式,其作用有两点：一是可避免热胀冷缩带来的问题,二是省略了成本很高的车体校正工序。

采用铝合金材料制造的车体可最大限度地减轻车体自重,从而提高车辆的加速度,降低运能消耗,降低牵引及制动能耗,减轻对线路的磨耗及冲击,扩大输送能力。此外,铝合金车体还有以下优点：耐腐蚀性好（但在潮湿地方便容易腐蚀,所以应特别注意排水和密封）,外墙板可不涂漆,这不仅节能,还节省涂装费,而且不需设置油漆场地,进而缩短制造周期,并可延长检修周期；可以采用长大宽幅挤压型材。与一般钢结构相比,人工费节省约40%,车辆质量减少约30%～35%。

2.2.4 铝合金车体结构特点

目前多数铝合金车体外形类似鼓形,这种外形可以使车辆在圆形隧道内获得最大截面积（或称之为充塞比）,增大车内空间,有利于利用车辆在圆形隧道内的活塞效应,加强隧道的自然通风能力,同时很好地降低空气阻力,减少能源损耗。

图 2-3 为深圳地铁 7 号线车辆铝合金的鼓形断面。

1）底架

底架是车体的基础结构,底架结构模块采用大断面铝合金挤压型材焊接结构,由地板、边梁、牵枕缓、端梁等组成。

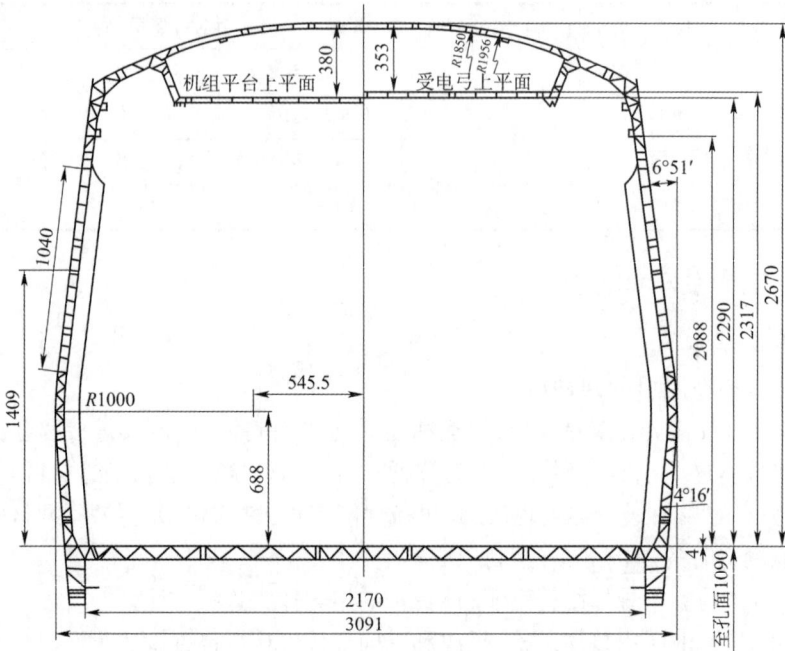

图 2-3　深圳地铁 7 号线车辆车体鼓形断面图（单位：mm）

2）侧墙

侧墙铝合金结构采用分块结构。侧墙是决定车体高度的重要部件，与底架、车顶连接在一起，共同承受和传递来自车体的荷载。

3）车顶

车顶结构由车顶侧梁（左和右）、车顶板（3 块）和空调机组安装槽（2 块）组成。

4）端墙

端墙采用的是铝型材焊接结构，端墙板采用搅拌摩擦焊接工艺和自动焊工艺，铝型材材料为 6005A T6。

5）Tc 车前端墙

前端墙是由前端铝结构、玻璃钢外罩组成的流线型前端。前端铝结构门立柱和门上横梁为弯铝型材焊接结构，其他部分采用铝板焊接结构。

2.2.5 使用铝合金材料的注意事项

铝合金车体有许多的优点，但在设计、制造中尚需注意许多问题。如：铝合金材料选择、材料结构选型、铝合金连接工艺的研究、结构优化设计、刚度问题、防腐蚀问题等。

1）铝合金材料的选择

使用铝合金材料的车体多为焊接结构，且在大气条件下工作，因此要求铝合金材料不仅应具有适当的强度和刚度，而且要求有良好的焊接性能，特别是焊缝性能要接近母材性能水平。最好在焊后的自然时效状态即能达到固熔处理加人工时效状态的性能水平。此外，还要求材料的抗腐蚀能力和抗应力腐蚀能力强、应力集中敏感性低、焊接接头处的抗脆断能力和抗疲劳能力高。

如上海地铁 A 型车辆车体承载结构采用铝合金挤压型材 6005A T6、7007 T6 及板材制造,耐腐蚀性高,易于焊接,具备抗拉强度高、屈服强度高等优点,满足欧洲标准 EN755 的相应要求。

2)铝合金型材结构的选型

铝合金的密度只有钢的 1/3,弹性模量也只有钢的 1/3。材料的刚度与弹性模量有关,因此,铝合金车体的设计不能采用钢质车体的结构形式,而应该充分利用新型铝合金的性能特点,采用大型中空挤压型材。

采用长大挤压型材的好处是大多数焊缝接头位于长度方向上,因此可以集中焊接;与板梁结构相比较,其变形大幅减少,并且机械化程度高,大大减少了人工作业量,提高了劳动效率。

整体结构的铝合金车体有着非常好的耐冲击性能,因为其工作断面面积较一般钢结构增大 2~3 倍,零件的长细比也明显地减小。

3)铝合金车体与司机室的连接

城市轨道交通车辆车体中 A 车(带司机室)的头部设计大都利用玻璃钢材料来实现流线型外观,玻璃钢材料与铝合金很难采用传统的机械连接装配,目前发展趋势为采用黏接技术连接。

黏接技术既简化了连接部位的结构,又可减少诸如焊接或机械紧固而引起的应力集中和局部变形。黏接接头密封性好,并且具有绝缘、耐腐蚀及防锈等特点,能抵御多种环境条件的影响。胶黏剂的柔性补偿了材料膨胀系数的差异,可提高耐振动疲劳的能力。

同时,胶黏剂在紫外线、较高温度及其他工作条件下胶层容易老化,接头的物理机械性能将降低,为此需根据不同的结构、工作条件选用相应的胶黏剂和作业工艺。

2.3　不锈钢车体

不锈钢是一种含 Ni、Cr 的高强度合金钢,强度高于普通钢,特别是轻量化不锈钢的强度可达到普通钢的 3 倍。同时,由于耐腐蚀性好,不仅减少了维修工作量和维修费用,而且还能延长车辆的使用寿命。

2.3.1　不锈钢材料车体的发展及特点

不锈钢车体的制造始于美国,20 世纪 50 年代由巴德公司生产了不锈钢车辆,日本东急车辆公司于 1959 年末从美国引进此技术后,在 1962 年生产了 7000 系全不锈钢车,至 2000 年累计生产约 12000 辆。轻量化不锈钢车体的开发,使车体钢结构的质量降为碳素钢车体的 1/2,在节能和降低维修费用方面的优越性得到了用户的肯定,越来越多的国家开始使用不锈钢车。

我国长春客车厂于 1987 年开始在铁路客车上采用不锈钢车体,主要用于外墙板及易腐蚀的梁柱。1996 年,我国与韩国合作,开发出了点焊结构的不锈钢车体。但真正意义上的轻量化不锈钢车体的制造是 2002 年制造完成的北京地铁两列轻量化不锈钢样车。目前,天津地铁9号线、北京地铁5号线、西安地铁2号线等线路都已采用不锈钢车体车辆。图2-4为西安地铁2号线不锈钢车体外观图。

不锈钢车体结构采用板梁组合整体承载全焊结构,由于使用的板材较薄,需采用大量薄板轧制成补强型材,与外板焊接连接成空腔,借以提高外板的刚度和强度。这是不锈钢车体的结构特征之一。

为不降低车体板材强度和减小变形,应尽量采用点焊,使用接触焊代替弧焊,这是不锈钢车体的技术关键。

在制造过程中,不锈钢车体虽然不必进行防腐处理,但为了提高装饰性,许多厂家会进行适当修饰,或用彩色胶膜进行装饰。

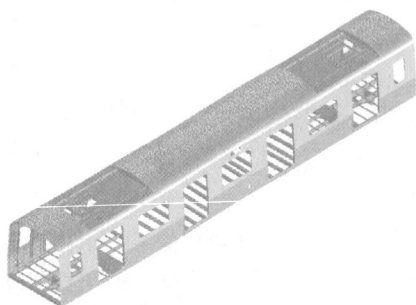

图2-4 西安地铁2号线不锈钢车体外观图

不锈钢车体的机械性能、防火性能均强于铝合金车体,具有较好的安全性。基于此,国外地铁如纽约地铁、东京地铁多采用不锈钢车体。

2.3.2 不锈钢材料特性

用于不锈钢车体的材料应具有耐高应力,焊接性、辊轧成型性、冲压性等加工性能良好。符合上述条件的不锈钢通常有两种:奥氏体不锈钢 SUS 301L 和 SUS 304。

两种不锈钢的主要化学成分和力学性能分别见表2-3和表2-4。

两种不锈钢材料的主要化学成分(不包括 Fe,单位:%) 表2-3

不锈钢材料	C(max)	Si(max)	Mn(max)	Ni	Cr	S(max)	P(max)	N(max)
SUS 301L	0.03	1.00	2.00	6.00~8.00	16.00~18.00	0.030	0.045	0.20
SUS 304	0.08	1.00	2.00	6.00~10.50	16.00~20.00	0.030	0.045	—

SUS 301L 具有通过轧制加工而易于增加硬度和抗拉强度的特性,所以可根据使用部位选用适当合适等级的材料。它的含 C 量在 0.03% 以下,能抑制电弧焊碳化铬的析出,是一种可以防止晶界腐蚀裂纹的材料。SUS 304 一般用于强度要求不严格的部位。

两种不锈钢材料的力学性能比较 表2-4

不锈钢材料	调制处理	屈服强度 (N/mm²)	抗拉强度 (N/mm²)	延伸率(%)		
				厚度 <0.4mm	厚度 >0.4mm <0.8mm	厚度 >0.8mm
SUS 301L	1/4H	>345	>690	>40		
	1/2H	>410	>760	>35		
	3/4H	>480	>820	>25		
	H	>685	>930	>20		
SUS 304	—	>205	>520	>40		

注:1/4H、1/2H、3/4H、H 对应不同硬度等级。

对于 SUS 301L 这种不锈钢材料,在进行冷压延加工时,如将加工量(也称压延率)在 5% ~20% 的范围内进行控制,可以得到不同强度级的材料,SUS 301L 一般分为 5 个强度等级。

(1) SUS 301L-LT。不进行冷压加工,其特点是强度较低(与 SUS304 基本相同),多用于强度要求不高处,属拉伸加工料件。

(2) SUS 301L-DLT(1/4H)。其特点是压延加工度低,板的平面度在几种调质材料中最好,多用于外板。

(3) SUS 301L-ST(1/2H)。其特点是具有较高强度,同时拉伸性良好,多用于车顶弯梁、侧立柱、端立柱等处。

(4) SUS 301L-MT(3/4H)。其特点是强度很高,但不易进行弧焊加工,加热至 600℃ 以上时,强度会大幅降低,系为冷弯型钢用料。

(5) SUS 301L-HT(H)。其特点是屈服强度和强度极限在几种调质材料中都是最大的,与 MT 相同,加热至 600℃ 以上时,强度会大幅下降,多用于底架边梁、主横梁、侧立柱等对强度要求很高的部位。

2.3.3　不锈钢车体结构特点

不锈钢车体是由底架、侧墙、车顶、端墙组成六面体整体承载结构,其模块构件结合及整体组成主要采用电阻焊接(点焊)。

在保证强度的前提下,实现车体表面焊点排列整齐美观。结构件采用高强度 SUS 301L 系列不锈钢,端底采用高耐候结构钢,内装连接吊件使用 SUS 304 不锈钢。下面以西安地铁 2 号线车辆为例简要介绍其结构,其车体结构如图 2-5 所示。

1) 底架

中间车底架图如图 2-6 所示。两根 4mm 不锈钢边梁之间布置主横梁(中部)和耐候钢端底架(两端),车下设备直接吊挂在主横梁下翼面,既能减轻质量又可使车下宽敞整洁。吊挂 SIV、VVVF、空气压缩机等的主横梁采用 4.5mm 不锈钢,其他位置采用 3mm 不锈钢。枕梁内增加了两道纵梁,以达到分散集中荷载的目的。

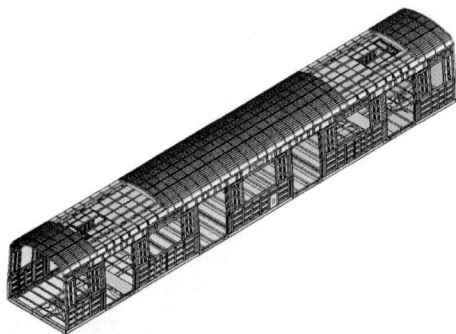

图 2-5　西安地铁 2 号线车辆车体结构图

图 2-6　中间车底架

2) 侧墙

中间车侧墙如图 2-7 所示。侧墙梁柱采用 1mm 的 SUS 301L-HT 材料,断面选用帽形,与外板点焊后形成箱形结构,从而加大断面矩以提高抗弯刚度。补强梁厚为 0.8mm。

车体外表面焊点排列有序,在保证强度的前提下,实现美观整齐。板与梁柱、部件与部件之间的连接均采用点焊,以减少热影响,减小焊接变形,保证表面平整。

门角和窗角为应力集中区,窗角采用高强度级板补强。门口采用高强度板厚 4mm 的门扣铁将侧墙各大部件牢固地连接成整体,保证车体在纵向、垂向、扭转等荷载作用下,强度、刚度满足要求,门开、关运动自如。

3)车顶

车顶为两根 1.5mm 厚的高强度冷弯型钢边梁,在边梁之间焊接 2 个机组平台和弯梁。弯梁上铺设侧顶板和波纹顶板,如图 2-8 所示。

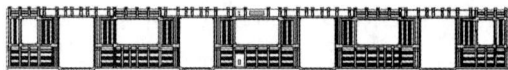

图 2-7　中间车侧墙

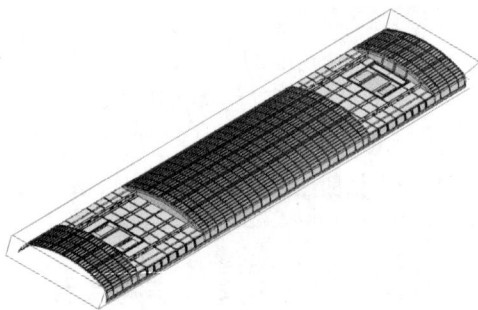

图 2-8　车顶钢结构

4)端墙

端墙为板、梁点焊结构。

2.3.4　使用不锈钢材料的注意事项

不锈钢车体由于具有耐腐蚀性较好,不用修补,使用寿命长等优点,因此在保证强度、刚度的条件下,板厚可以大大减小,从而实现车体的轻量化。但在设计、制造中尚需注意许多问题,如:不锈钢选材、不锈钢制造技术、不锈钢结构焊接工艺的研究、不锈钢材料疲劳特性和寿命的试验、结构优化设计、刚度问题、防腐蚀问题等。

1)不锈钢材料的选择

根据城市轨道交通车辆的结构特点、制造工艺以及使用环境,同时考虑到制造成本,要求所使用的不锈钢材料必须具有如下性能:

(1)价格便宜。

(2)耐腐蚀性好。

(3)具有能满足车辆运行的足够强度。

(4)加工性好,在对其进行剪切、弯曲、拉延、焊接等加工时,不会产生缺陷。

能满足以上条件的不锈钢材料有 30 ~ 40 种,综合各方因素,目前广为采用有 SUS 301L、SUS 304。其他不锈钢材料的热影响区易产生铬碳化合物晶界析出现象,并出现晶界腐蚀裂纹,降低耐腐蚀性能。

2)不锈钢材料的焊接

碳素钢车体采用弧焊组装钢结构,靠电弧产生的热量熔化填充金属,使 2 个构件熔敷接合。弧焊所产生的热量很大,对构件的热输入量也很大,这种焊接方法对于焊接不锈钢材料是很不利的。

不锈钢导热系数只是碳素钢的 1/3，而热膨胀系数是碳素钢的 1.5 倍，热量输入后散热慢而变形大，不利于对构件尺寸及形状的控制。但由于不锈钢材料的电阻较大，所以对不锈钢材料的焊接一般都采用电阻焊(即点焊)。点焊就是将 2 个或 2 个以上相叠加的金属用电极加压，通过大电流利用金属的电阻，产生高热，使叠加的金属在加压区发生熔合，进而将金属连接到一起。点焊的特点是对构件的热输入量小，容易实现自动控制，焊接时不需要技能很高、很熟练的操作者也可以保证焊接质量。

在轻量化不锈钢车体中，绝大部分零部件都是通过点焊连接的，所以焊点的质量将直接影响车体钢结构的质量和强度。为保证车体质量，在日常生产中，控制焊点质量是必须的。现在采取的方法是在每次作业前进行点焊拉伸试验和切片试验，检验合格后再按照试验的焊接规范进行作业。不锈钢车使用高强度冷轧不锈钢板，其强度是通过加工硬化实现的。

3）不锈钢车体的外观质量

不锈钢外墙板很薄(一般为 0.5mm)，因此对平面度要求很高，薄板点焊处无法平整会导致反光后视觉效果不佳。另外，表层拉丝板容易出现划痕，难以消除。所以相对于铝合金车体，不锈钢车体外观效果稍差。

此外为了外表面的美观性，不锈钢梁柱的制造精度要达到很高的水平，特别是侧墙和端墙为平板的鼓形车体，制造难度很大。

2.4　车体的模块化结构

就车体结构形式而言，传统城市轨道车辆都是采用全组焊结构，即底架、侧墙、车顶和端墙均为焊接而成，这四大部件组装时也采用焊接工艺，这种车体结构称为整体焊接结构，也称为一体化结构。随着技术的发展，自 20 世纪 90 年代中后期，模块化的车体结构开始在国内外逐步发展起来。

模块化结构是近年来发展起来的技术，模块化车体设计是将整个车体分为若干个模块(图 2-9)，在每个模块的制造过程中完成整车需要的内装、布管与布线的预组装(图 2-10)，并解决相互之间的接口问题。各模块完成后即可进行整车组装。每一模块的自身结构部分采用焊接，而各模块之间的总成采用机械连接。

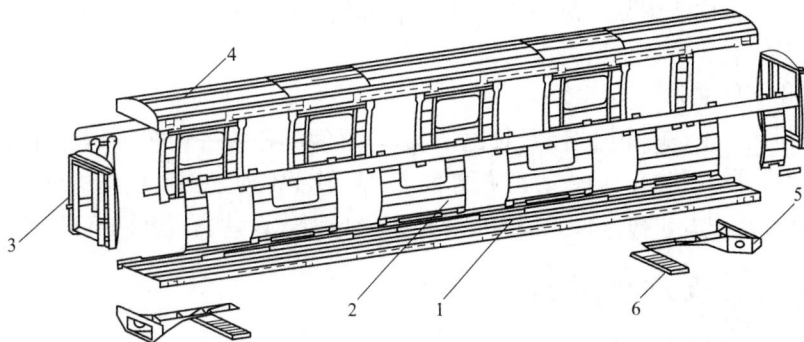

图 2-9　车体模块组成

1-底架模块；2-侧墙模块；3-端部模块；4-车顶模块；5-牵引梁模块；6-枕梁模块

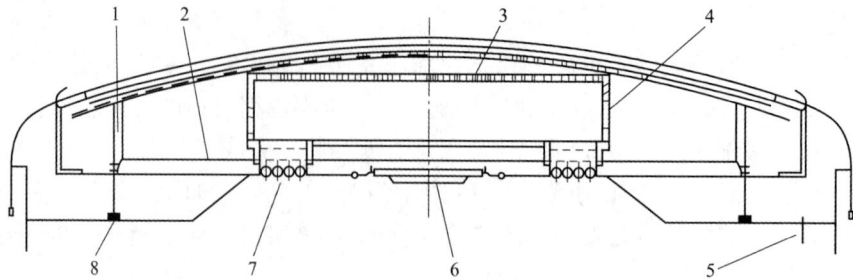

图 2-10 车顶模块

1-顶板吊梁;2-侧墙横梁;3-空调风道;4-隔音、隔热材料;5-内部装饰;6-灯带;7-出风口;8-顶板悬挂

2.4.1 模块化结构的优点

(1)在每个模块的制造过程中均注意验证其质量。模块制成后均须进行试验,从而保证整车总装后试验比较简单,整车质量也容易保证。

(2)由于每个模块的制造可以独立进行,并解决了模块之间的接口问题,因此复杂和技术难度大的模块和部件可以由国外引进,其余模块和部件在用户本地生产。另外,模块化结构对总装生产线要求不高,这均有利于国产化的逐步实施。

(3)可以改善劳动条件,降低施工难度,提高劳动效率,保证整车质量。

(4)可以减少工装设备,简化施工程序,降低生产成本。

(5)在车辆检修中,可采用更换模块的方式进行,方便维修。国外在模块化车体的设计、制造、试验与生产管理过程中已形成了整套的经验,从而能够保证批量生产的质量。

2.4.2 模块化车体的装配

模块化车体的总装配与焊接结构相比简单,特别在总装装配和焊接设备的设置上大大减少。虽然模块化车体的总装配也需在专用的总装胎具上完成,但其作用主要体现在定位和支撑上,使总装配更容易实现。

1)车体总装配

依次将底架、侧墙、车顶、端部中间体、司机室(A车)各个模块吊入专用的总装胎具,并依次进行定位和固定。检查车体长度、宽度和车体对角线尺寸。确认各项尺寸符合要求后,在各个模块的结合面使用黏接密封剂,达到黏接和结合面密封的双重目的,最后使用机械紧固件穿过预制安装孔将各个模块连接起来。

2)模块化车体之间的连接技术

底架、侧墙、车顶、端部中间体、司机室(A车)之间的连接采用机械螺栓连接方式,在不同部位采用不同形式和不同等级的高强度螺栓。高强度螺栓紧固可使结构件之间的连接能够承受强烈振动、冲击和动荷载。高强度螺栓采用自锁式设计,有很好的可靠性。

2.4.3 车体模块化结构的注意事项

(1)模块本身应具有足够的刚度,连接部分应具备相应的强度和刚度,因此在设计过程必须进行详细的接口计算。

（2）模块应便于安装,周边应有一定的调整空间。

（3）模块化设计要考虑通用性,满足同一部位互换性要求。

（4）模块化因涉及螺栓等多处连接,质量略大于焊接车体。

2.5　车体结构及材料的轻量化途径

2.5.1　城市轨道交通车辆结构要求

车体是车辆的关键部件,其不仅涉及车辆本身的造价、安全性、舒适性等,还直接影响线路、供电、维修费用、建设总投入等,是控制车辆投资、提高服务水平及运营成本的重要因素。

车体作为车辆结构的主体,其强度对车辆的安全运行十分重要,须满足极端条件下的动荷载、静荷载要求,并在架车、起吊、救援、调车、连挂和多车编组回送作业时,车体结构应力不超过材料的许用应力,不得产生永久变形及损坏;当超过最大荷载时,不得发生车体压溃的现象;在使用寿命内,不得产生疲劳失效。

车体结构的刚度应能保证在正常荷载和自然频率下,车体的变形不超过运行条件所决定的极限值,并确保在各种荷载下车门运动不受阻。

2.5.2　静强度设计及荷载要求

《地铁车辆通用技术条件》(GB 7928—2003)对车体试验用纵向静荷载值的规定为:如果用户和制造商在合同中没有特殊规定,建议 A 型车不低于 0.8MN,B 型车不低于 0.49MN。

1）作用于车体的机械能量吸收要求

对于列车的纵向冲动,其能量应优先由车钩及缓冲器系统起能量吸收作用。

假设列车(AW0)与制动的列车(AW0)相撞,当速度为 8km/h 时,车钩及缓冲器系统可吸收产生的冲击能量,并且任何部件不能损坏;当速度为 15km/h 时,车钩及缓冲器系统可吸收产生的冲击能量,除车体不能损坏外,同时应满足以下要求:

（1）不得导致转向架、车钩与车体连接件、贯通道、设备柜及其支承等主要部件的损坏。在发生事故后,必须对车辆进行检查,尤其是电气、机械连接部分。

（2）列车仍应能通过自身的动力或是由另一机车牵引,顺利通过区间和车辆段内条件最不利的轨道,以到达维修地点。

对于速度大于 15km/h 的冲击,在自动车钩系统上设有过载保护措施。此外,还可通过适当地设计边梁的刚度,使司机室部位的底架结构首先产生变形而起到吸收能量的作用,从而保护客室部位的底架结构。

2）设计寿命

在正常运用条件下,预期运用至少 30 年,无须对车体结构件进行重修或加固。30 年后车辆经过重新装配可进一步运用。

3）车体挠度要求

要求在各种荷载下,其挠度值须保证所有客室和司机室门能够操作自如。

4）车顶要求

（1）车顶板在 $200cm^2$ 的面积上能承受 1000N 的垂直荷载。

（2）车顶板能在间距为 500mm 的两个 $400cm^2$ 面积上分别承受 1000N 的垂直荷载。

（3）车顶结构在承载空调单元部位必须加固，并保证空调排水通畅。

5）底架要求

（1）底架可承受超员载荷（AW3）的乘客荷载；

（2）能提供所有底架安装设备的支撑；

（3）设有吊、架车支撑点。

6）设备支承及布置

设备布置要求：车辆电气设备安装在车体底架的设备箱或客室的电气柜中，电气设备的位置根据其电气要求选定。设备箱的布置和设计应考虑设备的尺寸、重心位置及车质量的分配，应提供质量计算。

设备安装结构应能承受减速度达 $30m/s^2$ 时的冲击力，符合 VDV152 或等同国际标准的要求。

7）车体与转向架的连接

车体与转向架的连接部位在减速度为 $30m/s^2$ 作用力的作用下，不会发生永久变形。在减速度为 $5m/s^2$ 作用力的作用下不被损坏。当车体吊起时，其连接应能同时吊起转向架。

8）架车支承

底架模块的设计应考虑吊车和架车支撑点。

在底架边梁上靠近转向架的位置设 4 个支撑点；在两端的车钩横梁中央分别设 1 个架车支承点，作复轨用，在车钩横梁下方架车应能抬起空载整车的一端；在车辆的四角处设置 4 个起吊点，用于紧急情况下的架车。

架车、吊车、复轨用的架车支承点可满足车辆拆卸、组装、检修、吊运和救援作业的需要。车体的垂向强度应满足在使用任何一对架车点架车时，不使车体结构的任何部位发生屈服变形。每个架车支承点处设有定位点，架、吊车点处有标记以指导作业。

9）防爬装置

防爬装置为可拆卸型，采用低合金高强度钢制造，可承受 100kN 的任一方向垂向力与 1000kN 水平力的合力。在发生事故的情况下，两列车相撞时车体上最先接触的部位应该是防爬装置。在每个带司机室的车前端设置防爬装置。

10）静力学分析和模态分析

为验证车体设计的合理性、安全性，须制造前建立车体结构力学特性的有限元模型，参照《地铁车辆通用技术条件》（GB 7928—2003）对整体进行静力学分析和模态分析。通过仔细分析其结构特点，合理简化车体结构。

2.5.3　车体结构的轻量化途径

车体由底架、侧墙构架、端墙构架及车顶构成一个整体的六面体，长期处在激烈振动、外部气候条件以及承载客流大而又不稳定等较为苛刻的条件下，其总体结构形式、性能和技术经济指标主要取决于车体材料。在设计车体时，对车体构件和内部装饰所用材料的基本要求为:应具有构件所要求的高强度和刚性,质量轻,具有耐老化、耐污染、耐磨耗及耐光照等特性,耐火、阻燃、施工容易且价格便宜,易于维修,适合于环境的改进(隔热、隔音性能好,采光性较好),适合于提高舒适度(减振等)。

1)车体材料选型的比较

(1)车体自重的比较。

早期车辆的车体大多采用普通碳素钢制成的有众多纵、横型材构骨架和外包板结构,形成一个闭口的筒形薄壳整体承载结构,一般自重达 10 ~ 13t。为了提高车体的耐腐蚀性,延长车体的使用寿命,较多应用含铜或含镍铬等合金元素的耐腐蚀的低合金钢材料(或称耐候钢),可使车体钢结构自重减轻10% ~ 15% 。

采用全不锈钢车体或半不锈钢(包板为不锈钢,骨架为普通碳素钢),免除了在车体内壁涂覆防腐蚀涂料和表面油漆。在保证强度、刚度的前提下,通过调质压延而获得高强度不锈钢薄板,板厚可减小,同时也提高了使用寿命。一般不锈钢车体自重比普通碳素钢低30% 。

由于铝合金的密度仅为钢的1/3,从理论上讲,铝合金材料更能使车体轻量化。但铝合金抗拉强度不如不锈钢,采用超低碳轻量化不锈钢的抗拉强度是铝合金的 2 ~ 5 倍,而且铝合金的弹性模量也约为不锈钢的1/3。为了保证城市轨道交通车辆有足够的强度和刚度,铝制必须采用大型中空截面的挤压铝型材,同时为了提高铝合金车体断面系数,增大抗弯刚度,防止板材失稳,必须加大板厚,一般取钢材的1.4 倍。但总体上与耐候钢相比,质量最多可减轻约50% 。

从以上分析及实际应用可知,铝合金车体轻量化效果比不锈钢车体更明显。

(2)其他方面的比较。

①腐蚀状况。铝合金车体除了车钩部分及车体内的螺钉座使用碳素钢外,其他部位均为铝合金。目前的城市轨道交通车辆铝合金车体已经使用大型铝合金挤压型材,通过对运营后铝合金车体腐蚀情况进行的调查表明,雨檐、门口、窗口周围及底架端部、车体侧面的焊接热影响区处发生了腐蚀。但和碳素钢车体相比较,铝合金车体腐蚀程度很轻,只要对车辆进行定期维护,其对车体的强度不会产生影响。

不锈钢车体具有耐腐蚀、免维修等特点。全部采用不锈钢材料的车体与铝合金车体大致是在同期开发出来的。通过对运营车辆进行的定期检查,发现没有必要对外板进行修补、涂装。另外,对梁柱也没有必要进行修补,因此除了可以省去车体维修费用外,还会减少由于维修而产生的烟雾、有机溶剂等在作业场所的散布,从而减少对相关电气设备的检查、维修等其他作业量。

对于不锈钢车体,不用像碳素钢车体那样预留腐蚀余量,全部使用调质压延钢板,55%使用薄板,以实现轻量化。而枕梁、牵引梁、弹簧座、车钩座等部位,由于形状复杂,采用弧焊结构,所以采用了耐候钢材料。像这样全车大部分都采用不锈钢材料的车体,除枕梁、牵引梁等涂漆部分需要适当的修补之外,其他部位基本上没有腐蚀,因此在总体防腐蚀效果上,不锈钢车体优于铝合金车体。

②制造成本。在分析碳素钢车、铝合金车、不锈钢车的经济性时,必须先确定各种车的样式。现在以确定了形式、大小的城市通勤车为例,考虑到各种车的耐腐蚀性,分为铝合金涂装车、铝合金不涂装车(但外表面要打磨加工)、不锈钢不涂装车等几种。由于近来对外观

的要求,不涂装车也常贴上彩带,因此不涂装车的成本中还要包含彩带及涂于搭接处的防水密封胶成本。考虑车体成本因素,不锈钢车体低于铝合金车体。

③加工成本。在制造成本中,还要考虑加工因素的影响。由于 SUS 301L 不锈钢材料须经过调质压延加工,需要专用加工设备,所以成本较高;铝合金车体由于采用合金元素及大型挤压设备,而使加工成本增加。另外加工中还要考虑车体的焊接,焊接对每种车体是各不相同。铝合金车体采用使用焊丝的 MIG 焊和 TIG 焊,而不锈钢车体主要为点焊、MIG 焊和 TIG 焊。

铝合金车体为防止底架接头处的角部产生应力集中,要增加打磨加工焊缝的工作。而不锈钢车体采用点焊,所用焊接材料少,焊接热量少,不容易发生变形,所以基本上不需要修整及加工焊缝。在考虑到上述因素影响的前提下,不锈钢车体制造成本占优。

④运营总成本。如将碳素钢车体制造成本定为 1.0,则不锈钢车体为 1.14,铝合金车体(不涂漆)为 1.57,铝合金车体(涂漆)为 1.66。而不锈钢车体维修量很少,最终总成本最低。

⑤外观质量。相比之下,铝合金车体的耐腐蚀性能较差,但中空铝型材平整、挺拔,又可根据用户要求选择不同的装饰和颜色,因此给人的感觉是庄重、美观,容易被广大乘客接受。

⑥国内现状。目前国内 A 型车仅有铝合金车体一种备选方案(因为国内城市轨道交通车辆的通用轴承最大承重为 17t,如果采用不锈钢车体将达到这个限度,而采用铝合金车体最大轴重不超过 16t),因此铝合金车体和不锈钢车体的竞争主要在 B 型车上。综上所述,在地铁 B 型车选型中,不锈钢车体与铝合金车体各有优势,具体到某一个城市的车辆选型应该综合考虑以上问题,尤其是要考虑到车体选型对线网的资源共享及本地产业链的影响。

2)结构的优化

随着近几年我国城市轨道交通行业的飞速发展,制造厂家在车体结构上的优化与国际差距逐渐缩小。

下面以某型不锈钢车体结构优化的探索为例加以说明。

(1)侧墙内层筋板结构优化。

为满足不锈钢车体外板无涂装的要求,保证外观效果,对车体侧墙的平整度提出了较高的要求,其平面度要求控制在 1mm/m 以内。为此,必须提高侧墙刚度,减少焊接量,控制焊接变形。同时,为了实现车体的轻量化,应采用薄壁式侧墙结构。普通城市轨道交通车辆采用的薄壁板梁式侧墙结构施工困难,平面度较难保证。而采用内层筋板式侧墙结构,扩大了外板与梁的接触面,提高了梁柱成型精度,有助于解决这一问题。内层筋板结构采用整体冲压的内部筋板取代传统的板梁,作为侧墙结构的补强,简化了施工工艺,实现了结构模块化,提高了侧墙刚度和外板平整度。内层筋板的结构形式多样,元件设计时主要考虑单元的承载能力、使用部位的受力状态及模压成型工艺等问题,设计的 2 种内层筋板结构方案如图 2-11 所示。

通过有限元分析,对不同内层筋板方案分别进行拉伸荷载、剪切荷载、弯曲荷载、扭转荷载工况下的强度与刚度对比,确定元件的性能。采用 2 种筋板分别建立整车计算模型,对 2 种模型进行垂直荷载工况、纵向压缩工况、扭转工况计算,比较 2 种筋板方案对整车性能的影响,为侧墙结构设计提供理论依据。有限元计算表明,方案 1 的内层墙板结构的强度较大,方案 2 的内层墙板结构的刚度较大。综合分析,方案 2 单元力的传递特性较差,成型工艺性较差,故优先采用方案1。

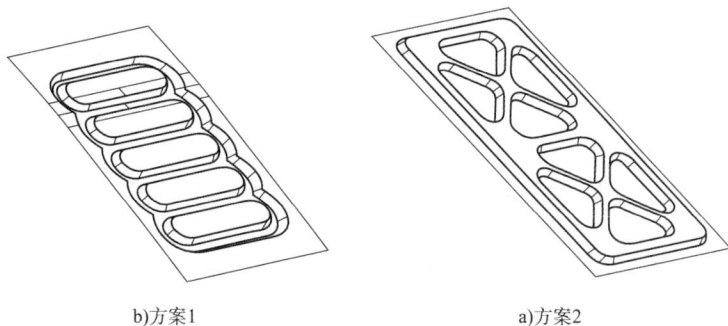

b)方案1　　　　　　　　　　a)方案2

图2-11　内层筋板结构

（2）后端墙结构优化。

传统的后端墙均为横梁、立柱、外板组成件,由于焊接量大,造成外端板不平整,视觉效果较差。优化方案采用整体冲压的鼓筋外板点焊结构,减少了端墙零部件的数量和焊接量,提高了端墙的表面视觉效果。在整车模型中,将后端墙优化方案各梁及板按照壳单元离散,在车体底架施加 EN12663—2000 标准规定的荷载工况,重点考虑纵向压缩工况后端墙门角的应力水平,以及该工况下车体端部的变形。计算结果表明,后端墙结构优化方案的强度与刚度满足标准要求。

（3）车顶、底架波纹板优化。

将车顶波纹板与底架波纹地板厚度减小为 0.6mm,并考虑波纹地板附属件的安装,对波纹截面进行优化,以减轻车体质量。根据 EN12663—2000 标准对该结构进行强度与刚度校核计算。计算结果表明,车顶波纹板与底架波纹地板减薄后,地板局部刚度有所降低,但对整体刚度的影响比较小,将波纹地板与牵枕缓的连接结构进行局部改进后,整体方案满足强度和刚度的要求。

复习思考题

1. 简述车体的要求。
2. 铝合金车体的优点有哪些?
3. 说明铝合金材料使用中应注意的问题。
4. 简述不锈钢车体的结构组成及各组成部分的结构特点。
5. 试述不锈钢材料使用中应注意的问题。
6. 车体模块化结构需注意哪些问题?

单元 3 城市轨道交通车辆设备及其布置

教学目标

1. 掌握城市轨道交通车辆设备的布置形式；
2. 了解城市轨道交通车辆设备的基本结构；
3. 掌握城市轨道交通车辆设备的基本工作原理。

建议学时

8 学时

我国目前运营的城市轨道交通车辆类型繁多，既有国产车辆，又有进口车辆。各个公司生产的车辆的设备布置不尽相同。但按照设备布置位置分类，车辆设备都是按照车顶设备、车内设备和车底设备来进行布置的。

目前我国的城市轨道交通车辆都是电动车组，车内设备的布置要本着为乘客服务、方便乘客的原则出发，要尽量创造较大的车内空间容纳乘客，所以大部分与服务乘客无关的设备都设置于车顶或车底。

3.1 车顶设备

3.1.1 受电弓

受电弓是城市轨道交通车辆从接触网取得电能的电气设备，是高压主电路系统的重要部件。目前城市轨道交通车辆上使用的受电弓主要有弹簧弓和气囊弓两种。受电弓一般安装在车顶上，不同运营公司的车辆安装的具体车位也不同，如广州地铁 3 号线受电弓安装在动车 A 车的 2 位端，深圳地铁则安装在 B 车上。受电弓要尽量安装在转向架回转中心上，以避免在车辆通过曲线时引起受电弓脱离接触网故障。受电弓在整个车辆速度范围内应具有良好的空气动力学特性，以保证受电弓能在各种轨道状态下与接触网导线都具有良好的接触状态和接触稳定性。

1）弹簧弓的结构及工作原理

（1）弹簧弓结构。

如图 3-1 所示，受电弓由底架、下支架、上支架、连接杆、弓头、平行导杆、升弓机构、液压减振器等部件组成。

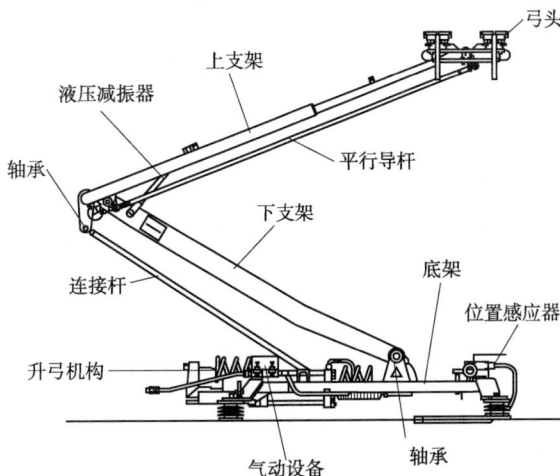

图 3-1　受电弓结构

底架：由封闭的矩形空心钢管焊接而成。底架上装有支撑下支架轴承座、上支架及下支架缓冲垫、运输挂钩、降弓后支撑弓头的支撑弹簧、升弓装置、连接杆、气动降弓机构、绝缘子、高压连接板、休息位置指示器、锁钩支撑座和气动设备。

下支架：由无缝钢管焊接而成，其底板位于底架上。下支架上装有升弓装置钢绳驱动的凸轮、气动降弓机构驱动的杠杆、平行导杆、减振器和上支架安装座。

上支架：为无缝铝管的焊接结构，十字形钢缆连接结构使框架具有一定的横向稳定性。上支架装有弓头、连接杆、减振器、上升限位装置和受电弓支撑轴。

连接杆：由一根用碳钢圆管制成的连接管和两个分别带有左旋及右旋螺纹的轴承座和两套绝缘轴承组成。通过转动连接管，可调节和微调受电弓的几何形状。

弓头：安装在一根位于上支架上的轴上，叶片弹簧用于悬承被固定在托架盒内的集电板。平行导向滑环确保碳滑板与接触网的平行工作。每个碳滑板的单个悬承可实现最大的接触特性，将磨损尽量减至最小。悬承架在水平和竖直力异常大时保护弓头的叶片弹簧，防止其毁坏。整体的平衡使得弓头能够在接触网上自由转动。

平行导杆：当受电弓进行升弓或降弓时，平行导杆可防止弓头失稳翻转。

升弓机构：升弓时，压缩空气经电空阀均匀进入传动风缸，气缸活塞压缩气缸内的降弓弹簧，此时升弓弹簧使下支架转动，抬起上支架和弓头，受电弓匀速上升，在接近接触网线时有一缓慢停滞，然后迅速接触网线；降弓时传动风缸内压缩空气经受电弓缓冲阀迅速排向大气，在降弓弹簧作用下，克服升弓弹簧的作用力，使受电弓迅速下降，脱离接触网。

液压减振器：通过上支架、下支架之间的减振器实现振荡衰减。它保证了碳滑板和接触网之间的良好接触。减振器适合的工作温度在 -40~80℃。

气动降弓机构：受电弓降弓是依靠固定在底架和下支架的杠杆之间气动降弓机构来完成。受电弓下降通过装在气缸里的压缩弹簧实现，通过下支架上的触发臂上的活塞和活塞杆起作用。如果气缸受到压缩空气的压力，压缩弹簧会被活塞压缩，此时受电弓可升弓。升弓和降弓时间通过两个节流阀进行调节。若要调整受电弓的降弓位置，可以调整下支架的触发接头上的螺钉。如果没有压缩空气可利用，受电弓可以使用气动脚踏泵升弓。

轴承:受电弓装备有免维护、油脂润滑周期长的深沟滚珠球轴承。每套轴承都在加工好的轴上装配有两个滚珠球轴承,轴承间的间隙填满了油脂。轴承外端安装了两个金属保护盖,避免机械损伤。

电气设备:所有的轴承位置均通过分流导线进行旁路处理,以防止电流流经轴承。分流导线由一根柔软镀锡铜线和终端线耳组成,在接线板上涂上含铜的导电脂,使分流导线和支架之间有更好的导电性能。

气动设备:气动设备由连接到传动风缸的压缩空气气路组成。气路中安装了两个节流阀,用于调节升弓和降弓速度。

位置传感器:位置传感器安装在底架的绝缘板上,当受电弓在降弓位置时,传感器感应到上支架管并将信号传输到 VCU(列车控制单元)中,可在 HMI(人机接口模块)屏上看到已降弓的图标。

(2)弹簧弓工作原理。

受电弓安装于车体顶部,当受电弓升起后,其滑板与接触网导线接触,从接触网上获取电源,向整个列车电气系统供电,同时还通过列车的再生制动系统将列车的动能转换为电能回馈给接触网,供给其他在线列车的使用,起到双向传递枢纽的作用。受电弓有两个动作过程,即升弓和降弓。

升弓:压缩空气经电磁阀均匀进入传动风缸,风缸活塞压缩风缸内的降弓弹簧,拉动升弓弹簧使下支架转动,抬起上支架和滑板,受电弓匀速上升,在接近接触网导线时有一缓慢停滞,然后迅速接触接触网导线。

降弓:传动风缸内压缩空气经受电弓缓冲阀迅速排向大气,在升弓弹簧复原力的作用下,拉动上、下支架转动,使受电弓弓头迅速下降,脱离接触网。

在牵引工况下,主电路系统通过安装在车顶的受电弓将接触网的电流引入车底架下部的 PH 箱(整合高压器的牵引箱)中,在 PH 箱中受高速断路器控制后,经牵引逆变器逆变送入牵引电机,并最终通过接地电刷经由车体、转向架形成电流回路。

在电阻制动工况下,通过牵引电机将列车的动能转化为电能,并经牵引逆变器、制动电阻以热量的形式散发。再生制动是通过牵引电机将列车的动能转化为电能,并经牵引逆变器、高速断路器、受电弓等将电能反馈给电网,再生制动优先施加。

负荷电流通过接触线和受电弓滑板接触面的流畅程度称为受流质量,它与滑板与接触线间的接触压力、过渡电阻、接触面积有关,取决于受电弓和接触网之间的相互作用。为保证牵引电流的顺利流通,受电弓和接触线之间必须有一定的接触压力。弓网实际接触压力由四部分组成:受电弓升弓系统施加于滑板,使之向上的垂直力为静态接触压力;由于接触悬挂本身存在弹性差异,接触线在受电弓抬升作用下会产生不同程度的上升,从而使受电弓在运行中产生上下振动,并产生一个与其本身归算质量相关的上下交变的动态接触压力;受电弓在运行中受空气流作用产生的一个随速度增加而迅速增加的气动力;受电弓各关节在升降弓过程中产生的阻尼力。

2)气囊弓结构及工作原理

(1)气囊弓结构。

如图 3-2 所示,气囊弓由底架、上臂、下臂、上导杆、下导杆、弓头、升弓装置和绝缘子等部件组成。

底架:底架是由方形钢管焊接而成。安装到底架上的部件有下臂、下导杆、升弓装置、绝缘子和阻尼器。

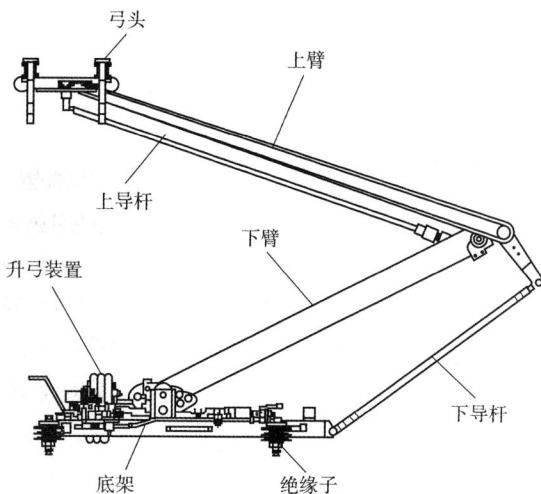

图3-2　气囊弓结构

上臂:由铝合金焊接而成。安装在上臂上的部件有弓头和下导杆。

下臂:由无缝钢管焊接而成,安装在底架上。安装在下臂上的部件有气囊驱动钢丝绳线导板和软连线、上导杆、上臂和阻尼器。

上导杆:作用是保证弓头水平,同时确保弓头有足够的旋转自由度。

下导杆:由一根不锈钢管和两个杆端关节轴承组成。

弓头:受电弓直接与接触网接触的部件。弓头安装在上臂顶部,碳滑板悬挂在板簧上。

升弓装置:安装在底架和下臂之间,用来升弓。压缩空气气源经阀板、绝缘管与受电弓底架进气口连接,进而通过底架上的气路连接到气囊。接触压力由阀板上的精密减压阀调整,升、降弓时间分别由的升弓节流阀和降弓节流阀进行调整。

软连线:所有枢轴位置通过软连线进行短接,阻止电流经过轴承。

绝缘子:将受电弓带电部分与车体进行绝缘。

(2)气囊弓工作原理。

在压缩空气作用下,气囊产生推力,通过钢丝绳及线导板作用在下臂,驱动下臂旋转,从而使受电弓升弓。当车辆不提供压缩空气时,降弓的控制方式是随着气囊内的压力空气排空后由重力作用自动实现。

升弓时,通过控制阀板上的升弓节流阀调节进入气囊内压缩空气的速度,从而调节升弓速度;降弓时,通过控制阀板上的降弓节流阀调节压缩空气排出的速度,从而调节降弓速度。如果压缩空气供应中断或者自动降弓装置(ADD)触发,受电弓会自动降弓。

3)对弓网关系的要求

(1)将接触网设计为"之"字形。

受电弓工作的最大特点是靠滑动接触而收取电流,这就要求受电弓滑板与接触网导线可靠接触且磨耗小。为此,将接触网设计为"之"字形,使滑板运行中在有效范围内与导线滑动接触。

(2)接触压力。

弓网接触压力能直观地反映受电弓滑板和接触线间的接触情况,它必须符合正态分布规律,在一定范围内波动。这就要求受电弓在工作高度范围内具有稳定、数值适中的压力。接触压力太小,接触电阻增大,功率损耗增加,同时运行时易产生离线和电弧,导致接触导线和滑板磨耗增加;停车时,可能由于接触电阻过大而烧断接触网导线;接触压力太大,容易加重机械摩擦,严重时使滑板局部拉槽,进而造成接触导线弹跳拉弧,以至于刮弓。

(3)滑板的材料。

要求硬度适中,导电性能好,接触电阻较小,质量轻、与导线滑动过程中同时具有较小的磨耗。通常采用碳系列材料来制作滑板条,并添加微量元素确定滑板的硬度和电阻。硬度太大会导致接触网导线磨耗增加,滑板磨耗减小;硬度太小则容易使滑板导线磨耗增加,接触网磨耗减小,但滑板容易损坏。

4)受电弓检查与维护

(1)检查受电弓滑板和弓角是否有破裂及磨损现象,破裂或磨损到限需维修、更换。更换滑板后,应及时调整受电弓接触压力。

(2)检查软连线是否损坏,必要时需更换。

(3)检查受电弓碳滑板紧固螺栓和其他安装螺栓是否有松动。

(4)检查阻尼器是否漏油。

(5)目视检查钢丝绳,如有断股则更换,并涂油润滑。

(6)润滑下导杆两端关节轴承。

(7)检查绝缘子和绝缘管表面有无破损、裂纹,并清洁绝缘子和绝缘管。

(8)检查受电弓气路密封性良好、无泄漏。

3.1.2 空调系统

车顶除了设置受电弓以外,还设有空调装置。一般来说,每节车配有两台独立的车顶单元式空调机组,用于客室、司机室的通风和空气调节,每节车两台空调机组的运行由一个控制板进行控制。带司机室的车辆还配有独立的司机室通风机,可通过手动旋钮对风量进行多级调节。

1)空调制冷工作原理

用一定的方法使物体或空间的温度低于周围环境介质的温度,并且使其维持在某一范围内的过程称为空调制冷。城市轨道交通车辆一般都采用蒸气压缩式制冷。

蒸气压缩制冷机组主要是由蒸发器、制冷压缩机、冷凝器和膨胀阀四大部件组成,并用管道连接,形成一个封闭的循环系统。制冷剂在封闭的系统中循环,只消耗压缩机的功就能反复地实现制冷剂由液体变为蒸气,再由蒸气变为液体的相态变化,并通过这种相态变化将低温处的热量转移到高温处去。其制冷原理如图3-3所示。

蒸发器是制冷的部件,经膨胀阀的制冷剂气液混合物在蒸发器内汽化,吸收被冷却物的热量变为气体。制冷压缩机是制冷系统中最主要的部件,它吸入蒸发器中低压制冷剂蒸气,将其压缩成达到冷凝压力的高温、高压蒸气,然后排至冷凝器。冷凝器是放热的部件,它的作用是将来自压缩机的高温高压的制冷剂蒸气冷凝成高压的液体。在冷凝的过程中,制冷剂蒸气放出热量,被水或空气带走。膨胀阀的作用是使制冷剂的高压液体经节流,压力从冷凝压力降至蒸发压力,一部分液体由于降压而变为蒸气,制冷剂成为气液两相混合物。

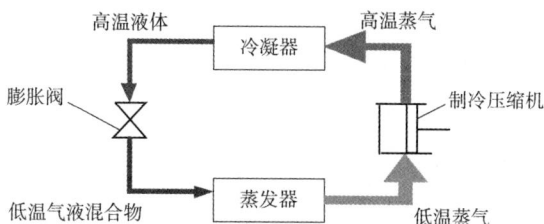

图 3-3　空调制冷原理

制冷剂液体在蒸发器中吸收被冷却物体(如室内的空气)的热量,而汽化成低压低温的蒸气后被压缩机吸入。压缩机消耗一定的机械功将制冷蒸气压缩成压力、温度都较高的蒸气并将其输入冷凝器。高温、高压的制冷剂蒸气在冷凝器内被环境空气(或水)冷却,制冷剂蒸气放出热量后被冷凝成液体,此时的制冷剂液体还处于高温、高压状态。高温、高压的制冷剂液体经过膨胀阀节流降压、降温后进入蒸发器。此时的制冷剂液体已变为低温、低压状态。在蒸发器中,低温、低压的制冷剂又吸收被冷却物体的热量蒸发成相对的低温、低压的制冷剂蒸气,再被压缩机吸入,如此周而复始地循环。

2)空调系统的组成

城市轨道交通车辆空调采暖系统主要包括空调通风系统和采暖系统。其中空调通风系统如图 3-4 所示,由空调机组、风道、排风装置、司机室送风单元(仅头车)、温度传感器、空气净化装置(安装于机组内部)组成;采暖系统由司机室电热器和客室电热器组成。

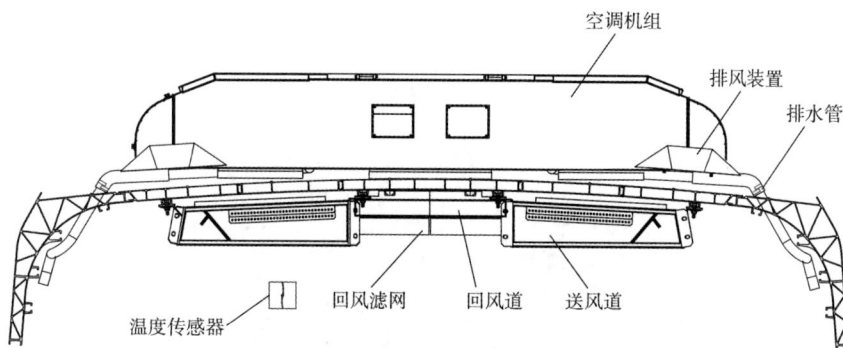

图 3-4　空调通风系统的组成

(1)气流组织形式。

空调通风的气流组织形式如图 3-5 所示,包括新风、回风、送风和排风。空调机组自带新风口,新风从新风口进入空调机组内部后,与回风混合;车内回风通过设于车辆顶板处回风格栅、回风道、空调机组下部的回风口进入空调机组,与新风混合;新风、回风混合后经蒸发器降温除湿处理后通过送风机送入客室;客室内部的废气经侧墙、顶板处的间隙进入车顶后,经自然排风装置排出室外。

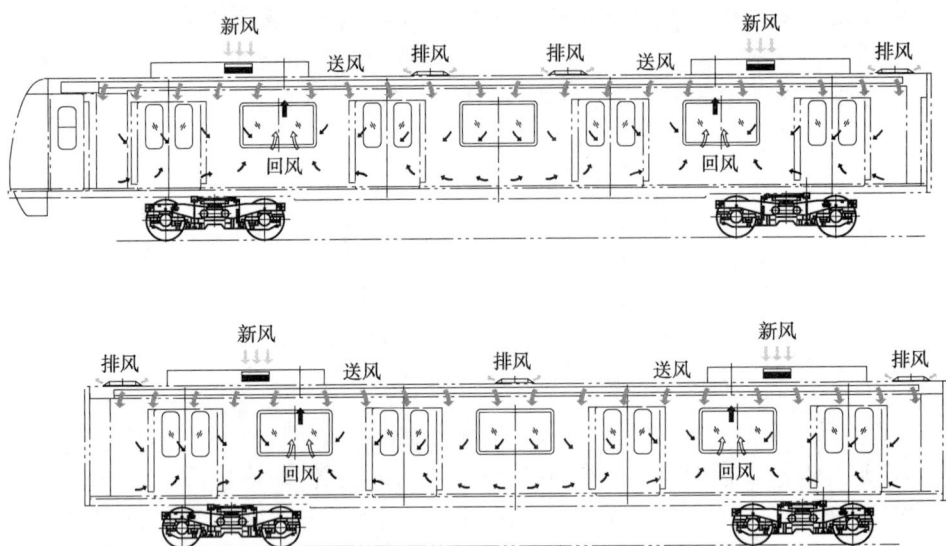

图 3-5 车辆的气流组织形式

（2）部件组成。

①空调机组。

空调机组的出风口与车内主风道通过软风道连接，空调机组处理后的空气经车内主风道由送风口送至客室，起到调节客室和司机室内空气温度、湿度的目的。城市轨道交通车辆多采用一体式空调机组，具有结构紧凑、体积小、互换性好的特点，由于主要部件集中布置，缩短了连接管路，可减少管路的泄漏，且便于在车顶进行检修和维护。

空调机组由压缩机/冷凝器室、空气处理室和蒸发室三部分组成，并被组合在一个不锈钢制的箱体内，通过安装座，与减振垫一起被固定在车顶上。空调机组的主要部件和制冷回路分别如图 3-6、图 3-7 所示。

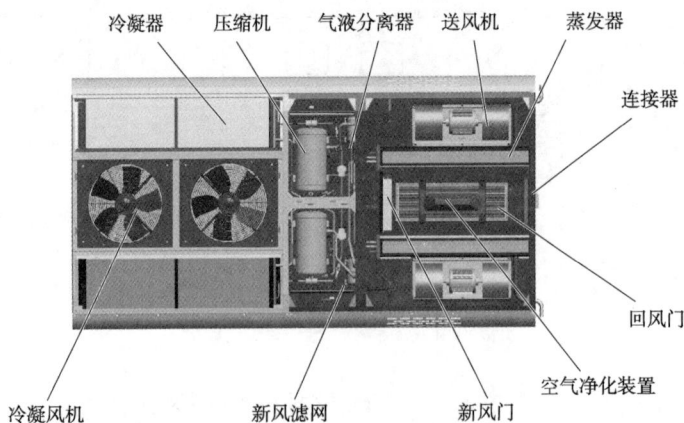

图 3-6 空调机组主要部件

a. 压缩机。

目前城市轨道交通车辆空调机组主要采用涡旋式压缩机，如图 3-8 所示。压缩机由三相辅助电源供电。从蒸发器回来的低压制冷剂蒸气进入压缩机，并被压缩机压缩成高温高压的过热气体后通过压缩机的排气阀离开压缩机,流入冷凝器盘管。压缩机外置一个排气温度保护装置,可以保护电机因线圈过热而导致失效,每台压缩机装有四个减振器用以避免振动的传播并降低噪声。

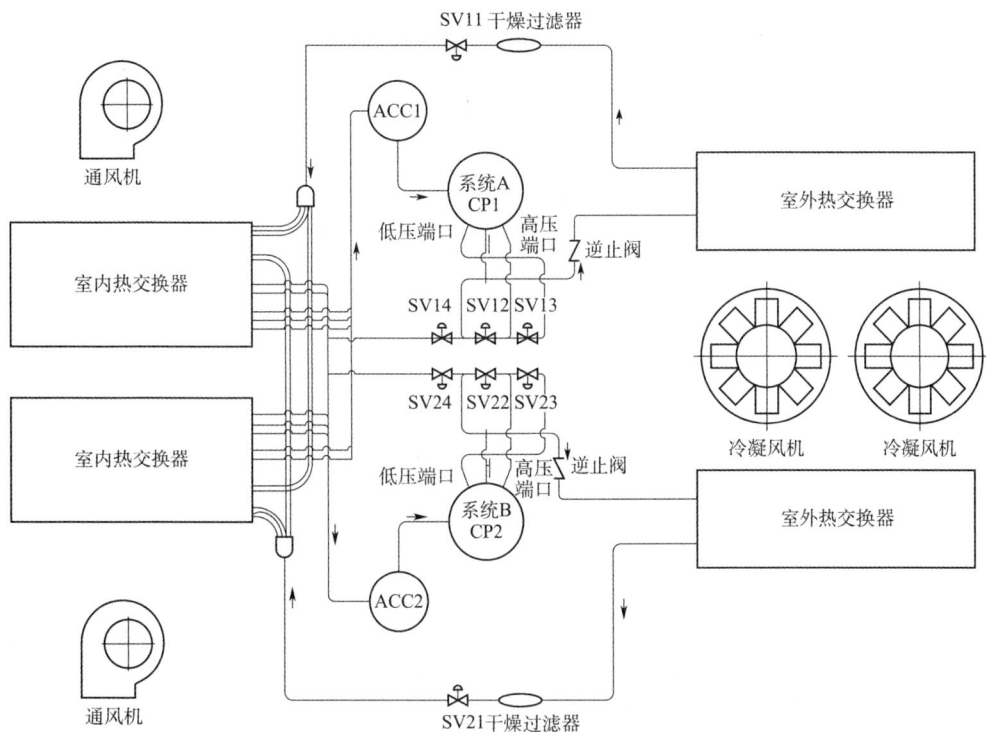

图 3-7　空调机组制冷回路

CP1,CP2-压缩机;ACC1,ACC2-气液分离器;SV11,SV21-液管电磁阀;SV12,SV13,SV22,SV23-卸载电磁阀;SV14,SV24-旁通电磁阀

图 3-8　涡旋式压缩机

涡旋式压缩机主要由电动机、气缸、偏心轮、转子、风隔叶片、排气阀、外壳等组成。与往复式制冷压缩机对比,涡旋式制冷压缩机振动小。因为它没有往复运动部分,可减少空间容积,使得整机结构紧凑、质量轻、机械损失小,降低了压缩功的损失,改善了压缩效果,提高了效率。它还具有压缩比大、对湿压缩不敏感、平衡性能好等特点。

　　b.冷凝风机。

　　为确保冷凝盘管内高效热传递,采用轴流风机从空调机组顶部将周围"冷"空气吸入冷凝盘管,然后将"热"空气通过冷凝器上的格栅从空调机组的两侧排出。如图 3-9 所示,冷凝风机包括叶轮、电机等部件。

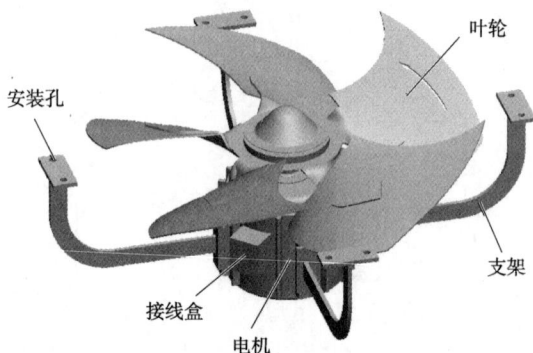

图 3-9　冷凝风机

c. 冷凝器。

如图 3-10 所示,冷凝器盘管由内螺纹铜管和铝翅片组成。

冷凝器的作用是将制冷压缩机排出的高温、高压的制冷剂过热蒸气,通过其放热面将热量传递给低温物质(即空气),使制冷剂冷凝成液态,从而保证制冷剂可以在系统中循环使用。

冷凝风机使外界空气经过冷凝盘管,并带走盘管中来自压缩机排出的高温、高压制冷剂蒸气的热量,从而使制冷剂蒸气冷却并冷凝成为液体。冷凝器是制冷系统中主要的换热装置之一,一般选用铜管铜翅片材料。

d. 送风机。

送风机(图 3-11)安装在蒸发器后面。为符合车厢空气调节要求,克服空调机组以及送风管道中压力损失,每台空调机组中均装有送风机。送风机既能经新风滤网从外界吸入新风,也能够将客室回风吸入蒸发腔内。蒸发腔内两股气流混合后经混合风滤网和蒸发器盘管进入送风机。混合风被吸入风机后,立即被吹到通风管道并输送分配至车顶风道。

图 3-10　冷凝器

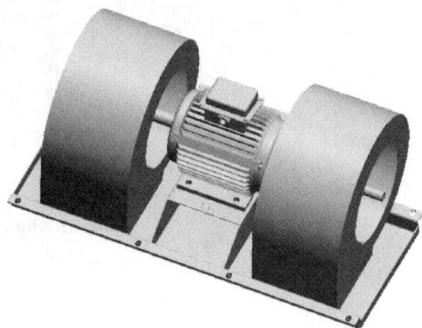

图 3-11　送风机

e. 蒸发器。

蒸发器位于制冷回路中膨胀阀之后压缩机之前。每台蒸发器由铜管和铝翅片组成。液体制冷剂在蒸发器盘管中以一定的比例和温度蒸发。蒸发器盘管中低压、低温制冷剂从由通风机吸入的流过盘管的空气中吸收热量。回风和新风组成的混合风经过蒸发器盘管,被冷却除湿后均匀地送至车厢。

f. 新风滤网。

新风滤网安装在空调机组两侧的新风格栅后。空调机组配有新风滤网用以滤清进入蒸发器盘管的空气,以防止会卡在盘管翅片之间阻止空气进入及阻碍空气流通的灰尘、脏物和其他固体颗粒,因为这样的堵塞会降低制冷/制热系统的效率。

g. 新风门。

新风门(图 3-12)位于蒸发器两边,用来调节送入客室的新风量。根据空调模式、外界温度和回风温度,控制器将发送信号到阀门,指令其调节新风阀到一特定位置。阀门对新风入口孔径的开度(角度)将决定送入空调机组的新风量。在紧急模式下新风阀会完全打开。

图 3-12　新风门

h. 温度传感器。

在空调机组内安装有温度传感器来检测新风、回风和送风的温度。每机组装有 1 个新风温度传感器、1 个送风温度传感器和 1 个回风温度传感器。它们分别位于新风入口、送风机及机组回风入口处。这些空气传感器能够监测司机室及客室的制冷要求。通过它们,操作人员可以监测不同的温度并由此选择所需运行模式,以便为乘客提供最舒适的环境。

i. 视液镜。

视液镜位于制冷回路中干燥过滤器之后毛细管之前。视液镜用于在制冷回路中观察制冷剂流动,并提供确定系统制冷剂中湿气量的精确方法。湿度指示通过与试纸指示剂的对比获得。

②风道及滤网。

a. 风道。

如图 3-13 所示,风道包括送风道和回风道。风道的材质为非金属材料,具有质量轻、强度高、隔振降噪效果较好等优点。送风道沿客室长度方向布置,通过合理布置空调机组送风口位置、送风道采用静压风道形式、在适当位置增加扰流,尽可能地保证整个车辆长度方向上送风均匀。

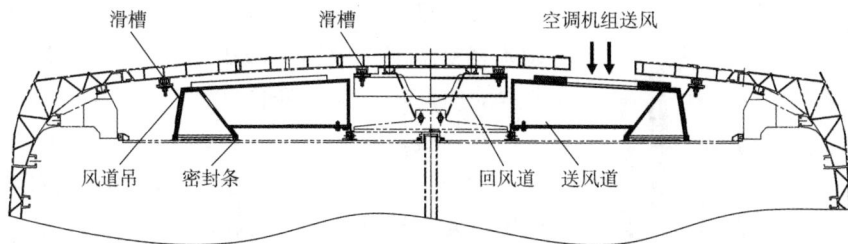

图 3-13　风道结构

风道通过两侧的不锈钢吊耳,使用滑块等紧固件固定在车顶的滑槽上。风道和钢结构车顶送风口处的密封采用在风道上粘接海绵密封条的形式。客室送风口处的密封采用在风道底部及车顶内装顶板上分别粘接海绵密封条的形式。

b. 滤网。

城市轨道交通车辆空调系统中所处理空气的来源,主要是新风和回风。新风来自外界环境,其中含有尘埃等污染物;客室内的回风受车内乘客及车辆环境的影响,同样含有尘埃。由于尘埃等污染物对人体不利,为实现客室内部空气洁净的要求,在空调系统中设置新风过滤网和回风过滤网。新风过滤网安装在空调机组新风门的外侧;回风过滤网布置在车内,安装在回风道上。

③排风装置。

为保证客室换气,城市轨道交通车辆设有排风装置(图3-14)。当车内无正压时,排风装置的调节风门保持关闭状态;当车内有正压时,废排装置的调节风门打开。排风装置采用自然排风的方式,解决了排风机的检修问题,同时减少了维护量。

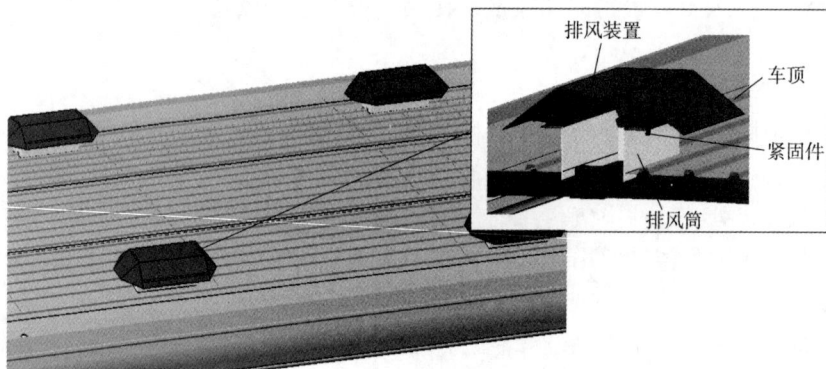

图3-14 排风装置

④空气净化装置。

为有针对性地改善城市轨道交通车厢内的空气品质,在每台空调机组内部设置一台具有杀菌消毒等功能的空气净化装置。该装置安装在空调机组的回风口处,运行时能够有效去除客室内细菌及异味。

⑤温度传感器。

每辆车车端的端墙处设有一个客室内温度传感器,温度传感器向控制柜中温度采集模块传输阻值信号。设置客室温度传感器可减少由于回风温度与客室温度差异对空调控制精度造成的影响。

⑥司机室送风单元。

为满足司机驾驶的舒适性要求,司机室内设司机室送风单元。送风单元内设调速风机,分为高、中、低及停机四档,由司机手动调节风向、开度。司机室送风单元通过过渡座连接于车顶钢结构上,通过密封与条顶板密封,顶板检查门上设置可调式送风口,可由司机按照实际需要进行调节,通过电气连接器与电源及控制装置实现电气连接。司机室气流组织形式如图3-15所示。

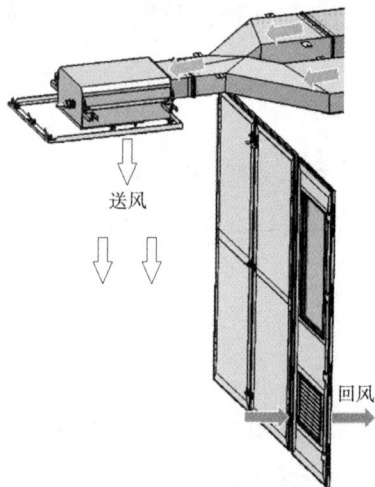

送风

回风

图3-15 司机室气流组织形式

3）空调系统的日常维护及常见故障处理

（1）空调系统的日常维护。

①冷凝器、蒸发器、排水系统。

冷凝器、蒸发器的散热片需定期检查、清扫或清洗。清扫时,将压缩空气按运转时的反方向吹入肋片间隙或从脏物附着多的一侧用吸尘器进行吸尘。特别脏时,应使用专用洗涤剂进行清洗。定期检查、清洗排水口,并疏通排水管,使之不被垃圾或异物等堵塞。

②前盖板门锁和隔热材料。

定期检查前盖板和前盖板门锁。前盖板原则上不允许踩踏,当前盖板出现变形或者当前盖板门锁锁紧后前盖板出现松动时,须查明原因并及时进行维修或者更换。目测蒸发器室中隔热材料是否老化,如发现隔热材料表面有明显裂纹、损伤,或与箱体粘接处有开胶现象,须除去老化或损坏的部分,更换新的隔热材料。

③冷凝风机和通风机。

运转时,发现有异常声音、振动时,需更换轴承或电机。可用软毛刷刷洗附着在叶片内侧的灰尘(注意不要使叶片变形)。运转时,发现有异常声音、振动时,需更换球轴承。

④减振器和紧固件。

减振器不需特殊维护,当目测减振器表面有明显的裂纹或听到空调机组、压缩机有异常的振动和噪声时,应予以更换。通过查看螺栓防松标记或以锤轻击来检查各元件(如压缩机、风机、电加热器、电气元件终端等)的安装螺栓是否松动。

⑤绝缘电阻检查和电气连接检查。

用500V电阻表测量绝缘电阻并确认带电部分与无电部分之间的阻值大于$2M\Omega$。如果不大于$2M\Omega$,须检查各部分是否有绝缘老化并作适当的修补。确认电线端头连接及其紧固螺栓连接牢固、可靠。

（2）客室空调系统常见故障检查及处理。

客室空调系统的常见故障检查及处理方法见表3-1。

客室空调系统故障检查及处理方法　　　　　　　　　　　　表3-1

故障现象	故障原因	故障判断方法	处　理
不出风	（1）离心风机的配线方面: ①连接器处断线; ②配线处螺钉松弛	查看电路接通情况 查看电路接通情况	修理 拧紧
	（2）电动机烧损或断线	测线圈电阻,各线间约11Ω	更换电机
	（3）控制线路及电器故障	检查电路及电器元件	修理或更换
风量小	（1）风机电机反转	检查风机转向	调换相线
	（2）空气过滤网堵塞	检查过滤网	清除筛眼堵塞物
	（3）蒸发器结霜或冰	目视检查	送风运转化冰、霜
	（4）蒸发器散热片脏堵	目视检查	清洗
	（5）风道等处泄漏	检查	修理
	（6）风机叶片积垢	检查	清理

续上表

故障现象	故障原因	故障判断方法	处理
空调不制冷	(1)压缩机电机不转:		
	①电机断线、烧损;	测定线圈电阻,各线间约1.54Ω	更换压缩机
	②高压压力开关动作;	检查	更换部件
	③低压压力开关动作;	检查	更换部件
	④配线端子安装螺钉松弛;	查看接通情况	修理或更换
	⑤空调控制箱电器件不良;	检查电器件	调整供电电压
	⑥过、欠压继电器动作;	电源电压过高或过低	修理或更换
	⑦接触器、中间继电器线圈烧毁或触头故障;	检查	修理或更换
	⑧压缩机故障;	检查压缩机	修理或更换
	⑨轴流风机电机的热继电器动作	检查电机电流	修理或更换
	(2)压缩机反转	①压缩机电流小于额定值; ②压缩机反转时噪声较高	调整压缩机相序
	(3)压缩机运转: ①制冷剂泄漏; ②电磁阀误动作或损坏	制冷剂泄漏: ①室内吸入和排出空气温度相同; ②蒸发器回气管温度过高; ③压缩机电流小。 电磁阀误动作或损坏: ①检查电磁阀动作是否正确; ②检查电磁阀线圈	修理制冷循环系统
制冷量不足	(1)过滤器堵塞	检查过滤器	更换
	(2)蒸发器、冷凝器脏	检查	清扫
	(3)蒸发器结冰	检查(目视)	送风化冰
	(4)温度调节器设定温度过高或动作不良	检查	调整或修理
	(5)少量制冷剂泄漏	测量运转电流,电流比正常值明显偏小	修理制冷剂循环系统
	(6)制冷剂充注过多	电流过大	维修制冷系统
	(7)压缩机总处于卸载状态	检查卸载电磁阀	修理或更换

3.2 车底设备

　　车底设备一般包括有供风设备、制动系统设备和电气设备,主要有蓄电池充电机、蓄电池箱、PH 箱(整合高压器的牵引箱)、PA 箱[整合辅助逆变器(DC/AC)的牵引箱]、制动电阻、供风单元、辅助线路感应器(ACM)、牵引线路感应器(MCM)、紧急逆变器、转向架、车钩缓冲装置、制动控制模块、供风模块等。广州地铁 2 号线车辆车底设备如图 3-16 所示,成都地铁 1 号线车辆车底设备如图 3-17 所示。

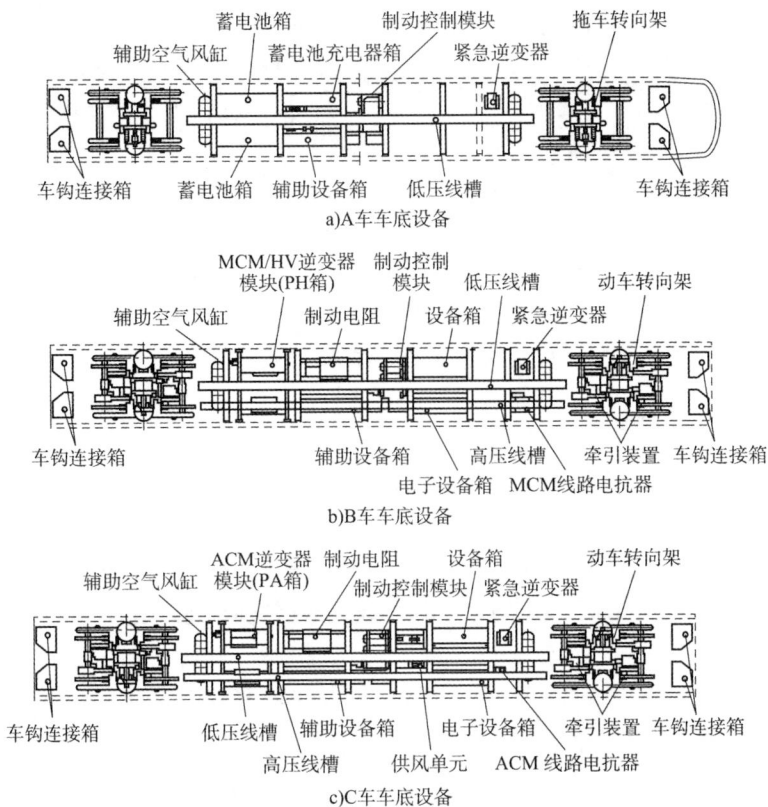

a)A车车底设备

b)B车车底设备

c)C车车底设备

图3-16　广州地铁2号线车辆车底设备布置示意图

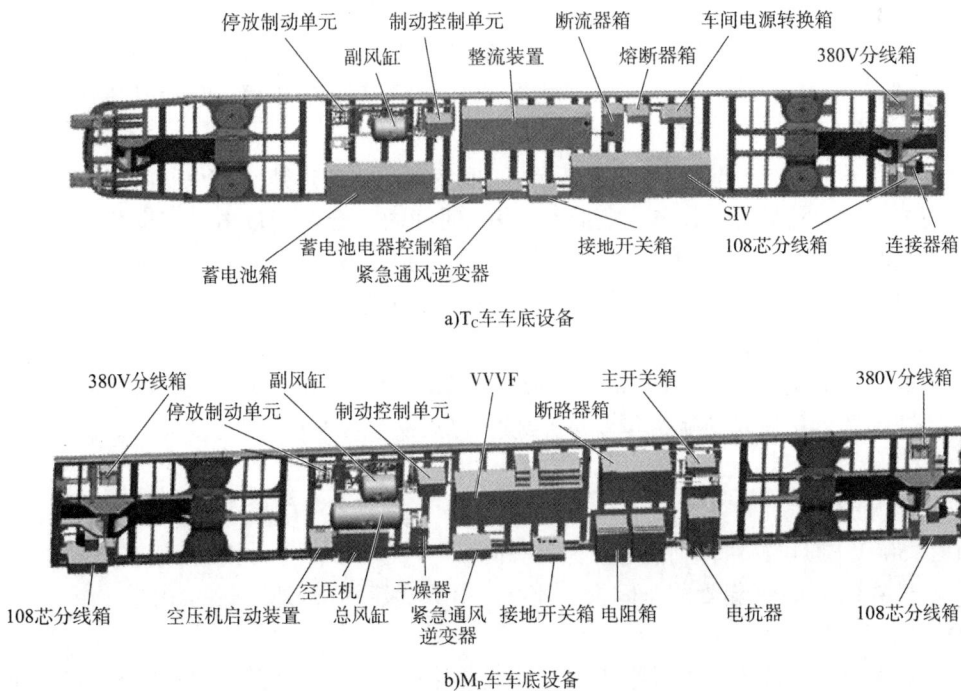

a)T_C车车底设备

b)M_P车车底设备

图　3-17

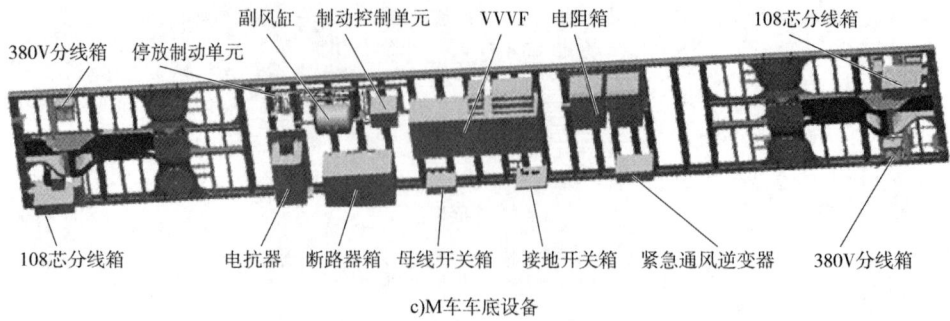

图 3-17　成都地铁 1 号线车辆车底设备布置示意图

3.2.1　电气设备

不同型号的城市轨道交通车辆车底设备也有所不同,图 3-18 是一种城市轨道交通车辆的车底电气设备布置方式。

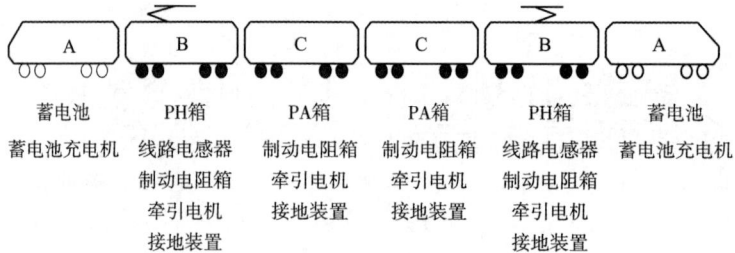

图 3-18　车底电气设备布置图

1)高压设备

PH 箱的高压部分包括大部分用于高压分配的元件,这些主要元件有隔离和接地开关、高速断路器、车间电源插座、车间电源接触器、高压保险、解耦二极管、测量和控制设备。

(1)高速断路器。

高速断路器设在 PH 箱内,是对过电流(如短路、接地)的迅速高效保护装置。断路器设计为一旦检测到过流即迅速反应,通过电弧发生时间内一定瞬间过电压将电弧抑制掉。一般来说,每单元车设两台高速断路器,装在 B 车上分别与本组的 B 车和 C 车连接。高速断路器是单级直流断路器,具有双向电磁控制功能,并且可以自然冷却。当检测到过载电流时,这个断路器可以迅速作出响应。

高速断路器的结构如图 3-19 所示,包括灭弧罩、动触头、静触头、电磁铁、控制杆等主要部件。高速断路器接通时动触头与静触头接通,动触头受控制杆控制,也可手动断开。

(2)其他高压电器。

车间电源的电气元件是与其他高压电气元件一起集成在 PH 箱中,在 PH 箱侧面设 1 个提供 DC 1500V 电源的车间电源插座。隔离和接地开关用于在正常模式(架空电网供电)和车间供电模式(通过 PH 箱处的车间供电插座供电)以及系统接地之间的切换。

2)线路滤波器

线路滤波器是由电容和电感组成的一种能量储放装置,可以在斩波器导通和关断时吸收和释放能量,使电机电流平滑,并减少车辆在牵引和电制动时对接触网电压的影响。

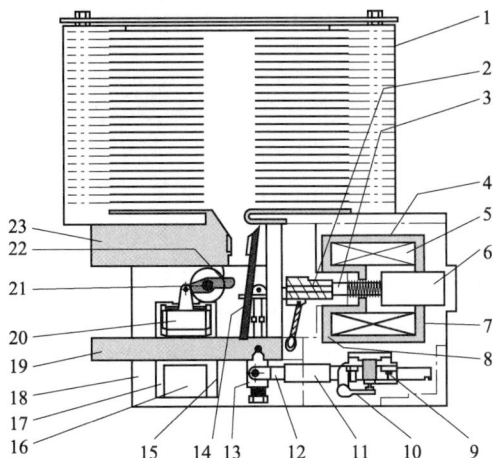

图 3-19　高速断路器

1-灭弧罩;2-叉;3-杆;4-缸;5-闭合线圈 E 型;6-芯组成;7-前板;8-后板;9-双触点开关;10-控制杆;11-销;12-叉;13-枢轴承;14-动触点;15-盖;16-层压磁板;17-断路箱;18-绝缘框架;19-下部连接;20-动磁铁;21-弹簧;22-控制杆;23-上部连接

3)牵引逆变器和辅助逆变器

车底设备除了 PH 箱之外还设有 PA 箱,PA 箱内放置牵引逆变器和辅助逆变器。

在采用交流牵引的电机的车辆中,由接触网直流供电,传动时必须采用牵引逆变器,通过它的电源回路,将直流电逆变为交流电,驱动四个并联的三相交流牵引电机。牵引逆变器还能执行再生制动或电阻制动。执行再生制动时,牵引电机转换为发电机工况,牵引逆变电器将其产生的三相交流电转换为直流电,反馈回到接触网供给其他负载或供给其他车上耗电设备。未被消耗的电能由制动电阻转换为热能散逸到大气中去。执行电阻制动时,制动电阻将未能再生部分的电能吸收过去,转换为热能散入大气中。

辅助逆变器结构与工作原理与牵引逆变器一样,用于车辆的辅助供电。

4)制动电阻箱

城市轨道交通车辆动车一般都设有制动电阻箱(图 3-20),箱内有两组电阻元件,分别由不同的 IGBT(绝缘栅门极晶体管)控制其是否投入运行,工作时由风机对其进行冷却。电阻元件的材料具有电阻系数高、耐高温、高温状态下机械强度高等特性。电阻元件在电阻箱内盘绕,由绝缘瓷件支撑固定。

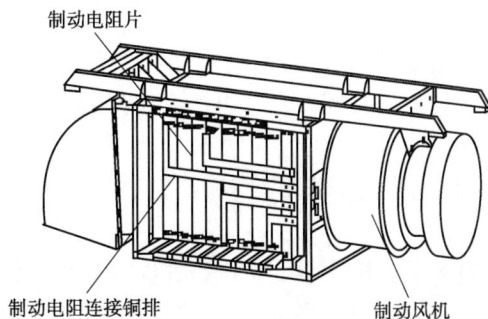

图 3-20　电阻制动箱

制动电阻箱由制动电阻片组、制动电阻连接铜排和制动风机组成。制动电阻片组通电以后将电能转变成热能,制动风机给制动电阻片进行通风散热。

5)蓄电池

城市轨道交通车辆都装有蓄电池,相应的还装有蓄电池充电机。蓄电池充电机除了对蓄电池充电之外,还要为全车的直流负载提供电源。各公司的车辆蓄电池的布置位置不尽相同,但一般都会放置在车底。蓄电池组放在车下底架的蓄电池箱中,蓄电池箱安装在能拉进拉出的滑道上,这样在车上就可以进行蓄电池的维护和修理。

列车蓄电池主要作用是保证在没有外部电压供电的情况下能够激活列车,并为直流负载设备提供稳定的110V直流电压。

蓄电池充电机机不工作时,蓄电池投入工作,为下列设备或维护工作提供DC 110V电源:

(1)列车上的紧急照明设备。

(2)整个通信系统(有线广播和列车无线电)。

(3)列车两端的头尾灯。

(4)紧急通风系统。

(5)车厂内的维护工作。

6)蓄电池充电机

城市轨道交通车辆蓄电池充电机多数为模块化设计,可以在不拆箱体的条件下更换零件或整机。在正常运营时,充电机通过受电弓从接触网获得电源,连接到列车1500V列车母线上。当列车在车辆段时,可使用车间电源插座把DC 1500V电源供给充电机和辅助逆变器。

蓄电池充电机可为全部的110V负载供电。其中包括列车照明(车外信号灯、客室照明)、门控制和驱动、列车通信(车载无线电台,广播)、列车控制(牵引控制单元,制动控制单元,车辆列车控制单元VTCU)、刮雨器等部件。充电机以限压恒流的浮充电对蓄电池持续充电。

一般情况下,城市轨道交通车辆设有2个蓄电池充电机,如果一个蓄电池充电机故障,将由另外一个给全部车辆供电。DC 110V列车线的接触器能够自动把2个蓄电池充电机连接在一起,此时充电机故障端的蓄电池不再使用,列车可继续运行。

蓄电池充电机内部有一个紧急蓄电池用于紧急启动,通过按下充电机紧急启动按钮可激发此功能。

蓄电池充电机控制蓄电池电压,用于蓄电池电压控制的设定值是蓄电池温度和蓄电池充电电流的函数。蓄电池充电电流受到蓄电池电压和可配置最大电流的双重控制。为了避免设备受到极端外部高温的损坏,输出电流被限制,如果散热温度达到临界值,则输出电流最大将被削减25%,而蓄电池仍将处于充电状态。

7)电感器

在主回路和辅助回路中均设有电感器,用于反馈线路电气参数。电感器工作时需要进行冷却,有的采用自然冷却,有的则采用强迫风冷,还要安装冷却风机。

8)紧急逆变器

紧急逆变器是一种应急设备。当辅助逆变器失效时,紧急逆变器向车载空调提供电源,保证车体内通风良好。如果车载供电系统故障，空调无法使用。为了保持向客室内供应新鲜空气，地板下的一个紧急逆变器便会启动，由蓄电池供电，给供风风扇供电，空气循环取消，只有外部空气供向车内。

9）设备箱

车底还设有辅助设备箱、设备箱和电子设备箱，内部安装有其他牵引逆变相关设备。

3.2.2　供风系统

一般来说，城市轨道交通车辆的供风系统都安装在车底，是制动系统的压缩空气源。多数型号的车辆供风模块安装在 C 车上，向主风缸供风并通过主风管等设备与其他车相连。供风系统由空气压缩机、空气干燥器、二次冷区器、风缸、压力传感器、压力控制器、安全阀等部件、油过滤器等部件组成。

用风设备除了制动系统外，还有空气悬挂装置、车门控制装置、风笛、刮雨器、受电弓气动控制设备、车钩操作气动控制设备等。

空气通过空气过滤器进入空气压缩机，压缩后经过空气干燥器单元、油过滤器，使压缩空气的温度及含油量满足使用要求。压缩空气经过主风管向所有气动设备供风。

1）空气压缩机

空气压缩机与空气干燥器、油过滤器一起组成供风模块（图 3-21）。A 车、B 车、C 车组成一个单元，每个单元有一个供风模块，安装在 C 车底架上，并通过主风管等设备与其他车相连，向各个用风系统供风。主风管和主风缸的压力由压力传感器、压力开关来监控。

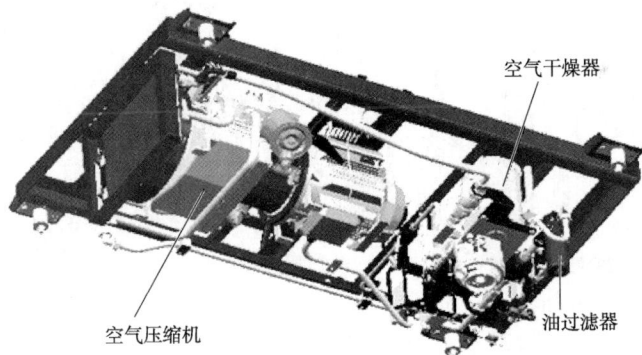

图 3-21　供风系统

正常情况下，主风管的压力信息由压力传感器监控并将其传给列车控制单元，由列车控制单元控制空压机电机的启动和停止。当主风缸压力低于 0.75MPa 时，空压机开始工作；当主风缸压力升到 0.9MPa 时，压缩机停止工作。

一般情况下，只有前导 C 车上的空气压缩机启动，而另外一台不使用（在相反方向运行时使用另一台空气压缩机）。当列车压缩空气消耗过大，主风缸压力下降到 0.65MPa 以下时，第二台空气压缩机启动，两台空气压缩机同时工作。当前导方向的压缩机故障时，由另外一台空压机代替其工作。

空气压缩机是供气系统的主体，它是将原动机（通常是电动机）的机械能转换成气体压力能的装置,是压缩空气的气压发生装置,是利用空气压缩原理制成超过大气压力的压缩空气机械。目前,城市轨道交通车辆主要采用活塞式空气压缩机和螺杆式空气压缩机。

(1)活塞式空气压缩机工作原理。

活塞式空气压缩机应用广泛、技术成熟,可靠性和稳定性好,不需要特殊润滑,性价比高。

活塞式空气压缩机由电动机通过联结器直接驱动,电动机轴直接带动曲轴使活塞运动,通过曲柄杆机构转化为活塞在气缸内的往复运动,反复交替地进行吸气行程和压缩行程。在吸气行程时,吸气阀打开吸入空气;在压缩行程时,压缩空气克服排气阀弹簧的反力后排出。如此周而复始地工作,不断地向储气容器内输送压缩空气,从而获得所需的压缩空气。一般经两级压缩可得到所需的900kPa压缩空气。

如图3-22所示,活塞式空气压缩机采用三缸(一个高压缸,两个低压缸)两级压缩结构。通过空气过滤器的气流在两个低压缸中压缩,然后经过中间冷却器冷却。留在中间冷却器的预压缩空气被送到高压缸进行压缩,最后冷却器把压缩空气冷却到空气干燥器可接受的温度水平。

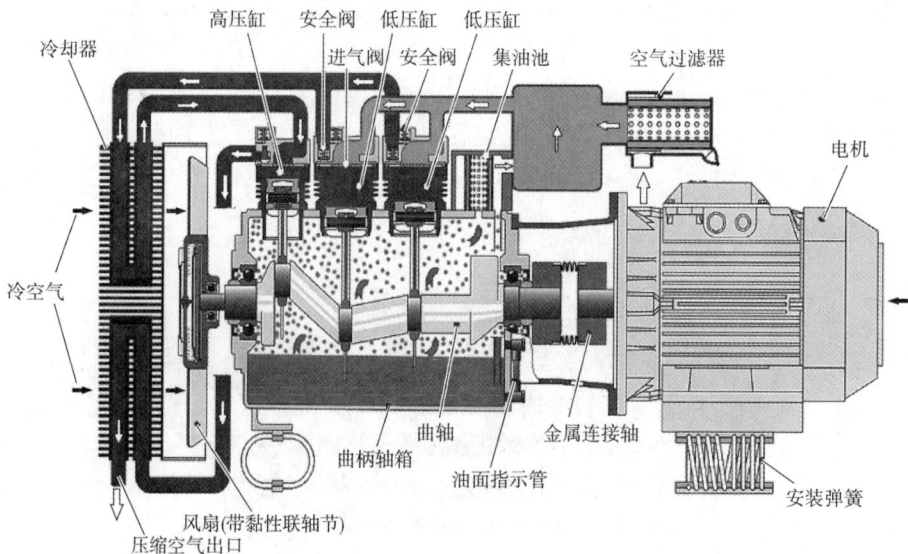

图 3-22 活塞式空气压缩机工作原理

(2)螺杆式空气压缩机工作原理。

如图3-23所示,螺杆式空气压缩机的工作原理是由一对相互平行啮合的阴阳转子(或称螺杆)在气缸内转动,使转子齿槽之间的空气不断产生周期性的容积变化,空气则沿着转子轴线由吸入侧输送至输出侧,实现螺杆式空气压缩机的吸气、压缩和排气的全过程。空气压缩机的进气口和出气口分别位于壳体的两端,阴转子的槽与阳转子的齿被主电机驱动而旋转。整个过程中,电动机直接驱动压缩机,使曲轴产生旋转运动,带动连杆使活塞产生往复运动,引起气缸容积变化。由于气缸内压力发生变化,空气通过进气阀经过空气滤清器(消声器)进入气缸,在压缩行程中,由于气缸容积缩小,压缩空气经排气阀、排气管、单向阀(止回阀)进入储气罐,当排气压力达到额定压力时,由压力开关控制而自动停机。

图3-23　螺杆式空气压缩机

图3-24所示空气压缩机为克诺尔公司生产的SL22型螺杆式空气压缩机,采用单级压缩,主要由空气压缩机、电机、电气系统、弹性装配装置、监控和安全装置、空气过滤器和其他部件构成。压缩机单元是一个独立的模块化装置,通过弹性连接安装到车上。压缩机组为自承式紧凑型机组,通过弹性支承件与车辆相连。

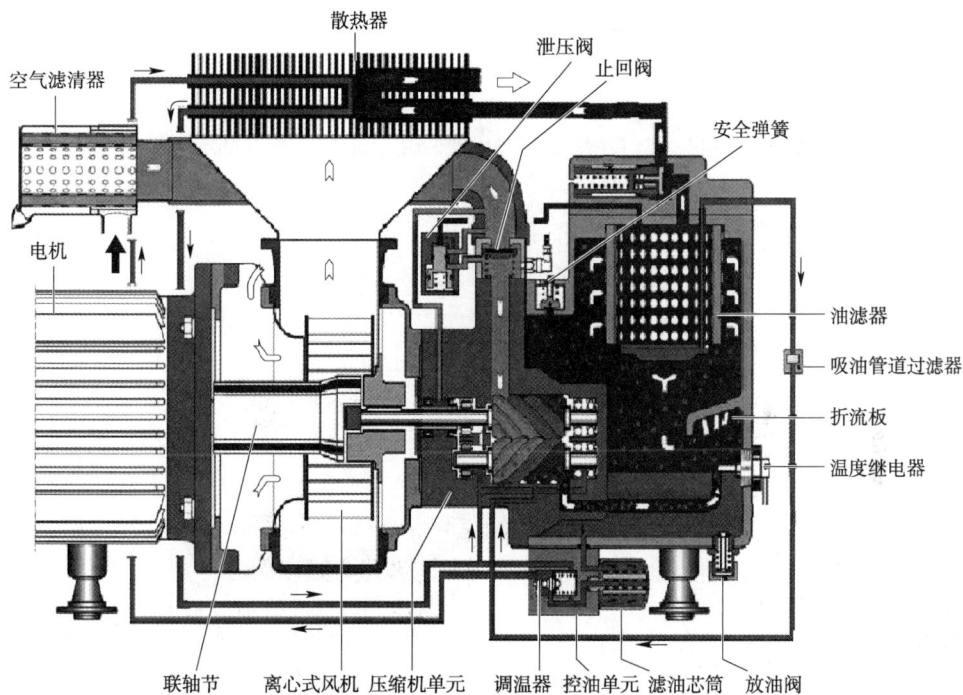

图3-24　SL22型压缩机的内部结构

压缩机转动体带有相互配合的螺旋槽,它在含有油分离系统(压缩空气除油过滤元件和折流板)的压缩机单元外壳中运动。连接箱和蜗壳连接在一起,构成一个支承机组的牢固结构。蜗壳内有一个安装到电机和压缩机转动体之间的联轴节上的离心风机,散热器可对空气和油进行冷却。空气过滤器用来将待压缩的空气净化后输送到压缩机;真空显示器可显示空气过滤器是否需要进行处理,如果滤清器里的灰尘超过规定标准,真空指示器显示红色。压缩机内的压缩空气经空气散热器进入空气管路,用来密封、润滑和分散压缩而升温的油通过控油单元返回压缩机。根据温度和控油单元内恒温器设置的不同,通过油散热器的油(热)量有所不同。集成的散热器可从离心风机获得冷却空气。电动压缩机组每次关闭时,压缩机内的压力通过减压阀降低。

螺杆式空气压缩机具有如下优点：

①可靠性高。螺杆式空气压缩机零部件少、没有易损件,因此运转可靠、寿命长。

②操作维护方便。螺杆式空气压缩机自动化程度高。

③动力平衡好。螺杆式空气压缩机没有不平衡惯性力,机器可平稳地高速工作,可实现无基础运转,特别适合用作移动式空气压缩机。

④适应性强。螺杆式空气压缩机具有强制输气的特点,容积流量几乎不受排气压力的影响,在较宽的范围内能保持较高效率,在空气压缩机结构不作任何改变的情况下,能适用于多种工况。

⑤噪声低、振动小。螺杆式空气压缩机工作时,旋转部件两个螺杆的运动没有质心位置的变动,所以不会产生振动的干扰力。阴、阳螺杆和机壳之间相互密贴且啮合的间隙是通过喷油实现密封和冷却的,不产生机械接触和摩擦,因而噪声小。

2)空气干燥器

(1)空气干燥器的结构及功能。

空气压缩机输出的压缩空气中含有较高的水分、油分和机械杂质等,必须经过空气干燥器将其中的水分、油分和机械杂质除去,才能达到车辆上用风设备对压缩空气的要求。液态的水、油微粒及机械杂质可在滤清器中被基本除去。降低压缩空气的相对湿度是避免用风过程中出现冷凝水危害的主要方式,它依靠空气干燥器来完成。图 3-25 所示为 Knorr 公司生产的 LTZ 015.0 型空气干燥器,为双塔式可再生结构,其主要组成元件如下：

①两个干燥塔,均带有油水分离器。

②支座,带有再生塞门、干燥塔的止回阀、出气口的分流阀和预控阀。

③带有综合消音器的双塞阀。

④阀磁铁和用于循环定时的电子板。

⑤每个塔均带有的压力指示器,用于显示操作状态。

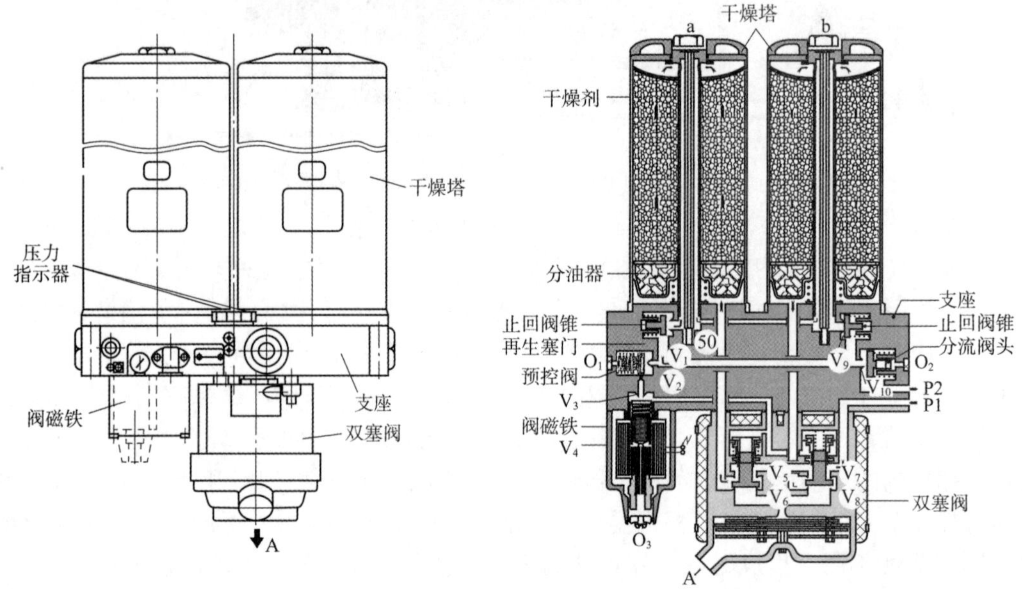

图 3-25 LTZ 015.0 型空气干燥器结构图

（2）空气干燥器的工作原理。

空气干燥器的吸附过程是一个平衡反应过程。吸附剂和与其接触的压缩空气之间湿度趋于平衡，而相对湿度大的压缩空气与吸附剂的表面接触时，由于吸附剂具有大量微孔，与空气的接触面积大，吸附剂可以大量、快速地吸附压缩空气的水蒸气分子，从而达到干燥压缩空气的目的。再生过程也是一个平衡反应。用于吸附剂再生的吹扫气体由较高压力的压缩空气膨胀而来，膨胀时，空气体积增大而压力降低，获得的吹扫气体的相对湿度较低，因而易于带走吸附器上已吸附的水蒸气分子，使吸附剂恢复至干燥状态，达到再生的目的。如图3-26所示，双塔再生型空气干燥器可同时在两种状态下工作，即干燥和再生同时进行，主气流在一塔中干燥，干燥剂在另一塔中再生。

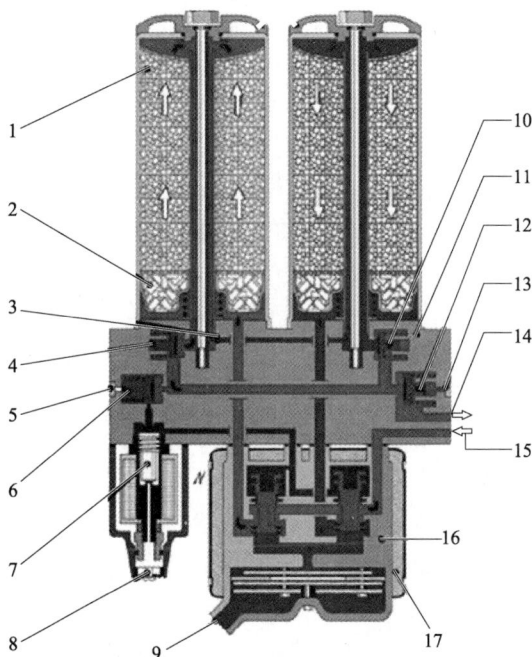

图3-26　空气干燥器工作原理示意图

1-干燥剂；2-油水分离器；3-再生节流孔；4，10-止回阀；5，13-排气口；6-预控阀；7-电磁铁；8-排气口；9-排泄口；11-干燥器座；12-分流阀；14-通向主风缸的排气接口；15-接压缩机的进风接口；16-双活塞阀；17-隔热材料

潮湿的压缩空气进入空气干燥器，首先经过分油器过滤凝结的水分和油，随后进入干燥塔，由干燥剂吸收其中多余的水分，使压缩空气相对湿度不高于35%。

一些干燥空气从主流分出，从再生塞门散出，进入再生塔流过饱和干燥剂，带走干燥剂中的水分后排入大气。

控制干燥/再生循环定时的电子板与压缩机同时启动，它根据固定程序控制磁铁的动作时间。当压缩机关闭或停止时，循环定时器记忆当时状态并当压缩机返回工作状态时继续计时，确保将再生的干燥剂完全干燥，并且经过任何再定位的工作周期干燥剂都不会过度饱和。

3）风缸

为储存压缩空气，车辆上设置了不同用途的风缸。在部分城市轨道车辆中，一个圆柱形风缸被分割为总风缸、制动风缸和控制风缸三个空气室,以减轻质量,如图 3-27 所示。为防止总风压力过高,在空气压缩机装置和在装有空气压缩机装置的车辆总风缸上装有安全阀。各风缸底部留有排水孔,并装有排水塞门,以防止管路和风缸内部因水汽凝结造成腐蚀。

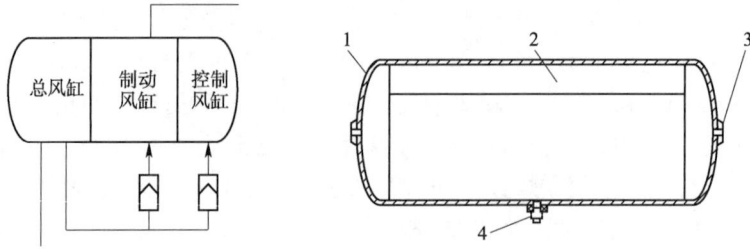

图 3-27 风缸
1-端盖;2-缸体;3-管接头;4-排水堵

总风缸用来存储空气压缩机输出的压缩空气,控制风缸是为空气弹簧等制动以外的系统供应压缩空气的风缸,制动风缸是制动专用的存储压缩空气的风缸。

在压缩空气供给系统中,由空气压缩机输出的压缩空气,经该车的总风缸和总风管送到全列其他各车的总风缸。在装有空气压缩机的车辆的总风缸处,设有为排出设定压力值以上压缩空气的安全阀。

4)安全阀

安全阀安装在空气压缩机输出之后的总风缸上。当在空气压力超过规定值时,排出过剩的压缩空气,以防损坏空气设备。如果气压超出了安全工作压力,安全阀将自动排出足够多的空气,以使工作压力保持在安全水平。

安全阀工作原理如图 3-28 所示。安全阀保护压缩空气系统的用气设备免受超出额定值的高压带来的损坏,从而也可避免与其连接的装置损坏。

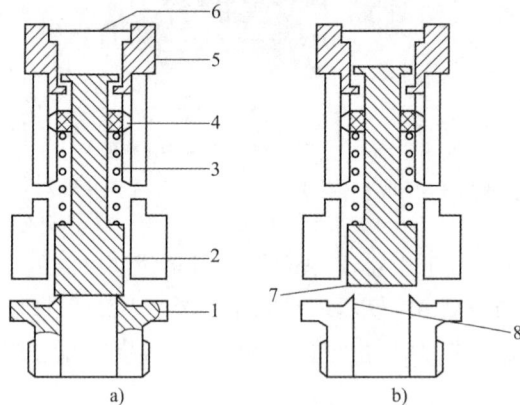

图 3-28 SV10 型安全阀
1-阀体;2-阀杆;3-压紧弹簧;4-调节螺母;5-封口螺母;6-铅封;7-排气口;8-阀座

5)油过滤器

压缩空气中大部分的残余油由空气干燥器中的分油器提取。油温很高时,仍会有一些油被带到供风系统,在气流缓慢、温度低的地方产生水汽,长期工作后更会造成故障。安装油过滤器的目的就是改善这种情况。

油过滤器的滤芯(图 3-29)是由一个玻璃纤维筒组成的,直径超过 1μm 的油雾粒子、固体杂质等被玻璃纤维过滤。液体小水滴形成较大的水滴,被挤入外层泡沫套筒,然后形成连贯的液体膜,在重力作用下流入较低的滤罩。

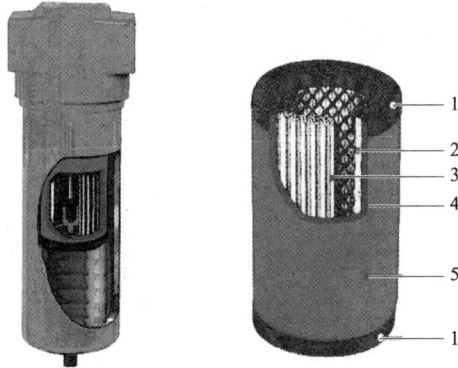

图 3-29 油过滤器结构图

1-铝/塑料端盖;2-硼硅酸盐纤维玻璃层;3-内部钢套筒;4-外部钢套筒;5-涂 PVC(聚氯乙烯)的泡沫套筒

3.3 车内设备

城市轨道交通车辆内部设有司机室和客室。司机室是供司机驾驶的地方,安装在 A 车前端,为模块结构,主要由车钩托梁、前端结构、顶部结构和侧墙结构等组成,外罩玻璃钢罩板。司机室前端设有防爬装置、紧急疏散门,侧墙设有供司机上下的侧门、后墙设有通向客室的间隔门,司机室前窗为电热式车窗,可通电加热。此外,司机室内还有许多电气设备,包括电线槽内部配件等,这些设备要在总装配之前安装完成并进行测试。

客室是容纳乘客的地方,每节车都设有客室。客室内设有座椅、扶手、照明系统、乘客信息系统等为乘客服务的设备。客室两侧设有车门,相邻车辆间以贯通道相连。

3.3.1 司机室

司机室中含有列车司机所必需使用的元件和功能。司机室是一个焊接铝结构,作为一个整体预先被安装在 A 车上。司机室覆盖层结构由玻璃钢叠片组成,外表油漆层可以保护司机室金属零件不受腐蚀。司机室组成部分如图 3-30、图 3-31 所示。

1)司机室系统组成及功能

(1)前窗。

为了适合司机室的整体轮廓,三块前窗(挡风玻璃)设计为 3D 曲线形。窗户使用黏合剂贴在司机室的玻璃钢覆层上。出于空气动力学原因和美观的考虑,外部窗格表面要和前罩平齐。中间前窗是司机室前部紧急疏散门的一部分。相同设计形状的左右前窗也包括上部运行灯的装置,如图 3-32 所示。

窗格之间的前窗由带有叠片结构,且充分透明的双层安全玻璃组成。在玻璃边上使用黑色丝网印刷防止黏合线辐射。从整个黑色区域到黏合线印刷逐渐褪色("圆形褪色"图案)。内部有一个防碎层,防止玻璃受到碰撞而毁坏。每个前窗都综合吸收电子热量(微型丝)用来除雾和除冰,即使在潮湿或者寒冷的天气条件下,都可使司机有足够的视野观察到前方。

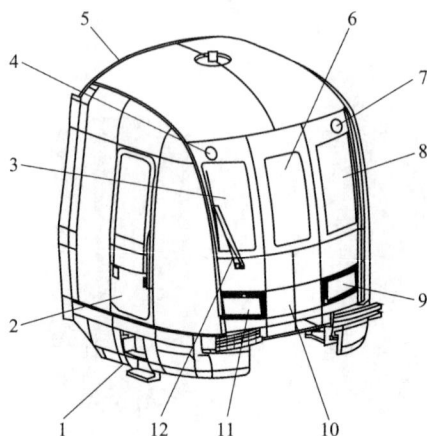

图 3-30　司机室外观图

1-脚踏板;2-司机室侧门;3-右侧前窗;4-右侧运行灯;5-隔墙;6-中间前窗;7-左侧运行灯;8-左侧前窗;9-左头灯;10-紧急疏散门;11-右头灯;12-挡风玻璃雨刷器

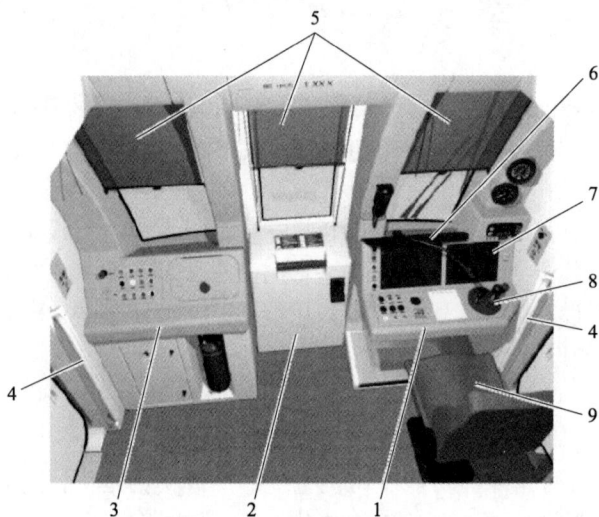

图 3-31　司机室内视图

1-司机台;2-紧急疏散门盖板;3-副司机台;4-扶手;5-遮阳帘;6-司机控制面板照明;7-司机控制面板;8-主控器;9-司机座椅

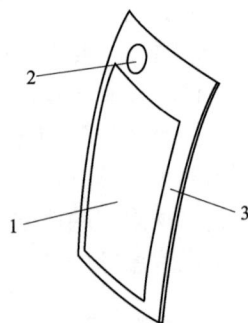

图 3-32　前窗

1-窗格;2-上部运行灯;3-丝网印刷

（2）紧急疏散装置。

在司机室前部安装有一个紧急疏散装置,作为列车全体乘务员和乘客的备用出口。紧急疏散可以是列车到列车或者列车到轨道。当不使用时,紧急疏散装置保持在司机室前端内部。紧急疏散装置包括一个门、斜坡、梯子和扶手,如图3-33、图3-34所示。

紧急疏散门包括一个矩形的铝结构、3D曲线形窗户和玻璃钢覆层,与司机室外观相匹配。门内部安装有折叶、锁和窗户上部的遮阳帘,门边上的槽使用橡胶密封。紧急疏散门是四点锁紧:两个锁塞与窗户下面的一个操作手柄连接,两个单独的偏心锁在窗户上部。紧急疏散门只能通过司机室内部打开。

图3-33　逃生装置板

1-逃生装置板;2-副司机台区域

图3-34　列车到轨道位置上的紧急疏散装置

1-伸缩梯;2-导向扶手;3-扶手;4-紧急疏散门(开启位置);5-斜坡

使用紧急疏散门时,要先拆下逃生装置板。紧急疏散门由司机室结构和紧急疏散门扇之间的一个导杆控制,打开和关闭紧急疏散门时,紧急疏散门与司机室外墙平行移动。打开紧急疏散门后,将逃生梯放到地面,乘客和乘务人员可以由此通道离开车辆。紧急疏散门打开后,可以作为和另一车辆的临时通道。

(3)内部照明。

内部照明可为司机室提供足够的工作照明,不受外部照明条件影响。司机室内部照明是由顶板上带有两个荧光管的灯提供。司机台上彩色显示屏左上方安装了一个横向荧光管。

(4)司机座椅。

司机座椅安装在司机台前面司机室地板上的一个基础支座上。座椅可以左右旋转(最大60°),靠背的倾斜角度可以改变,座椅高度和纵向位置也可以调整。调节机械装置放置于保护罩中,如图3-35所示。

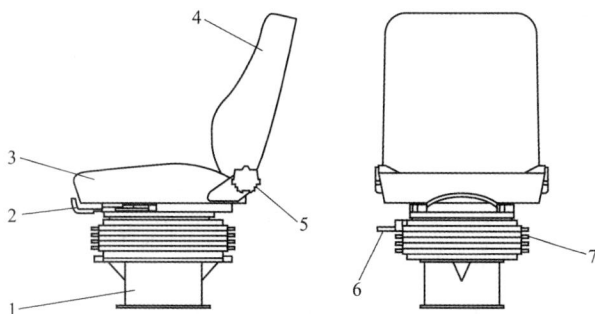

图3-35　司机室座椅

1-基础支座;2-纵向调整手柄;3-坐垫;4-靠背;5-靠背倾斜旋钮(每面有一个);6-高度调节手柄;7-保护罩

坐垫是长绒松软表面,内部充满聚氨酯泡沫体。坐垫使用4个螺栓和螺母将风箱下面的金属基础板和基础支座顶板连接,螺栓和螺母带有塑料帽防止磨损。基础支座使用4个螺栓和密封剂连接在地板上。

(5)前灯和运行灯。

前灯置于司机室前部矩形前灯单元之中,如图3-36所示。每个前灯单元包括一个透明保护前部玻璃和两个前灯灯泡(远光灯和近光灯)和一个尾灯。上部运行灯和左右挡风玻璃成一体化设计。

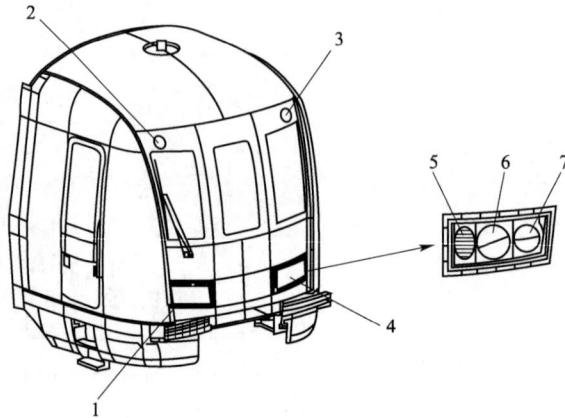

图 3-36 前灯和运行灯

1-右前灯单元;2-右侧上部运行灯;3-左侧上部运行灯;4-左前灯单元;5-尾灯;6-前灯、远光灯;7-前灯、近光灯

①前灯单元。

每个前灯单元的透明玻璃嵌入司机室表面。玻璃紧贴在拧紧于司机室前部的一个金属构架上,中间带有密封橡胶带。每个前灯单元有一个控制台支撑两个前灯装置,一个电路板支撑一个尾灯。为了能够垂直和水平调节光图形,车灯装置配有两个调节螺丝。控制台一侧有折页,可以通过旋转进入灯座和连接器。

②尾灯。

前灯单元上尾灯板上有很多红色发光二极管,当前灯工作时,不启动尾灯。

③运行灯。

左右挡风玻璃的每个上部运行灯在一个普通板上包含两个发光二极管区域(白色和红色区域)。根据列车运行方向和操作状态确定启动白色区域或者红色区域。

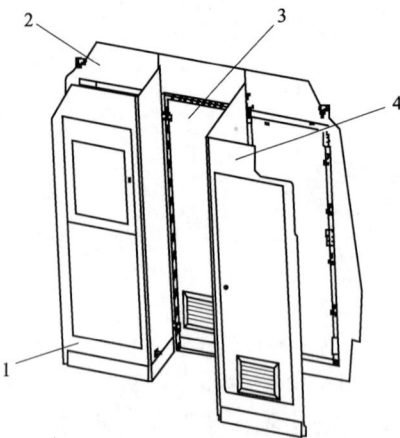

图 3-37 隔墙零件(司机室内部后面)
1-右面电子柜墙板;2-隔墙;3-间隔门;4-左面电子柜墙板

(6)挡风玻璃雨刷。

挡风玻璃雨刷是并列式的,通常保持叶片垂直。中轴在司机挡风玻璃的中心位置。雨刷臂通过前墙里面一个摇动的机械装置发动带有传动装置的电机来驱动,使用司机台上的开关可以选择两种不同速度。

(7)隔墙。

隔墙将司机室和客室分开,为司机提供一个安全的工作环境,防止乘客接触司机室中的设备。两个电子柜配备的墙板也属于隔墙,如图3-37所示。

墙板直接安装在电子柜构架上面。墙板材料是高压层板,中间为铝制蜂窝形材料,每个电器箱中安装一个烟雾探测器。间隔门的右侧安装有折页,并且有一个专供乘务人员使用的锁。遇到紧急情况时,可以通过拉下间隔门顶部边的一个手柄在客室里面打开这个锁。

(8)扶手和脚踏板。

扶手由垂直、喷漆的碳钢管组成,使用柱头螺母将扶手安装到墙中。在司机室内部,扶手安装在每边车门的两边;在客室内部,扶手安装在进入司机室的车门的两边。脚踏板以两阶楼梯的形式安装在司机室每边车门的外部,脚踏板单元由不锈钢制成,表面进行抛光。

(9)司机室侧门。

司机室侧门位于两端司机室,其结构由一扇门页(配有安全锁和一把钥匙)、一个门机械装置、一个底部导轨装置、一套密封件以及安装垫片等构成。门机械装置用螺钉紧固在车体上,门页直接安装到门机械装置的滑轨上。

2)司机室操纵设备

司机室设有的操纵设备,包括主司机操作台、副司机操纵台和设备柜。司机和乘务人员通过操作操纵设备控制车辆的牵引、制动及其他车载设备。

(1)主司机操作台设备布置与功能。

主司机操纵台设有操纵手柄、司机操纵面板、通信设备、显示器等设备,如图3-38所示。

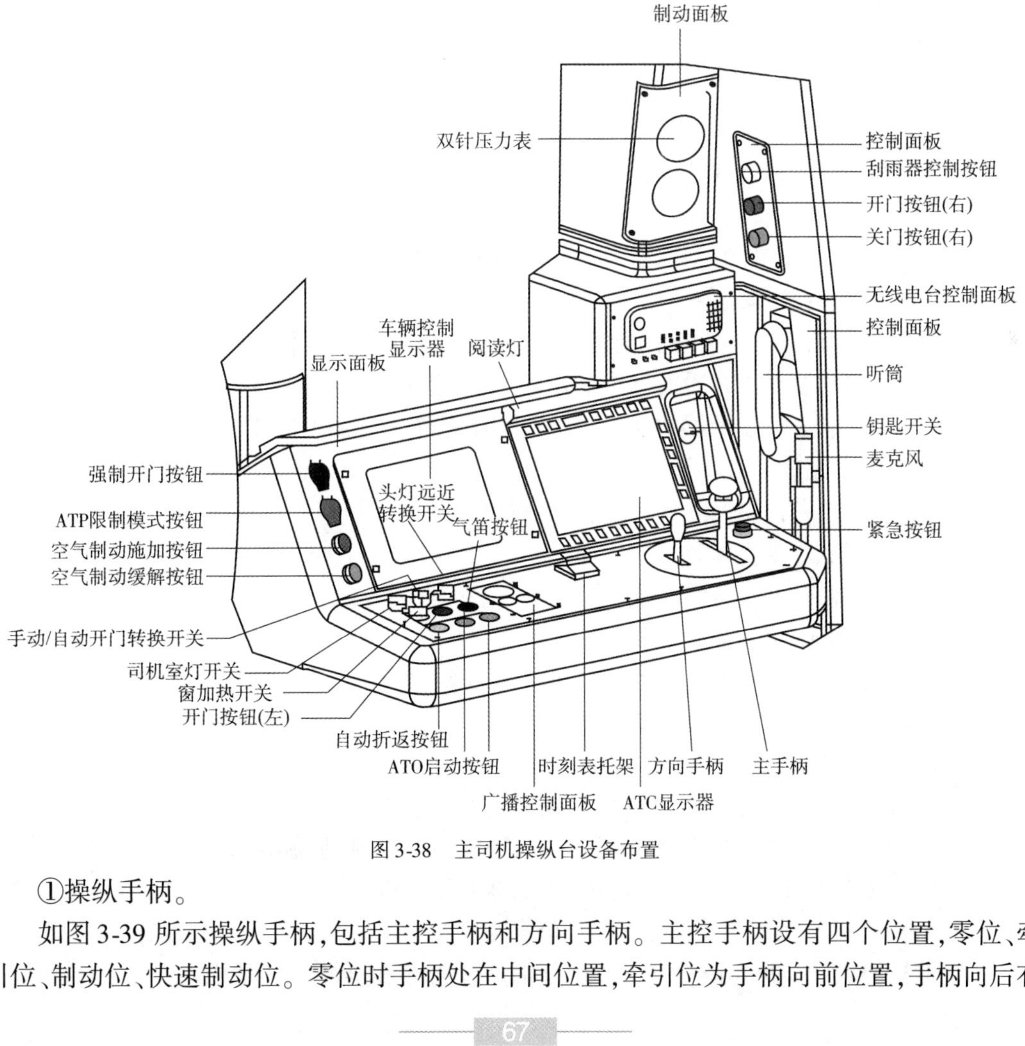

图3-38 主司机操纵台设备布置

①操纵手柄。

如图3-39所示操纵手柄,包括主控手柄和方向手柄。主控手柄设有四个位置,零位、牵引位、制动位、快速制动位。零位时手柄处在中间位置,牵引位为手柄向前位置,手柄向后有

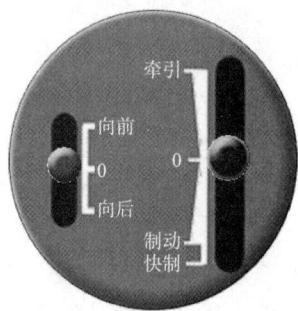

图 3-39 操纵手柄位置示意

两个位置,手柄向后为制动位,继续向后为快速制动位。手柄在牵引位时,车辆为牵引工况;手柄在制动位和快速制动位时,车辆为制动工况。

方向手柄有三个位置,手柄处在中间位零位,手柄向前为前进位,手柄向后为后退位。

②主司机操作台按钮。

a. 强行开门按钮:强制打开客室车门。

b. ATP(列车自动防护)限制按钮:使 ATP 进入限制模式。

c. 空气制动按钮:包括空气制动施加按钮和空气制动缓解按钮。

d. 开关车门按钮:对客室车门的开关进行操作。

e. 汽笛按钮:鸣笛。

f. 自动折返按钮:车辆进入自动折返模式。

g. ATO(列车自动运行)启动按钮:启动 ATO。

h. 紧急按钮:车辆进入紧急制动模式。

③主司机操纵台旋钮。

a. 司机室灯开关:开关司机室灯。

b. 窗加热开关:开关司机室车窗的电加热设备。

c. 手动/自动开门转换开关:对手动、自动开关车门模式进转换。

d. 头灯远近转换开关:对车辆头灯灯光的照射远近进行调节。

e. 刮雨器控制旋钮:控制刮雨器投入使用和速度调节。

④主司机操纵台其他设备。

a. 广播控制面板:进行全车的广播控制和两个司机室间的通信。

b. 显示器:主司机操纵台设有两个显示器。左侧设有车辆控制显示器,显示全车的控制和运行情况,还可以通过显示器的触摸屏进行控制操作。右侧设有车辆运行监控显示器,显示车辆运行监控信息。

c. 钥匙开关:操纵台总控开关,控制所有操纵设备的使用。

d. 麦克风:广播用麦克风。

e. 手提设备:无线电台对话设备。

f. 无线电台控制面板:控制无线电台的使用。

g. 双针压力表:显示制动缸压力和总风缸压力等。

(2)副司机操作台设备布置与功能。

副司机操纵台主要设有一些控制按钮和开关。

a. 左门开关按钮(图 3-40 中 1、2):开关客室左门。

b. 副司机紧急制动按钮(图 3-40 中 3):按下实行紧急制动,旋转按钮进行缓解。

c. 客室灯控制开关(图 3-40 中 4、5):控制客室照明灯具开关。

d. 解钩按钮(图 3-40 中 6):按下解开全自动车钩。

e. 空调控制按钮(图 3-40 中 7、8、9):分别控制 A 车和全列的空调开关。

f.试灯按钮(图3-40中10):检查主司机操纵台和副司机操纵台指示灯是否良好[按下除RM(受限制的人工驾驶模式)指示灯外,所有指示灯亮]。

g.停放制动开关按钮(图3-40中11、12):开关停放制动。

h.受电弓升降按钮(图3-40中13、14):升降受电弓。

i.高速断路器开关按钮(图3-40中15、16):通断高速断路器。

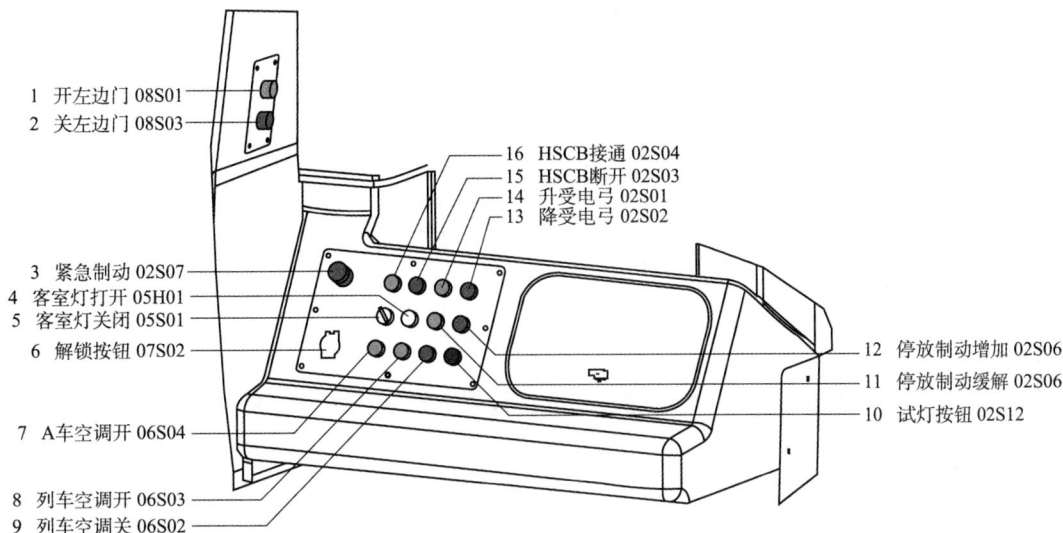

1　开左边门 08S01
2　关左边门 08S03

16 HSCB接通 02S04
15 HSCB断开 02S03
14 升受电弓 02S01
13 降受电弓 02S02

3　紧急制动 02S07
4　客室灯打开 05H01
5　客室灯关闭 05S01
6　解锁按钮 07S02

12　停放制动增加 02S06
11　停放制动缓解 02S06
10　试灯按钮 02S12

7　A车空调开 06S04

8　列车空调开 06S03
9　列车空调关 06S02

图3-40　副司机操纵台设备

3)设备柜

司机室设备柜设置在后侧墙壁,控制柜内部为电气设备,外部为控制面板(图3-41)。

(1)自动开关。

设备柜面板设有自动开关,用以控制列车车门、照明、空调、监控等设备的开关。自动开关具有自动断开功能,当系统达到设定的保护条件时,自动开关自动断开,切断设备的使用。

(2)里程表。

显示列车已行驶里程。

(3)蓄电池电压表。

显示蓄电池电压。

(4)旋钮开关和按钮。

控制各设备开关。

如图3-42所示,上面一行是紧急情况下使用的控制制动系统、车门开关和受电弓升降的旋钮。正常情况下,这些旋钮都是用铅封封上,紧急情况破封使用。下面一行包括 ATP 钥匙开关、列车激活旋钮、拖动模式旋钮、蓄电池紧急启动按钮和事件记录仪停止按钮。

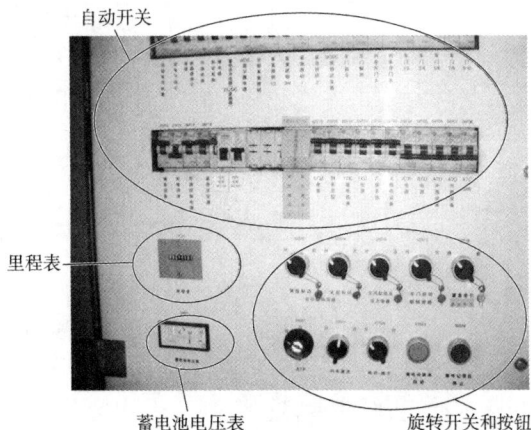

自动开关

里程表

蓄电池电压表

旋转开关和按钮

图3-41　司机室设备柜面板1

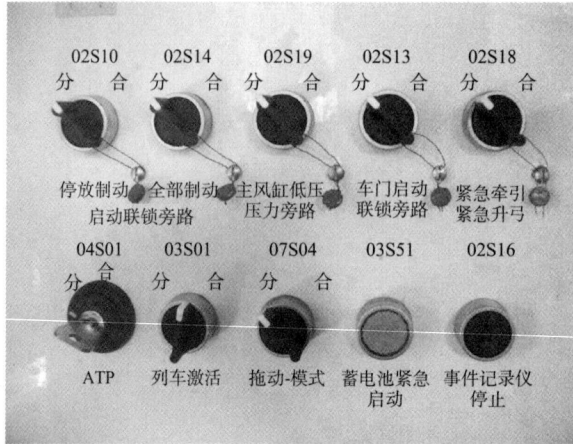

图 3-42　司机设备柜面板 2

3.3.2　客室

客室是供乘客乘坐的地方,在车厢的两侧设置有不锈钢长座椅,在每个座椅上设置有一个透明车窗,供乘客观看车外和站台景色。客室内还设置有立柱、扶手杆、拉手供乘客抓扶,保证乘客安全。为增加客室内的美观度,客室内还安装了白色内饰板(包括天花板、侧墙板、侧顶盖板)、蓝色地板布。客室顶部纵向设置有两条送风格栅,来自空调的新风和混合风从送风格栅徐徐向客室内输送,为乘客提供舒适的乘坐环境。

如图 3-43 所示,客室内设有地板、立柱、座椅、拉手、照明灯具、空调送风格栅等设备。客室内的设备均是为了给乘客提供更好的乘坐环境而设立的。

图 3-43　客室内装饰实物图

各节车辆客室间设有贯通道。贯通道是连接两节车辆的过渡结构,乘客可沿全列车可以随意走动,从而使乘客在全列车中均匀分布。此外,也有利于在列车发生意外事故时,使乘客有秩序地沿贯通道经司机室前端安全门撤离。

3.3.3　车辆内部照明

照明系统分为车辆外部照明系统和车辆内部照明系统,外部照明系统包括(远、近)前照灯、尾灯和运行灯,车辆内部照明系统包括司机室照明和客室照明。

1)司机室照明

司机室照明包括司机室顶灯、司机阅读灯以及仪表照明。司机室照明灯有专门开关控制,不必使用司机台钥匙进行开启和关闭。司机阅读灯以及仪表照明由24V电源供电。

在正常运行时,司机室内的照度在中央地板处应为 3 ~ 5lx,在驾驶台表面应为 5 ~ 10lx。为方便维修工作,司机室中央距地板面 800mm 处的照度应不小于200lx。

2)客室照明

客室照明要求在车内离地板面高 800mm 处测得的照明强度不低于 300lx。客室照明由充电机提供 DC 110V 电源,紧急情况下由蓄电池供电。

3.3.4　乘客信息系统

乘客信息系统(PIS)由列车有线广播系统(PA)和乘客信息显示系统两部分组成,其中乘客信息显示系统又由列车综合图文显示系统(WDS)和车站地图闪光系统(FSM)组成。

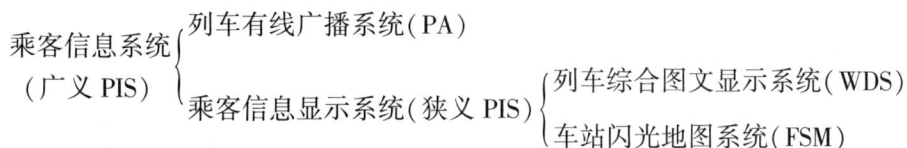

$$\text{乘客信息系统}\atop(\text{广义 PIS})\begin{cases}\text{列车有线广播系统(PA)}\\\text{乘客信息显示系统(狭义 PIS)}\begin{cases}\text{列车综合图文显示系统(WDS)}\\\text{车站闪光地图系统(FSM)}\end{cases}\end{cases}$$

1)列车有线广播系统

列车有线广播系统的基本功能包括如下八个方面:

(1)司机室对客室的广播(PA 广播,带有提示音);

(2)后端司机室对客室的广播(PA 广播,带有提示音);

(3)OCC(运营控制中心)客室的无线广播:通过车载无线电系统来实现(PA 广播,没有提示音);

(4)自动触发数字化广播(自动报站):已激活的司机室乘客信息系统控制器(PISC)自动激活司机室的数字化广播,与乘客信息显示系统一起工作;

(5)司机人工触发数字化广播(手动报站及紧急广播):通过激活的司机室的 PISC/MIT-RAC(列车控制系统)来激活数字化广播,与乘客信息显示系统一起工作;

(6)乘客报警与通信(P-C):司机与乘客紧急通信;

(7)司机室之间对讲(C-C):任一司机室到所有其他司机室声音(包括连挂的列车);

(8)关闭车门提示声音信号。

列车有线广播系统能实现中英文语言报站,而且可以存储 100 个站名和 20 条信息,每条时间为 30s。

广播各功能是具有优先级别的,由高至低如下:关闭车门提示声音信号、乘客紧急报警与通信(PC 模式)、对客室的无线广播、司机室对客室的人工广播(PA 模式)、自动触发的数字化广播、司机室之间对讲(C-C 模式)。

2) 乘客信息显示系统

(1) 列车综合图文显示系统(WDS)的基本功能。

① 列车驶向站的 LED 闪烁,颜色为黄色。

② 当停在站台上时,该站 LED 将变为不闪烁的红色。

③ 显示方向的"珍珠串"不经过标志列车已通过的红色部分,方向采用三个以每秒 10 个 LED 的速度移动的"黑色"LED 来指示。

④ 开门侧箭头闪烁频率为 1Hz,在开门指示箭头区域有文字。

⑤ 当下一站为换乘站时,整条换乘线以频率为 1Hz 的速度闪烁,颜色为黄色;当停止在该站时,线路变为固定的黄色。

⑥ 动态闪光地图面板上的车站位置为"镜相"。

⑦ 箭头闪烁速度设定为可变的 0.5s、1s 或 1.5s。

(2) 车站闪光地图(FSM)的基本功能。

可以显示各种彩色的文字新闻、广告、公益信息等。

(3) 乘客信息显示系统显示屏的自检功能。

供电时,动态地图显示器及 WDS 在启动前将进行一个简单的图形测试,以确认其功能正常。当司机室被激活时,主控 PISC 给所有的显示器发送"清除显示"信息时,自检信息将被清除。如果没有收到"清除"信息,自检信息会在 90s 内自动消失。

3) 数字化报站简介

(1) 手动报站。

列车司机台激活后,乘客信息系统经 90s 自检后工作正常。此时司机可以通过 MMI(人机界面)显示屏设置目的站、起始站/到达站,相关的广播号码将发送到 PIS,触发相关的数字化广播和 WDS 的文字报站。动态地图相关的编码数据在动态地图显示器上显示。

(2) 自动报站。

列车运行时经过轨旁电路时,ATS(列车自动监控)系统的报站信号(即目的站、起始站/到达站的信号)将通过轨旁电路以报文方式传送到车载 ATP/ATO,再转换成相关的广播号码,传送到乘客信息系统进行报站。

自动报站的信号流向为:列车自动监控系统→轨旁电路→车载 ATO/ATP→列车控制与通信系统 TCC→乘客信息系统

复习思考题

1. 阐述受电弓的结构及工作原理。

2. 受电弓装置包括哪些部件?

3. 空调的制冷工作原理是什么?

4. 空调单元由哪些部件组成?各部件有何作用?

5. 城市轨道交通车辆车底主要有哪些设备?

6. 高速断路器有何作用?

7. 蓄电池有何功能?

8. 逆变器有何作用?

9. 试述活塞式空气压缩机的工作原理。

10. 螺杆式空气压缩机有何优点?

11. 空气干燥器的作用是什么?

12. 叙述司机室操纵设备的组成及司机室各按钮、开关、手柄的作用。

13. 客室内有什么设备?

14. 车辆内部照明分为几部分? 每部分由什么部件组成?

15. 试述乘客信息系统的组成及各组成部件的作用。

单元4 城市轨道交通车辆转向架

教学目标

1. 掌握城市轨道交通车辆转向架的基本组成及作用；
2. 熟悉国内典型城市轨道交通车辆转向架的结构特点；
3. 熟悉城市轨道交通车辆转向架力的传递过程；
4. 了解转向架的日常检查与维护及架修检查作业内容。

建议学时

18学时

4.1 概　述

转向架又称走行部，位于车体底架下部，是支承车体垂直荷载，产生并传递牵引力和制动力，引导车辆沿着轨道运行的走行装置。为了便于车辆通过曲线，在车体和转向架之间设有心盘或回转轴，转向架可以绕这一中心轴相对车体转动。每辆车的下部一般设有两台转向架，其结构是否合理将直接影响车辆的运行品质、动力性能和行车安全，所以转向架是车辆最重要的部件之一。

可以确切或客观地说，转向架技术是"靠轮轨接触驱动运行的机车车辆"得以安全运行及发展的核心技术之一。

由于各国铁路发展历史和背景的不同以及技术条件上的差异，各国研制的城市轨道交通车辆转向架结构类型也差异较大。然而，在设计原则上的共识和实践经验却促使城市轨道交通车辆转向架在形式上有众多相同之处，包括无磨耗轴箱弹性定位、以踏面制动为主的复合制动系统等。转向架主要由轮对轴箱装置、弹簧悬挂装置、构架、基础制动装置、驱动装置及转向架中心牵引装置等部分组成。

4.1.1 转向架的作用

城市轨道交通车辆转向架应具有以下基本作用：

(1)承受荷载。承受车体上部(包括车体、动力设备、电气设备和辅助装置等)的质量，并使轴重均匀分配,同时传递各种作用力。

(2)传递作用力。传递牵引力和制动力,保证必要的轮轨黏着性,将轮轨接触处产生的轮周牵引力或制动力传递给车体及车钩。

(3)缓冲作用。缓和线路不平顺对车辆的冲击和振动,保证车辆具有良好的运行平稳性和舒适性。

(4)实现转向。保证车辆顺利通过曲线。

因此,对转向架的基本要求是要能确保车辆在运行速度提高时的舒适性和安全性,这也是转向架结构不断改进和发展的前提。

4.1.2 转向架的组成及各部分的作用

城市轨道交通车辆转向架可分为动力转向架和非动力转向架。由于车辆运用条件与要求的不同,所采用的转向架结构各异、类型繁多。但它们的基本组成部分和主要功能是相同的。以图4-1所示动车转向架为例,各组成部分及作用如下:

1)轮对轴箱装置

轮对直接向钢轨传递质量,通过轮轨之间的黏着产生牵引力和制动力,并通过车轮的回转实现车辆在钢轨上的运行(平移)。轴箱与轴承装置是联系构架和轮对的活动关节,它除了保证轮对进行回转运动外,还能通过轮对适应线路不平顺等条件,相对于构架上下、左右和前后运动。轮对除传递车辆的质量外,还传递轮轨之间的各种作用力。

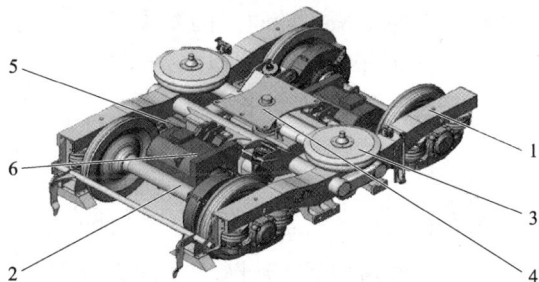

图4-1　动车转向架组成

1-构架组成;2-轮对轴箱装置;3-二系悬挂装置;4-牵引装置;5-基础制动装置;6-驱动装置

2)弹簧悬挂装置

为减少线路不平顺和轮对运动对车体各种动态的影响,转向架在轮对与构架或构架与车体(摇枕)之间,设有弹性悬挂装置。其中,前者称为轴箱悬挂装置,即一系悬挂装置;后者称摇枕(或中央)悬挂装置,即二系悬挂装置。一系悬挂装置用来保证一定的轴重分配,缓和线路不平顺对车辆的冲击,确保车辆运行平稳性,包括轴箱弹簧、垂向减振器和轴箱定位装置等;二系悬挂装置(位于车体与转向架间)用以传递车体与转向架间的垂向力和水平力,使转向架在车辆通过曲线时能相对于车体回转,并进一步减缓车体与转向架间的冲击振动,同时保证转向架的稳定,包括二系弹簧、横向或纵向减振器、抗侧滚装置等。

3)构架

构架是转向架的基础,它把转向架的各个零、部件组成一个整体。构架需要承受、传递各种荷载及作用力,因此它的结构、形状和尺寸都应满足各零部件组装的要求(如应满足制动装置、弹簧减振装置、轴箱定位装置等安装的要求）。构架包括侧梁、横梁或端梁,以及各种相关设备的安装或悬挂支座等。

4）制动装置

为使运行中的车辆能在规定的距离内停车,必须安装制动装置,其作用是传递和放大制动缸的制动原力,并将制动原力传递给闸瓦（或闸片）,使其压紧车轮（或制动盘）,将转向架内摩擦力转换为轮轨之间的外摩擦力（即制动力）,从而产生制动作用。制动装置包括制动缸、放大系统（杠杆机构或凸轮盘机构）、制动闸瓦（或闸片）及制动盘等。

5）驱动装置

驱动装置使牵引电机的扭矩转化为轮对或车轮上的转矩,利用轮轨之间的黏着作用,驱动车辆沿着钢轨运行。牵引电机在列车运行中还具备产生牵引力和电制动力的作用。驱动装置包括牵引电机、齿轮箱、联轴节或万向轴及各种悬吊机构等。

6）转向架中心牵引装置

转向架中心牵引装置由中心销系统和牵引拉杆等组成,其功能是传递牵引力和制动力,完成转向架相对于车体的回转运动,以及架车时悬吊转向架。

4.1.3 转向架的主要技术要求

对城市轨道交通车辆转向架的主要技术要求包括:

(1)保证最佳的黏着条件。轴重转移应尽量小,且轮轨间不产生振动。

(2)具有良好的动力学性能。尽量减少轮轨间的动作用力、应力和磨耗。

(3)质量轻且工艺简单。应尽可能减轻自重,且制造和修理工艺简易。

(4)具有良好的可接近性。易于接近,便于检修。

(5)零部件标准化和统一化,尽可能使转向架结构和材质统一。

4.1.4 转向架的设计原则

根据国内外城市轨道交通车辆转向架的设计经验,建议遵循以下设计原则:

(1)采用高柔性的弹簧悬挂系统,以获得良好的减振性能。这种高柔性空气弹簧在正常速度下均能表现出优越性。

(2)采用高强度、轻量化的转向架结构,以降低轮轨间的动力作用。

(3)采用能有效抑制转向架蛇行运动的措施,提高转向架蛇行运动临界速度。

(4)基础制动装置采用复合制动系统。除采用常规的踏面制动外,同时配备磁轨制动、涡流制动等非黏制动系统。

4.1.5 转向架的分类

由于转向架用途不同,且运行条件差异较大,因此对转向架的性能、结构参数和采用的材料及工艺等提出了不同的要求,从而出现了多种类型的转向架。各种转向架主要的区别在于:所用车轴的类型和数目、轴箱定位的方式、弹簧装置的形式、荷载传递的方式不同等。

1）按车轴的数目和类型分类

根据转向架上车轴数不同,转向架可分为二轴、三轴和多轴装向架。转向架轴数的多少是由车辆总质量和每根轴的允许轴重确定的。对于车轴的类型,我国铁路车辆按允许轴重分为 B、C、D、E、F 等,最大允许轴重受到线路和桥梁标准的限制。城市轨道交通车辆通常采用二轴转向架,但在轻轨车辆上也有单轮对(或轮组)的转向架。

2)按轴箱定位方式分类

约束轮对轴箱与构架之间相对运动的机构称为轴箱定位装置,它对转向架的横向动力性能、抑制转向架发生蛇行运动具有决定性作用。轴箱定位装置在纵向和横向要具有适当的弹性定位刚度值,从而可避免车辆在运行速度范围内发生蛇行失稳,保证在曲线运行时具有良好的导向性能,减轻轮缘与钢轨的磨耗和噪声,确保运行安全和平稳。

常见的轴箱定位装置的结构形式有以下五种:

(1)拉板式定位。

用特种弹簧钢材制成的薄片形定位拉板,其一端与轴箱连接,另一端通过橡胶节点与构架相连。利用拉板在纵、横向的不同刚度来约束构架与轴箱的相对运动,以实现弹性定位。拉板上下弯曲刚度小,对轴箱与构架上下方向的相对位移约束很小,如图4-2所示。

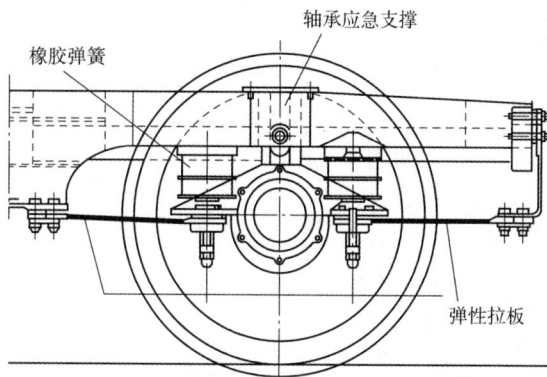

图 4-2　拉板式定位

(2)拉杆式定位。

拉杆的两端分别与构架和轴箱销接,拉杆两端的橡胶垫、套分别限制轴箱与构架之间的横向与纵向的相对位移,实现弹性定位。拉杆允许轴箱与构架在上下方向有较大的相对位移,如图4-3所示。

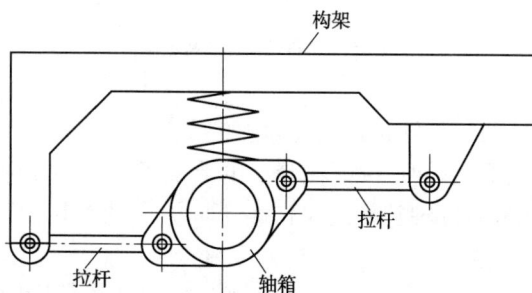

图 4-3　拉杆式定位

(3)转臂式定位。

转臂式定位又称弹性铰定位。定位转臂的一端与圆筒形轴箱体固接,另一端以橡胶弹性节点与构架上的安装座相连接。弹性节点允许轴箱与构架在上下方向较大的位移,弹性节点内的橡胶件设计成使轴箱在纵向和横向具有适宜的不同的定位刚度的要求。如北京地铁车辆的老式转向架,其结构形式如图4-4所示。

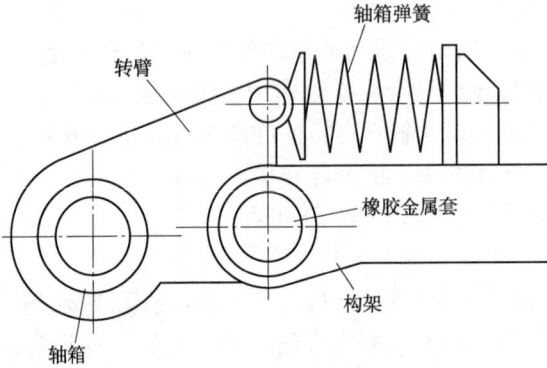

图4-4 转臂式定位

(4)层叠式橡胶弹簧定位。

在构架与轴箱之间装设压剪型层叠式橡胶弹簧,其垂向刚度较小,使轴箱相对构架有较大的上下方向位移,而它的纵、横向有适宜的刚度,以实现良好的弹性定位。现代地铁车辆和轻轨车辆多采用此种定位方式,如图4-5所示。

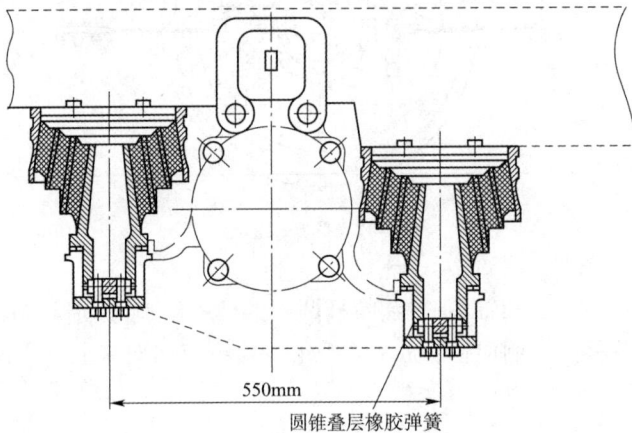

图4-5 层叠式橡胶弹簧定位

(5)干摩擦式导柱定位。

安装在构架上的导柱及位于轴箱弹簧托盘上的支持环均装有磨耗套,导柱插入支持环,当构架与轴箱之间发生上下运动时,两磨耗套产生干摩擦,它的定位作用是通过导柱与支持环传递纵向力和横向力,再通过轴箱橡胶垫产生不同方向的剪切变形,实现弹性定位作用,如图4-6所示。

上述定位方式中,前4种均为无磨耗的轴箱弹性定位装置,通过对橡胶金属弹性铰或弹性节点的设计,可以实现轴箱纵、横向不同定位刚度的要求,实现较为理想的定位性能。

3)按弹簧装置的型式(悬挂方式)分类

根据转向架所装设的弹簧系统数量不同,转向架可分为如下两类:

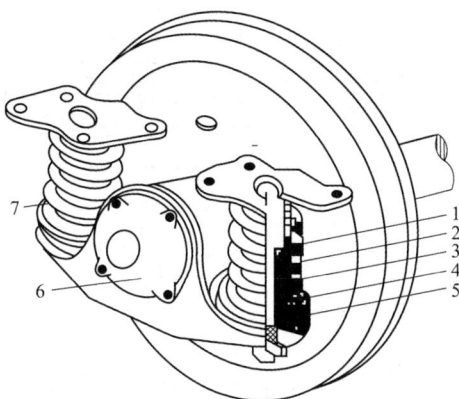

图 4-6　干摩擦式导柱定位

1-弹簧支柱;2-内定位套;3-外定位套;4-支持环;5-橡胶缓冲垫;6-轴箱;7-轴箱弹簧

（1）一系弹簧悬挂。

在车体与轮对之间,只设有一系弹簧减振装置,如图 4-7a)所示。它可以设在车体与构架之间,也可以设在构架与轮对之间,适用于中、低速车辆。

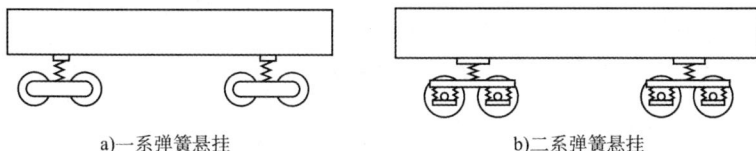

a)一系弹簧悬挂　　　　　　　　　　　　b)二系弹簧悬挂

图 4-7　弹簧悬挂装置

（2）二系弹簧悬挂。

在车体与轮对之间设有二级弹簧减振装置,在车体与构架间设有摇枕弹簧减振装置,即二系悬挂装置;在构架与轮间设置轴箱弹簧减振装置,即一系悬挂装置。两者互相串联,使车体的振动经历两次弹簧减震的衰减,如图 4-7b)所示。二系弹簧悬挂适用于高速机车车辆,城市轨道交通车辆通常采用二系悬挂转向架。

4)按摇枕弹簧的横向跨距分类

在转向架中,摇枕弹簧横向跨距的大小对车体的倾覆稳定性影响显著。增大跨距可增加车体抗倾覆的复原力矩,提高车体在弹簧上的稳定性。根据摇枕悬挂装置中弹簧横向跨距的不同,转向架可分为如下三类:

（1）内侧悬挂。

摇枕弹簧横向跨距小于构架两侧梁纵向中心线距离,如图 4-8a)所示,称内侧悬挂转向架。

（2）外侧悬挂。

转向架摇枕弹簧横向跨距大于构架两侧梁纵向中心线距离,称为外侧悬挂转向架,如图 4-8b)所示。

（3）中心悬挂。

摇枕弹簧横向跨距与构架两侧梁纵向中心线距离相等,称为中心悬挂转向架,如图 4-8c)所示。

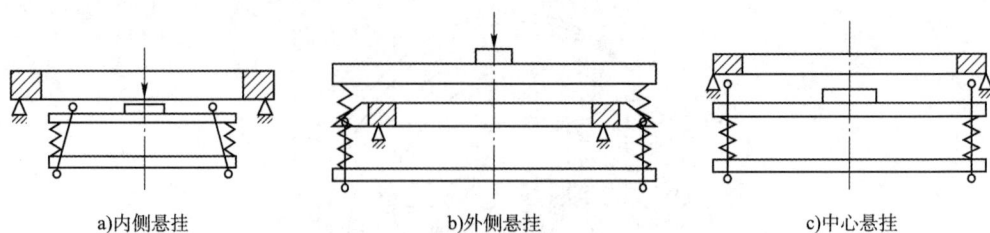

a)内侧悬挂　　　　　　b)外侧悬挂　　　　　　c)中心悬挂

图4-8　弹簧装置的横向跨距

5)按车体与转向架之间的荷载传递方式分类

(1)心盘集中承载。

车体上的全部质量通过前后两个上心盘分别传递给前后转向架的两个下心盘,如图4-9a)所示。

(2)非心盘承载。

车体上的全部质量通过中央弹簧悬挂直接传递给转向架构架,或者通过中央弹簧悬挂装置与构架之间装设的旁承装置传递,如图4-9b)所示。这种转向架虽设有类似于心盘的回转装置,但它仅作为牵引及转动中心用。

(3)心盘部分承载。

车体上的质量按一定比例分配,分别传递给心盘和旁承,使之共同承载,如图4-9c)所示。

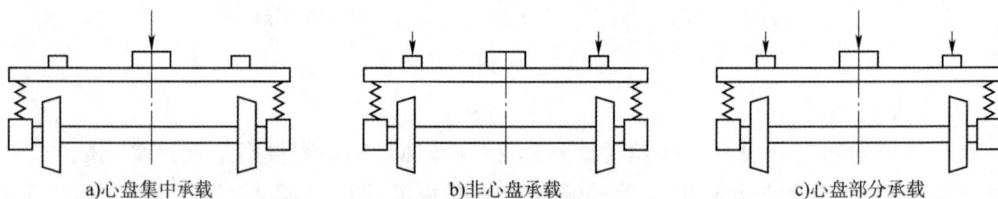

a)心盘集中承载　　　　　　b)非心盘承载　　　　　　c)心盘部分承载

图4-9　车体荷载传递的三种方式

6)按车架(体)与转向架间连接方式分类

根据车架(体)与转向架间的连接方式不同,转向架可分为有心盘(有牵引销)转向架、无心盘(无牵引销)转向架和铰接式转向架(雅克比转向架)。

城市轨道交通车辆转向架通常采用有心盘(有牵引销)转向架,而轻轨车辆通常采用铰接式转向架。铰接式转向架与车体的连接,既要保证相邻两车体端部能够彼此连接、传递垂直、纵向和横向荷载,又要保证车体两端在通过曲线时能彼此相对转动(垂向和横向)。

(1)具有双排球形转盘的铰接转向架。

两相邻车体一端支于内盘,另一端支于外盘,转动盘通过摇枕弹簧与构架相连,构架坐落在轮对的两轴箱弹簧上。垂直荷载的传递过程为转盘→摇枕→摇枕弹簧→构架→轴箱簧→轮对。纵向牵引与冲击力通过内外转盘传递。通过曲线时,相邻两车体可绕转动盘彼此回转,如图4-10a)所示。

(2)具有球心盘的铰接转向架。

两相邻车体端部通过球形心盘相互搭接,球心盘座固接于摇枕梁上,摇枕梁位于构架上,构架通过轴箱弹簧与轮对连接,如图4-10b)所示。

（3）TGV（法国高速列车）的铰接转向架。

列车的中间车一端为支承端，另一端为铰接端。支承端车体端墙的两侧设空气弹簧承台，中央设有下球心盘座，车体的荷载经弹簧承台至空气弹簧，再传递至构架。相邻铰接端车体端墙的中央设有上球心盘，搭接于相邻车体支承端的中央下心盘上，车体的一半质量经心盘传至支承端，两车辆之间的纵向力也通过心盘传递，如图4-10c）所示。

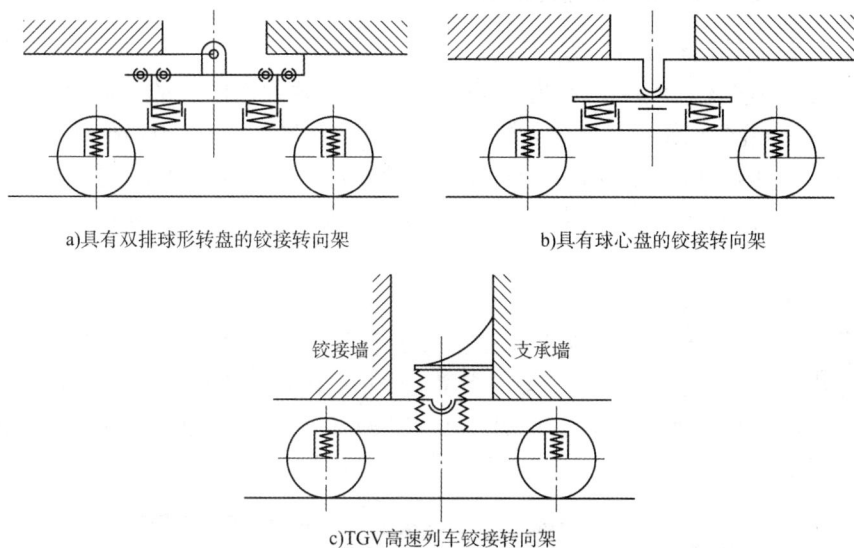

a)具有双排球形转盘的铰接转向架　　　　　　b)具有球心盘的铰接转向架

c)TGV高速列车铰接转向架

图4-10　铰接式转向架的车体与转向架连接方式

4.2　转向架构架

4.2.1　作用与组成

1）作用

转向架构架是转向架的骨架，用以安装转向架各组成部分，传递各方向的力，并用来保持车轴在转向架上的位置。

2）组成

转向架构架一般由左、右侧梁和横梁（或端梁）等组成。

侧梁不仅是向轮对传递垂向力、横向力和纵向力的主要构件，还用来规定轮对的位置。

横梁能够保证构架在水平面内的刚度，保持各轴的平行及承托牵引电机等部件。

4.2.2　转向架构架的设计原则

城市轨道交通车辆转向架构架与铁路车辆构架在设计时，均须遵守以下原则：

（1）必须全面考虑构架与各有关零部件的相互位置关系，合理布置结构。

（2）构架各梁尽可能设计成等强度梁，以保证能获得最大强度和最小自重。

（3）构架各梁的布置应尽可能对称，以简化设计和制造工艺。

（4）各梁本身以及各梁组成构架时，必须注意减少应力集中。

（5）除了保证强度外，应合理设计构架的刚度，使其具有一定的柔性。

（6）焊缝的结构尺寸和布置应选择合理，并注意消除焊接应力。

（7）在构架上需要考虑设置车辆出轨时使其复位时的支承部位。

4.2.3 典型城市轨道交通车辆转向架构架

1）西安地铁 1 号线车辆转向架构架

构架分为动车构架（图 4-11）和拖车构架（图 4-12），两种构件都属于 H 形构架。其结构的主干部分完全相同，如侧梁和横梁无缝钢管的尺寸是相同的，都是由箱形低合金钢板焊接结构作为侧梁，与侧梁相贯通的无缝钢管作为横梁。两种构架的主要区别在于动车构架设有电机吊座、齿轮箱吊座，而拖车构架没有。为降低质量、简化结构，构架的设计具有以下特点：

（1）横梁用无缝钢管制成，兼作附加空气室。附加空气室的容积足够大，可以保证空气弹簧能够获得正常和短时间的补充需求，进而确保空气弹簧刚度特性的稳定。

（2）侧梁和无缝钢管的焊接。侧梁与横梁无缝钢管间通过横梁连接座焊接，一方面保证了侧梁内侧与圆钢管横梁的连接强度，另一方面也减少了侧梁内侧和圆钢管横梁连接的焊接量和打磨量。

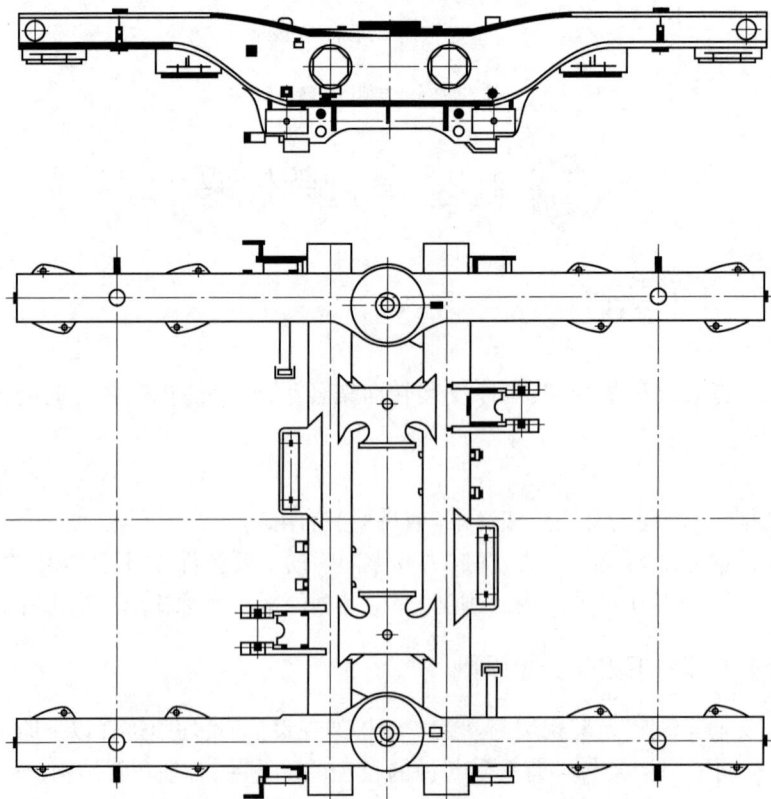

图 4-11　西安地铁 1 号线车辆动车构架

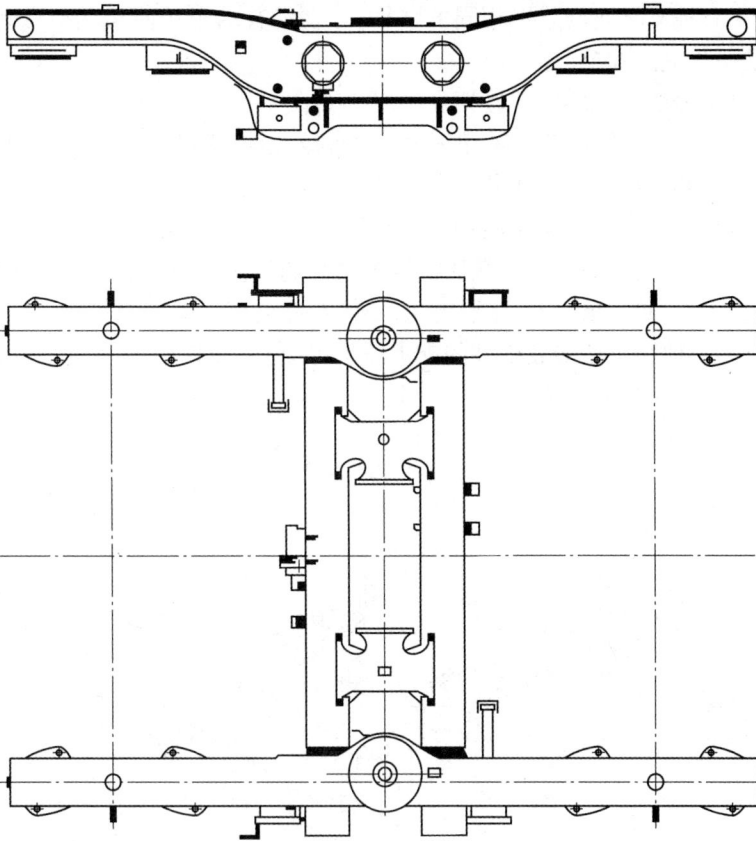

图 4-12　西安地铁 1 号线车辆拖车构架

2）ZMA080 型转向架构架

ZMA080 型转向架是株机公司在上海明珠二期工程地铁车辆中引进西门子公司技术生产的转向架。其构架是由两根侧梁和中间横梁组成，两根侧梁由中间横梁连接，构成无摇枕的"H"形结构，并采用低合金高强度的钢板。构架的侧梁在转向架中间降低，以便安装空气弹簧。侧梁上有制动单元的安装座，中间横梁上有支撑电机和齿轮箱的托架，如图 4-13 所示。

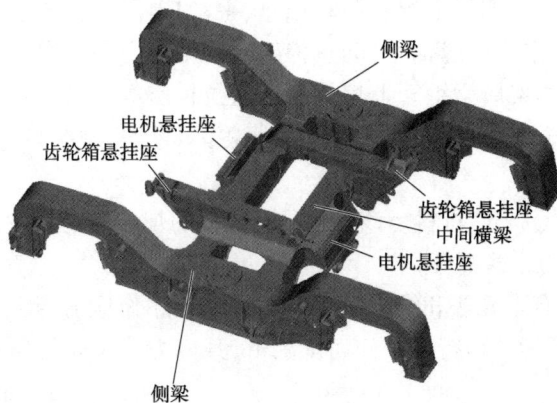

图 4-13　ZMA080 型转向架构架

动车转向架和拖车转向架采用相同的结构,分别带有动车转向架和拖车转向架需要的安装座,以保证可以完全互换。

3)深圳地铁 1 号线车辆转向架构架

深圳地铁 1 号线车辆转向架构架由两根侧梁和两根横梁组成的焊接构架,并组成箱形结构,可承受较大的荷载,进而达到最优化的强度与质量之比。构架形式为 H 形构架。动车转向架构架与拖车转向架是完全相同的,可以进行互换。每根侧梁的两端具有两个对称布置的一系弹簧座,用来固定一系圆锥叠层橡胶弹簧。构架侧梁两端设有四个起吊座,空气弹簧座位于侧梁的中心,制动单元座、牵引电机悬挂安装座、液压减振器吊座、抗侧滚扭杆安装座、高度阀杆座及其他转向架安装部件的支承座均焊接(或安装)在构架上,如图 4-14 所示。

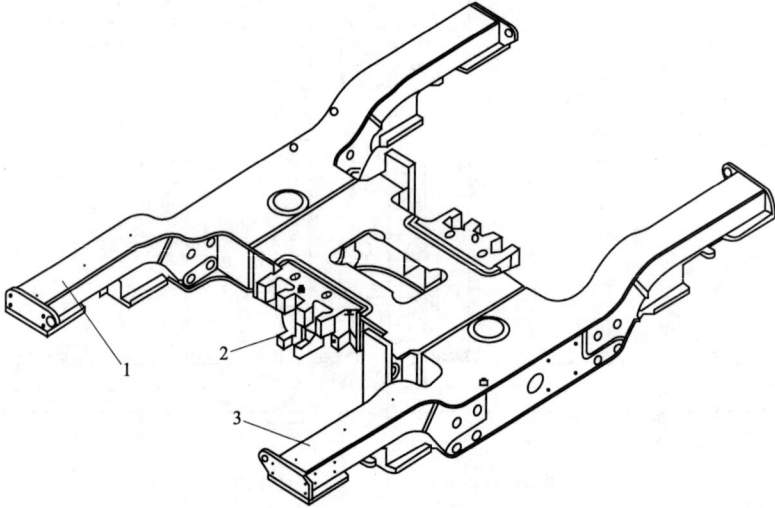

图 4-14　深圳地铁 1 号线车辆转向架构架
1、3-构架侧梁;2-电机吊座

4)成都地铁 10 号线车辆转向架构架

(1)构架分为动车构架和拖车构架。如图 4-15 所示,为保证模块化,动车和拖车构架采用相同的侧梁组成,仅横梁组成有差别。动车、拖车构架均为由钢板焊接成的 H 形结构。侧梁组成采用箱型钢板焊接,侧梁上焊有制动吊座、手动拉环座、扣板等结构。侧梁兼作空气弹簧附加空气室。横梁采用无缝钢管,动车构架横梁钢管上焊接电机吊座、齿轮箱吊座、牵引拉杆座等结构;拖车构架横梁钢管上焊接有牵引拉杆座等结构。两钢管之间设置纵向辅助梁,辅助梁上焊接有横向止挡座、横向减振器座等。整个构架结构采用优化设计,以避免应力集中。

(2)钢板材料选用 Q345C 材料。该材料具有优良的焊接性能和耐腐蚀性能。横梁钢管选用 SMA490BW 材料的无缝钢管。

(3)构架采用三维有限元法和结构频率模态计算程序作应力与频率分布分析。强度计算按 UIC515 及 UIC615 标准执行。在任何工况下,其应力均不超过所选用材料的许用应力和疲劳强度极限。

(4)构架使用寿命不小于 400 万 km 或 30 年。

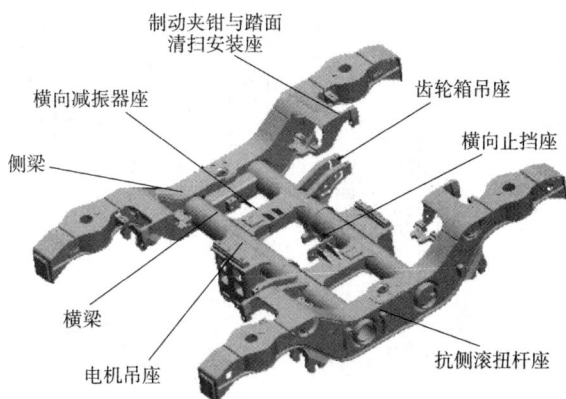

图 4-15　成都地铁 10 号线车辆转向架构架

4.3　轮对轴箱装置

4.3.1　轮对

1）轮对的作用与组成

（1）轮对的作用。

①承担车辆全部荷载和冲击；

②与钢轨黏着产生牵引力和制动力；

③轮对滚动使车辆前进。

（2）轮对的组成。

轮对由一根车轴和两个车轮组成，采用过盈配合，通过注油压装的方式将车轮装到车轴上。城市轨道交通车辆轮对有动车轮对和非动车轮对之分，动车轮对上通常装有牵引大齿轮（或从动齿轮）、轴承、轴承压环及滑动环等零件，这些零件均采用热装方式与车轴进行装配。轮对是组成转向架的重要部件之一，动车轮对组成如图 4-16 所示。

（3）轮对的要求。

①应具有足够的强度；

②质量尽量轻，并具有一定的弹性。

2）车轴结构

（1）车轴种类。

车轴分为拖车车轴（图 4-17）和动车车轴（图 4-18）。二者的区别在于动车车轴上配有安装齿轮箱大齿轮的轮座。

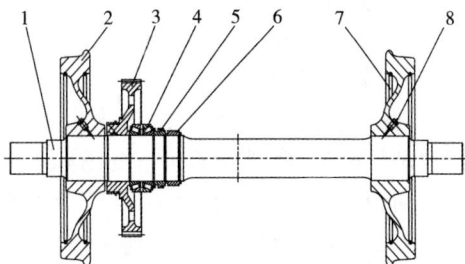

图 4-16　动车轮对

1-车轴；2-车轮；3-从动齿轮；4-轴承；5-轴承压环；6-滑动环；7-降噪阻尼器；8-螺堵

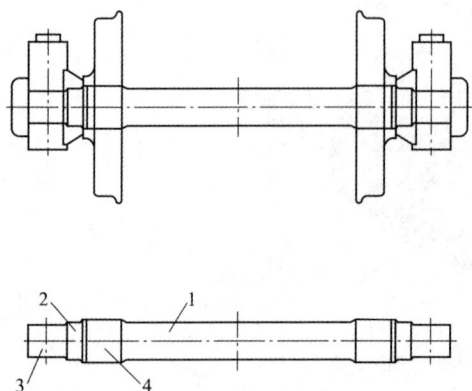

图 4-17　拖车轮对及拖车车轴
1-轴身;2-防尘板座;3-轴颈;4-轮座

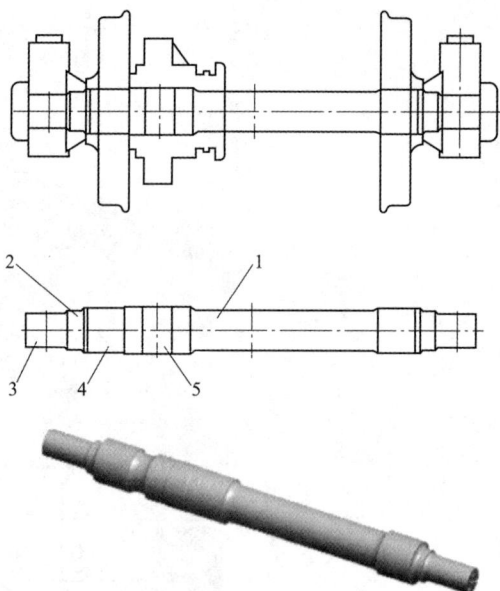

图 4-18　动车轮对及动车车轴
1-轴身;2-防尘板座;3-轴颈;4-轮座;5-齿轮座

（2）车轴各部位名称及作用。

轴颈:是安装轴承与承载的部位。

防尘板座:用来限制轴瓦过分内移。

轮座:是车轴与车轮配合的部位,也是受力最大的部位,所以直径最大。为了保证轮轴之间有足够的压紧力,过盈量应为 0.18 ~ 0.21mm。

轴身:是两轮座的连接部分,标准车辆轴身呈圆柱形。

齿轮座:用于安装齿轮箱中大齿轮。

（3）车轴材质。

车轴材质需要满足如下两个条件:一是符合技术条件,材质为 JZ;二是按 EN 13104 等欧洲标准进行设计,材料为 EA4T(25CrMo4V),符合 EN 13261 的要求。

车轴为转向架的簧下部分,降低簧下部分的质量对改善车辆运行品质和减少轮轨动力作用有重要作用。特别是高速列车,为降低簧下质量,常采用空心车轴结构。由于车轴主要承受横向弯矩作用,截面中心部分应力很小,故制成空心结构后,对车轴的强度影响很小。一般空心车轴的质量比实心车轴轻 20% ~ 40%。

3）车轮

（1）车轮种类。

车轮的结构、形状、尺寸、材质是多种多样的,按其结构不同,可分为整体车轮和带箍车轮两种。整体车轮按其材质可分为辗钢轮和铸钢轮等,带箍车轮分为铸钢辐板轮心、辗钢辐板轮心以及铸钢辐条轮心的车轮。为降低噪声、减小簧下质量,有些城市轨道交通车辆还采用了橡胶弹性车轮、消声轮等。

（2）整体辗钢车轮结构。

整体辗钢轮由踏面、轮缘、辐板和轮毂等组成,如图 4-19 所示。车轮与钢轨的接触面称为踏面,一侧沿着圆周突起的圆弧部分称为轮缘,是保持车辆沿钢轨运行、防止脱轨的重要部分。在车轮的轮缘上安装有车轮降噪阻尼器,能起到很好的吸振降噪效果。踏面沿径向的厚度部分称为轮辋。轮毂是轮与轴互相配合部分。轮辋与轮毂连接的部分称辐板。辐板上有 2 个小圆孔,便于轮对在切削加工时与机床固定,以及供搬运车轮、轮对时用。

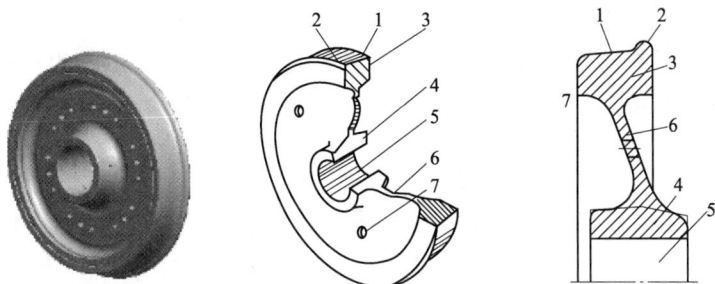

图 4-19 整体辗钢轮

1-踏面;2-轮缘;3-轮辋;4-轮毂;5-轮毂孔;6-辐板;7-辐板孔

车轮踏面主要有锥形踏面和磨耗形踏面两种,如图 4-20 所示。

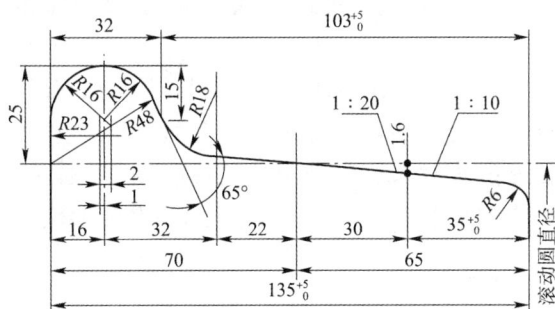

a)锥形踏面

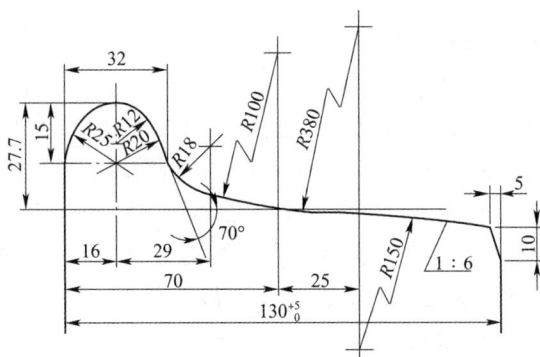

b)磨耗形踏面

图 4-20 车轮轮缘踏面外形(单位:mm)

①锥形踏面。

锥形踏面的作用是:在直线运行时使轮对能自动调中;在曲线运行时,由于离心力的作用使轮对偏向外轨,在锥形踏面的作用下,外轨上滚动的车轮以较大的滚动圆滚动,在内轮上以较小的滚动圆滚动,从而减少了车轮在钢轨滑动,使轮对顺利通过曲线。车轮踏面有斜度,运行时车轮与钢轨接触的滚动直径在不断地变化,致使轮轨的接触点也在不停地变换位置,从而使踏面磨耗更为均匀。

锥形踏面有两种斜度,即1:20和1:10,前者位于轮缘内侧48~100mm范围内,是轮轨主要接触部分,后者为离内侧100mm以外部分。踏面的最外侧做成$R=6mm$的圆弧,其作用是使车轮容易通过小半径曲线,也便于通过辙叉。

由于车轮踏面有斜度,且各处直径不相同,因此规定在离轮缘内侧70mm处测量所得的直径为名义直径,该直径作为车轮的滚动圆直径。一般情况下,城市轨道交通车辆新轮直径为840mm。

②磨耗形踏面。

实践证明,锥形踏面车轮在投入运用前期,踏面磨损较为严重(图4-21)。当磨耗成一定形状后,磨耗速度变缓(此时轮轨接触区域较宽),磨耗后踏面形状将相对稳定。因此,可将新踏面从一开始就做成类似磨耗后的稳定形状。这种将新的车轮踏面外形直接做成与标准锥形踏面磨耗后的形状相类似(或近似)的一种踏面,称为磨耗形踏面(亦称曲形、弧形踏面),简称LM形踏面。

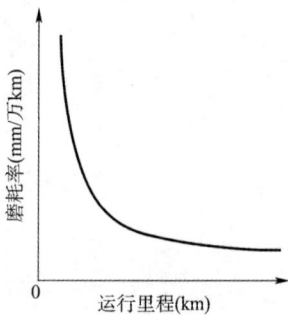

图4-21 磨耗率与运行里程的关系

磨耗形踏面的优点是能够延长镟轮公里(因轮轨接触点变化范围较大,使轮轨磨耗较均匀),并减少镟轮时的车削量。在同样的接触应力下,能够容许更高轴重(因轮轨接触面积较大),减少曲线上的轮缘磨耗(因锥形踏面在曲线上时轮轨为两点接触,而磨耗形踏面在曲线上时轮轨为一点接触)。磨耗形踏面的缺点是等效斜度大,导致蛇行稳定性差。

(3)弹性车轮。

①结构形式。

在磁悬浮列车、轻轨车辆上常采用弹性车轮。这种车轮在轮心轮毂与轮箍之间装有橡胶弹性元件,使车轮在空间三维方向上具有一定的弹性。弹性车轮减轻了簧下质量,减小了轮轨之间的作用力,能够缓和冲击、减小轮轨磨耗、降低噪声、改善车轮与车轴的运用条件,提高了列车运行平稳性。根据橡胶元件的受力状态不同,弹性车轮分为承压型、承剪型和剪压复合型3种,如图4-22所示。现代城市轨道交通车辆上用得较多的是剪压复合型橡胶弹性车轮。

剪压复合型橡胶弹性车轮是一种既能承剪又能承压的结构。通常将橡胶元件设计成众所周知的V形布置。由于这种结构能使剪力和压力的分配随橡胶元件的V形角的改变而改变,即轴向刚度与径向刚度能达到人们所期望的最佳匹配,因此,这种剪压复合型橡胶弹性车轮代表了弹性车轮的发展方向。

②特点。

a.垂向弹性可明显降低车轮垂向加速度。早在1933年,希施费尔德(Hirschfeld)就对橡胶弹性车轮的垂向冲击加速度进行了研究,其成果如图4-23所示。图4-23中曲线表示车轮垂向冲击加速度与运行速度的关系,其中曲线a代表完全刚性的钢制车轮,是一条直线,加速度值很高,但车轮稍具弹性时,就会使高速度运行的冲击加速度显著下降(曲线b)。当弹性位移为2mm左右时,冲击加速度已下降到了允许的范围之内(曲线d)。由图4-23可得出重要结论:只要在静荷载作用下能有 2mm 左右的垂向静挠度,车轮垂向冲击加速度就可以降到合理的程度,并能有效保护钢轨、车轮、轴承和轴悬式牵引电机。

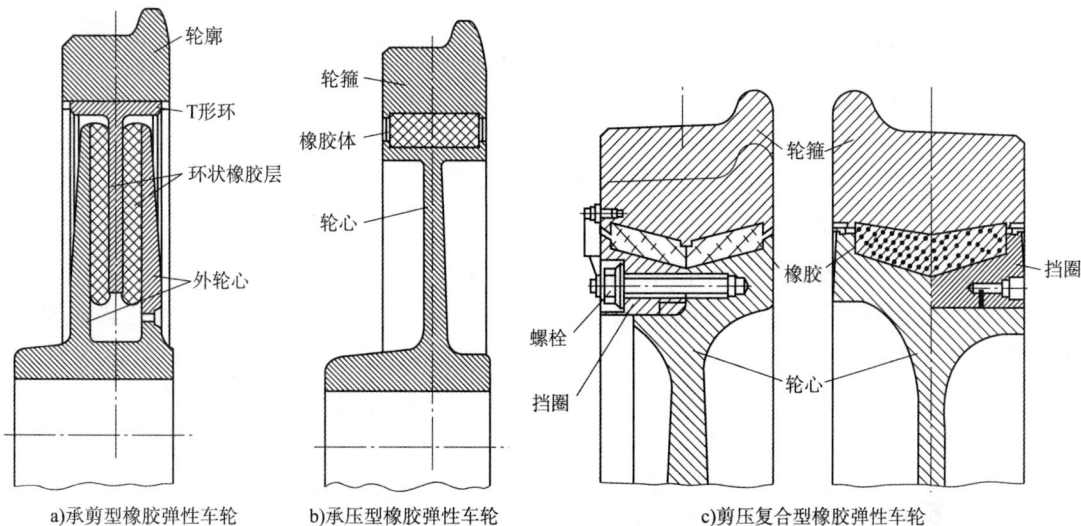

a)承剪型橡胶弹性车轮　　b)承压型橡胶弹性车轮　　c)剪压复合型橡胶弹性车轮

图 4-22　几种常见的橡胶弹性车轮

　　b. 橡胶弹性车轮能显著降低噪声。图 4-24 是橡胶弹性车轮与刚性车轮的噪声比较结果。特别值得指出的是,橡胶弹性车轮在降低曲线噪声方面具有明显效果。根据德国汉堡地铁试验结果,橡胶弹性车轮在曲线区间可减少噪声 20 ~ 22dB(A)。

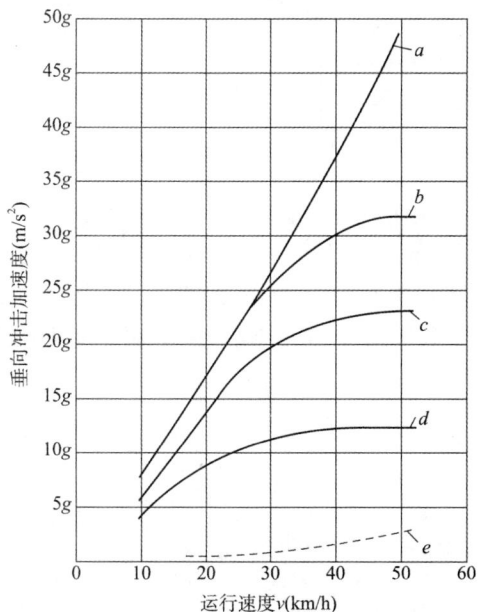

图 4-23　垂向冲击加速度与运行速度的关系

a-刚性车轮;b-弹性位移 0.25mm;c-弹性位移 0.584mm;
d-弹性位移 1.96mm;e-采用橡胶轮胎的车轮

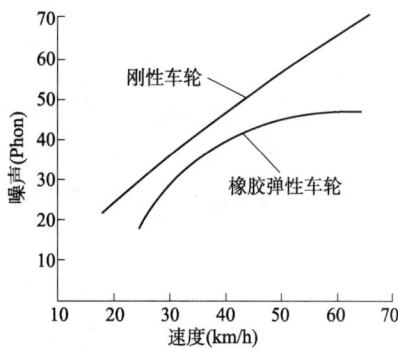

图 4-24　橡胶弹性车轮与刚性车轮的噪声比较

　　c. 橡胶弹性可明显减少轮缘磨耗。由于橡胶弹性车轮的轴向弹性,使通过曲线及道岔时轮缘刚性贴靠钢轨滑行的情况受到了弹性约束,摩擦力及其造成的轮缘磨耗大大降低(最大可降低40%)。

4.3.2 轴箱装置

轴箱是实现轮对与构架相互连接又相互运动的关键部件,它起着承上启下的重要作用,主要表现在如下三个方面:

(1)活动关节——连接轮对与构架的活动关节。

(2)传力——传递牵引力、横向力和垂向力。

(3)运动——实现轮对与构架间的垂向运动和横动。

轴箱主要由轴箱体、前盖、轴端压板、防尘挡圈和密封垫等组成,滚子轴承安装在轴箱内。轴箱根据所安装的设备不同而不同,如安装ATP测速电机的轴箱称为轴箱组成(ATP)、安装防滑测速装置的轴箱称为轴箱组成(防滑)等。拖车的每根轴都装有防滑装置。

城市轨道交通车辆均采用滚动轴承轴箱,而滚动轴承轴箱又分为圆柱滚动轴承轴箱、圆锥滚动轴承轴箱和球面滚动轴承轴箱。如上海地铁和北京地铁车辆转向架轴箱轴承主要为双列圆柱滚动轴承,深圳地铁车辆转向架轴箱轴承主要为双列圆锥滚动轴承。图4-25所示为双列圆柱滚动轴承轴箱装置结构,轴箱装置的密封形式采用金属迷宫式。

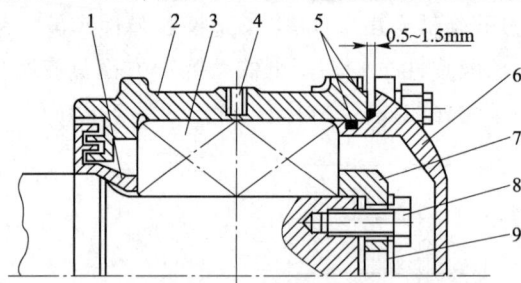

图4-25　圆柱滚动轴承轴箱装置

1-防尘挡圈;2-轴箱体;3-圆柱滚子轴承;4-轴温报警器安装孔;5-密封圈;6-轴箱前盖;7-压板;8-压板螺栓;9-防松板

西安地铁1号线车辆轴箱装置如图4-26所示,该轴箱装置主要由轴箱体、轴承、防尘挡圈、端盖、压盖等组成。轴箱轴承采用双列圆柱滚动轴承、自密封单元结构。每根轴的轴端装有制动系统防滑速度传感器,拖车轴端还分别安装有ATP速度传感器、车辆速度传感器及接地装置。

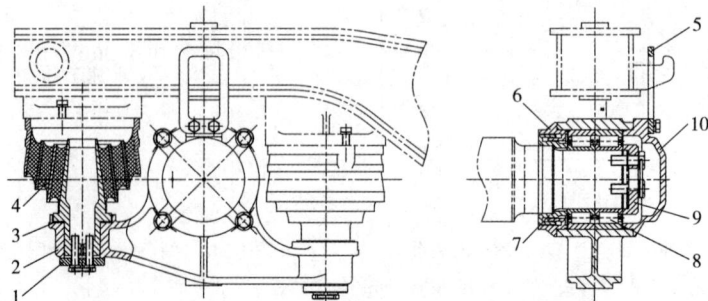

图4-26　西安地铁1号线车辆轴箱装置及一系悬挂

1-托板;2-轴箱体;3-垫片;4-圆锥橡胶弹簧;5-吊环;6-后盖;7-防尘圈;8-整体单元轴承;9-压盖;10-端盖

城市轨道交通车辆转向架轴箱主要有以下三种：

（1）转臂式轴箱定位装置。如图4-27所示，定位转臂一端通过弹性节点与构架上的定位转臂座相连，另一端则用螺栓固定在轴箱体的承载座上。而弹性节点主要由弹性橡胶套、定位轴（锥形销套）和金属外套组成，其中弹性橡胶套的形状和参数对转向架走行性能影响较大。转臂式定位的优点是：轴箱与构架间无自由间隙和滑动部件，无摩擦磨损；构成的零件很少，分解、组装容易，且维修方便；轴箱的上下、左右及前后定位刚度可以各自独立设定，比较容易满足转向架悬挂系统的最佳设计要求，即在确保良好乘坐舒适度的情况下，能够同时确保稳定的高速行驶性能和良好的曲线通过性能。

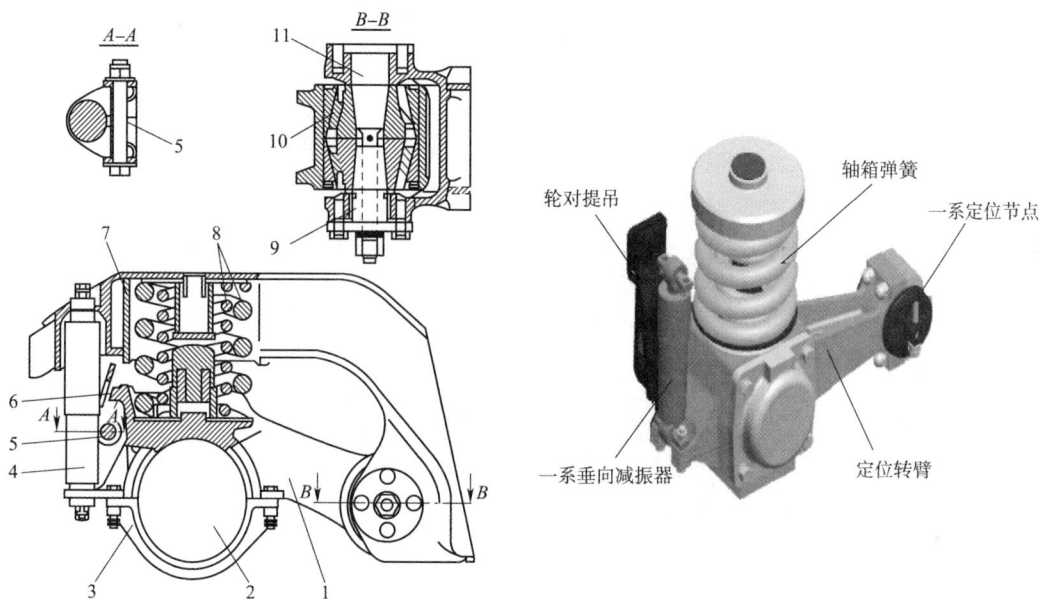

图4-27　转臂式轴箱定位结构

1-定位转臂（包括弹簧座）；2-轴箱；3-底部压板；4-垂向减振器；5-止挡管；6-转臂凸台；7-弹簧套；8-螺旋弹簧；9-锥形套；10-柱形橡胶套；11-锥形销轴

（2）八字形橡胶堆轴箱定位装置。上海地铁车辆和广州地铁车辆采用了八字形（也称人字形）橡胶堆轴箱定位装置，如图4-28所示。该橡胶堆具有三向弹性特性，且可根据需要设计，其垂向刚度最小（约为纯剪刚度的1倍），纵向刚度最大。在垂向荷载作用下，橡胶同时受剪切和压缩变形，改变其安装角度，可得到不同的垂向和纵向刚度，此安装角一般取10°～11°。八字形橡胶锥轴箱定位装置的优点是无摩擦磨损、质量轻、结构简单，能够吸收高频振动和减少噪声等，寿命可达150万走行公里以上。

（3）层叠圆锥橡胶轴箱定位装置。

层叠圆锥橡胶具有三向轴向特性，且其横向弹性可通过在圆周上开切口来调整。在垂向荷载作用下，橡胶主要受剪切变形，其结构如图4-29所示。该轴箱定位装置选用圆锥叠层橡胶弹簧，轴箱弹簧用螺栓、托板等固定在轴箱和构架上，并配有调整垫片方便调整其工作高度。这种结构的轴箱在纵向、横向和垂直方向可实现无间隙、无磨耗的弹性定位，并能承受三个方向的荷载，具有无磨损、质量轻、结构简单、能够吸收高频振动和低噪声等优点。

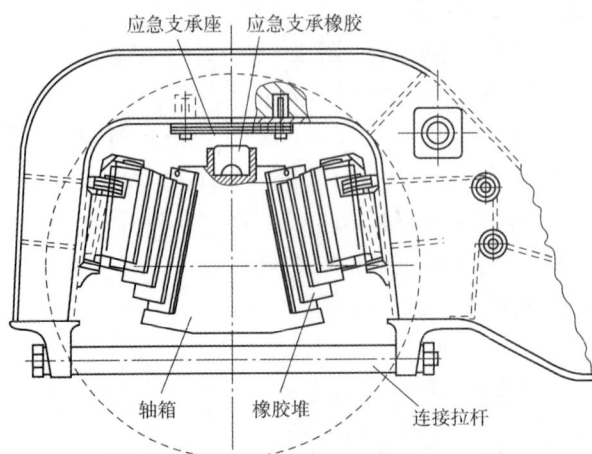

图 4-28　八字形橡胶堆轴箱定位结构

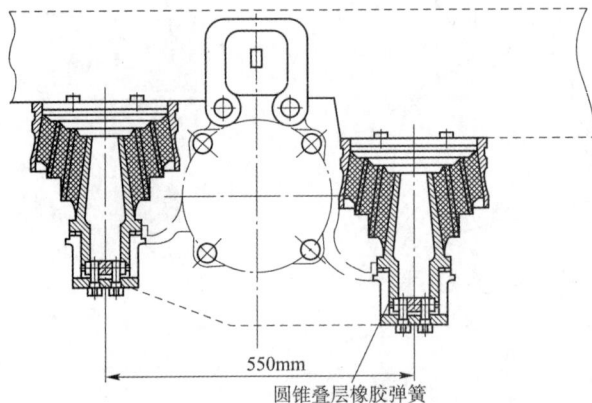

图 4-29　层叠圆锥橡胶轴箱定位结构

4.4　弹簧减振装置

4.4.1　概述

城市轨道交通车辆通常采用的弹簧种类有圆弹簧、橡胶弹簧及空气弹簧,其中圆弹簧和橡胶弹簧经常被用作一系悬挂,而空气弹簧则被广泛运用于二系悬挂。一系悬挂亦称为轴箱悬挂,是在构架与轴箱间设有一系弹簧的弹性悬挂;二系悬挂是指既有一系弹簧,又在构架与车体间设有二系弹簧的弹性悬挂。城市轨道交通车辆一般采用二系悬挂。采用二系悬挂可减少弹簧装置的合成刚度,增大其总静挠度,以改善城市轨道交通车辆垂直方向的运行平稳性,减少城市轨道交通车辆对线路的动作用力。

城市轨道交通车辆通常采用的减振器种类有液压减振器和摩擦减振器,现代城市轨道交通车辆大多采用液压减振器。

4.4.2　弹簧装置的作用

1）弹簧装置的作用

（1）分配给各轴一定的荷载，并使所分配的质量在车轮行经不平顺线路时不发生显著变化。

（2）缓和冲击，使运行平稳。

（3）改善机车车辆横向运动性能和曲线通过性能。

2）车轮与钢轨间的动作用力

若在车轮与车体或转向架间安装了弹簧装置，则当车轮行经高度为 h 的不平顺处时（图4-30），车轮与钢轨间的动作用力 ΔQ 可用下式计算：

$$\Delta Q = \frac{q}{g} \cdot \frac{\mathrm{d}^2 y}{\mathrm{d} t^2} + kh$$

式中：$\frac{q}{g} \cdot \frac{\mathrm{d}^2 y}{\mathrm{d} t^2}$——簧下部分产生的动作用力；

$\frac{\mathrm{d}^2 y}{\mathrm{d} t^2}$——冲击加速度，可高达$(5 \sim 10)g$；

kh——簧上部分对弹簧装置的反作用力。

q——簧下质量；

g——重力加速度；

k——弹簧刚度；

h——不平顺高度。

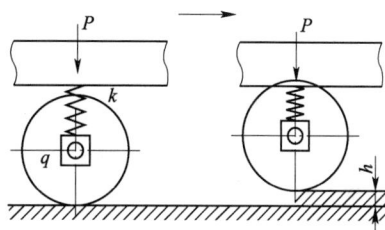

图4-30　有弹簧装置时车轮行经不平顺处

由此可以得出以下结论：

（1）簧下质量 q 越小，轮轨动作用力越小。因此，必须采取有效措施尽可能降低簧下质量（采用牵引电机架悬式驱动装置是一种最有效减轻簧下质量的措施）。

（2）弹簧刚度 k 必须选择合理。

（3）为防止弹簧能量释放过程中产生共振，并限制共振振幅，一般需加装液压减振器。

4.4.3　空气弹簧

空气弹簧就是将压缩空气密封在橡胶膜（或囊）中形成的具有一定刚度的弹性体。相比钢弹簧，空气弹簧在改善车辆的动力性能和运行品质上具有显著的优点，所以在近代地铁、轻轨以及高速列车上，空气弹簧获得广泛应用。

1）空气弹簧的特点

（1）刚度小，当量静挠度大。空气弹簧能大幅度地增加当量静挠度，使弹簧悬挂装置设计得很柔软，有效降低车辆的自振频率。

（2）具有非线性特性。可以根据车辆振动性能的需要，设计成具有比较理想的弹性特性（曲线）。在平衡位置振动幅度较小时（即正常运行时的振幅），刚度降低。当位移过大时，刚度能够显著增加，以限制车体的振幅。

（3）刚度随荷载改变。空气弹簧的刚度随荷载变化而改变，可基本保持空、重车时车体的自振频率几乎相等,使空、重车不同状态下运行平稳性基本相同。

(4)车体高度可调节。空气弹簧和高度控制阀联合作用时,可以使车体在不同的静荷载下,保持车辆地板面距轨面高度基本不变。

(5)可充分利用其横向特性。空气弹簧可以同时承受三维方向的荷载,利用空气弹簧的横向弹性特性,替代传统的转向架摇枕装置,从而简化转向架结构,并减轻自重。

(6)能产生适度的阻尼。在空气弹簧本体与附加空气室之间装设有适宜的节流孔,可以产生适度的阻尼,以代替垂向液压减振器。

(7)具有吸振和隔音性能。空气弹簧具有良好的吸收高频振动和隔音的性能。

但是空气弹簧同时也具有附件(如高度控制阀、差压阀等)多、结构复杂、制造成本高、维护与检修工作量大等缺点。

2)空气弹簧系统的组成

(1)系统组成。如图4-31所示,空气弹簧系统主要由空气弹簧、附加空气室、高度控制阀、压差阀以及储风缸等组成。该系统通过高度阀动作,对空气弹簧进行充、排气控制,从而实现对车体高度的自动调节。

(2)空气弹簧充气过程。压力空气的传输途径为:主风管→T形支管→截断塞门→滤尘止回阀→空气弹簧风缸→主管(在车底架上)→连接软管→高度控制阀→附加空气室和空气弹簧本体。

3)空气弹簧的结构

空气弹簧分为囊式空气弹簧和膜式空气弹簧两类。目前应用较为普遍的为膜式空气弹簧,它有两种结构形式,即约束膜式空气弹簧和自由膜式空气弹簧。

(1)约束膜式空气弹簧。如图4-32所示,它由内筒、外筒和将两者连接在一起的橡胶囊等组成。约束模式空气弹簧刚度小、振动频率低,其弹性特性曲线容易通过约束裙(内、外筒)的形状来控制,但橡胶囊(膜)工作状况复杂、耐久性较差。

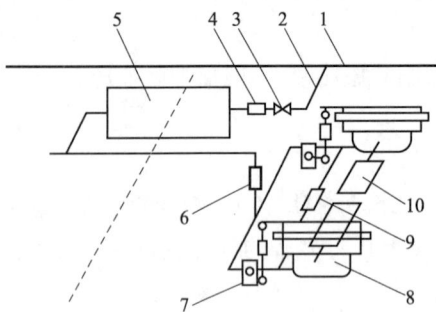

图4-31 空气弹簧系统
1-主风管;2-支管;3-截断塞门;4-止回阀;5-空
气弹簧风缸;6-连接软管;7-高度控制阀;8-空气
弹簧;9-压差阀;10-附加空气室

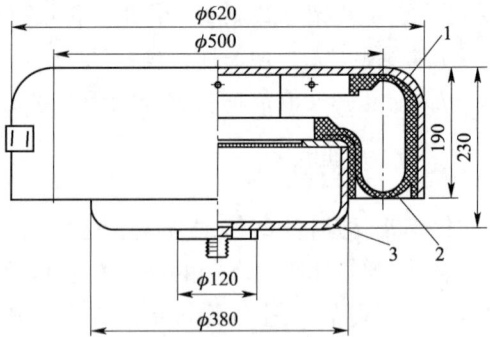

图4-32 约束膜式空气弹簧(单位:mm)
1-外筒;2-橡胶囊;3-内筒

(2)自由膜式空气弹簧。如图4-33所示,自由膜式空气弹簧无约束橡胶囊变形的内、外筒,可以减轻橡胶囊的磨耗,提高使用寿命。自由膜式空气弹簧安装高度低,可以明显降低车辆地板面距轨面的高度,其弹性特性可以通过改变上盖边缘的包角加以适当调整,因而弹簧具有良好的负载特性。因其质量轻,所以在现代城市轨道交通车辆中应用广泛。

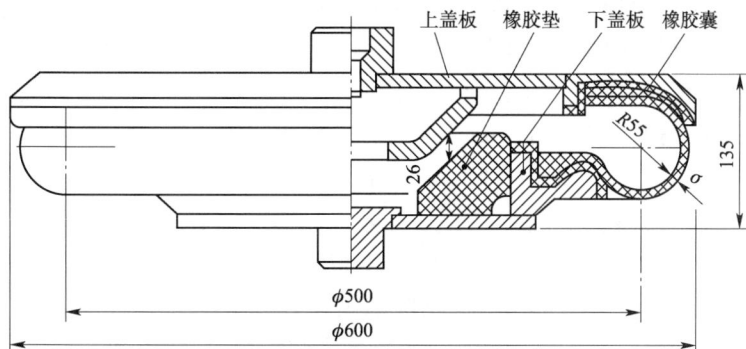

图4-33　自由膜式空气弹簧(单位:mm)

空气弹簧的密封要求高,以保证弹簧性能稳定和节省压缩空气。一般采用压力自封式和螺钉紧封式两种密封形式。压力自封式,是利用空气囊内部空气压力将橡胶囊的端面与盖板(或内、外筒)卡紧加以密封;螺钉紧封式,是利用金属卡板与螺钉夹紧加以密封。压力自封式由于结构简单、组装检修方便,故应用较多。

空气弹簧橡胶囊由内、外橡胶层、帘线层和成形钢丝圈组成。内层橡胶主要是用以密封,需采用气密性和耐油性较好的橡胶材质;外层橡胶除了密封外,还具有保护作用。因此,外层橡胶应采用能抗太阳辐射和臭氧侵蚀并耐老化的橡胶材质,还应满足环境温度的要求,一般采用高柔性氯丁橡胶。帘线的层数为偶数,一般为两层或四层,层层帘线相交叉,并与空气囊的经线方向成一定角度布置。由于空气弹簧上的荷载主要由帘线承受,而帘线的材质对空气弹簧的耐压性和耐久性起着决定性作用,故采用高强度的人造丝、维尼龙或卡普隆作为帘线。

广州地铁1号和2号线车辆转向架二系悬挂装置分别如图4-34、4-35所示。其中,空气弹簧的型号均为SEK 660-7型,每一个转向架设有两个气囊,上方经调整垫片安装在车体底架枕梁两端的空气弹簧安装座中;下方与紧急弹簧串联后,经补偿垫片安装在转向架构架两根侧梁中部的空气弹簧安装座中,形成对整个车体的四点支承。通过调整空气弹簧与车体底架之间的调整垫片,可调整车体的四个支承点高度,使之处于水平状态。通过调节紧急弹簧下方安装座处的补偿垫片,可补偿车体的高度。正常安装高度为(248±3)mm,垂向允许荷载为51.1~

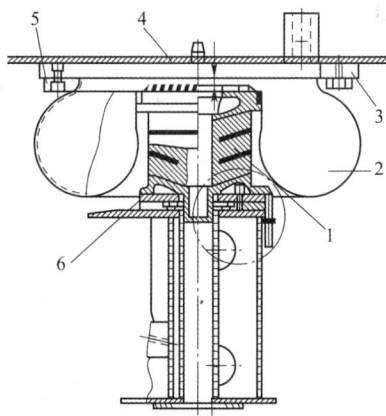

图4-34　广州地铁1号线二系悬挂
1-叠层式金属橡胶堆紧急弹簧;2-空气弹簧气囊;3-导向板;4-底架;5-安装环;6-补偿垫片

125.8kN。紧急弹簧上方安装在空气弹簧下盖板上,下方经导柱、垫片安装在转向架构架侧梁的安装座上,与空气弹簧形成串联。串联的作用是:①延长空气弹簧的使用寿命;②减小二系悬挂装置的垂向和扭转刚度;③减小车体的振动;④在紧急情况下(如空气弹簧完全泄漏时)起安全保护作用,且能确保二系悬挂装置仍具有悬挂的作用。紧急弹簧的自由高度为

190mm,因其具有蠕变的现象,在使用过程中其高度会减小(使用10年后其值不应低于179mm),而导致车体地板面高度随之降低;同时车轮踏面不断的磨耗也会使车体地板面高度降低。为补偿车体的降低,通常可在紧急弹簧的下部与其安装座之间,添加补偿垫片来进行调整,但所有补偿垫片的厚度相加之和不得超过47mm。在AW0状态下,同一转向架的两紧急弹簧的高度差应小于1mm,否则需加装补偿垫片进行调整。

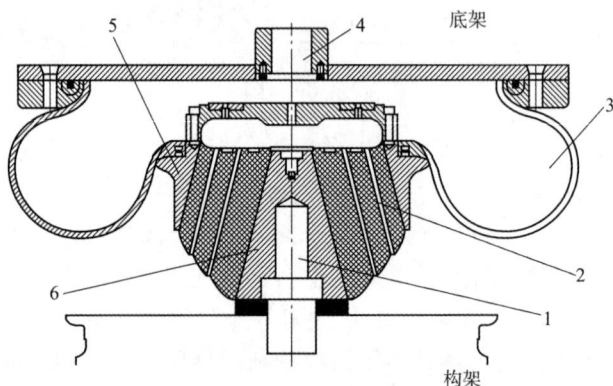

图4-35 广州地铁2号线二系悬挂

1-导杆;2-锥形紧急弹簧;3-空气弹簧气囊;4-节流孔;5-下盖板;6-紧急弹簧安装座

4)高度控制阀

(1)高度控制阀的作用。高度控制阀的作用是根据车体荷载的不同,通过对空气弹簧气囊中空气压力的控制,实现车体高度的自动调节。高度控制阀安装于车体底架与转向架构架之间,其工作原理如图4-36所示。

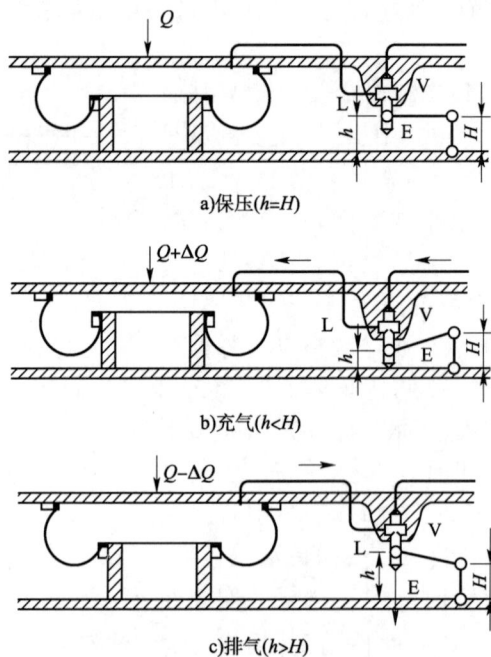

a)保压($h=H$)

b)充气($h<H$)

c)排气($h>H$)

图4-36 高度控制阀工作原理

h-地板实际高度;H-地板标定高度;Q-车体载荷

①在正常载荷位置,即 $h = H$ 时,充气通路 V→L 和放气通路 L→E 均被关闭。

②当车体荷载增加时,此时 $h < H$,高度控制阀打开,使 V→L 通路开启,压缩空气向空气弹簧充气,直至地板面上升到标定高度($h = H$)为止。

③当车体荷载减小时,此时 $h > H$,高度控制阀打开,使 L→E 通路开启,空气弹簧向大气排气,直至地板面下降到标定高度($h = H$)为止。

(2)高度控制阀的结构及工作原理。

城市轨道交通车辆上常用的高度控制阀有两种:阻尼式高度控制阀和杠杆式高度控制阀。

①LV-3 阻尼式高度控制阀。

LV-3 阻尼式高度控制阀的外形及结构如图 4-37 所示,主要由阀体、连杆、连杆套筒、主轴、扭簧、拨叉、活塞、吸入阀、弹簧、进气阀、止回阀和排气阀组成。其中,拨叉下端与活塞相连,它与中心油室、左右油室及左右吸入阀一起,构成高度阀拨叉运动的阻尼系统,作用是使进、排气阀延缓开启动作,防止车体振动时产生误动作。阻尼式高度控制阀关闭动作迅速,节约风源,能保证车辆运行的平稳性。

a)外形

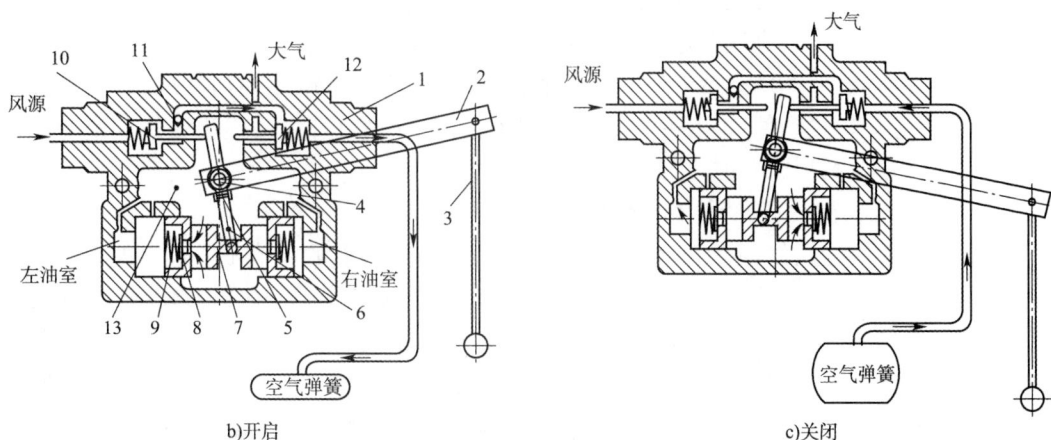

b)开启

c)关闭

图 4-37 LV-3 阻尼式高度控制阀

1-阀体;2-连杆;3-连杆套筒;4-主轴;5-扭簧;6-拨叉;7-活塞;8-吸入阀;9-弹簧;10-进气阀;11-止回阀;12-排气阀;13-中心油室

当车体荷载增加使车体高度下降时,车体的下降经连杆驱动拨叉逆时针转动,扭簧张力增加。拨叉上端顶开进气阀,使压缩空气经空气弹簧储风缸、进气阀、止回阀进入空气弹簧的气囊向空气弹簧充气,直至车体升到规定的高度。在车体上升的过程中,在扭簧张力的作用下,拨叉顺时针转动,当车体达到规定的高度时,拨叉回到中心位置,进气阀关闭,空气弹簧停止充气。

当车体荷载减小使车体高度上升时,拨叉顺时针转动,排气阀打开,空气弹簧的压缩空气经排气阀排向大气,使车体降到规定高度。

②杠杆式高度控制阀。

杠杆式高度控制阀的结构如图 4-38 所示,主要由阀箱、阀盘、活塞、带偏心元件的传动件、操纵杆、止回阀、进气阀和排气阀组成。

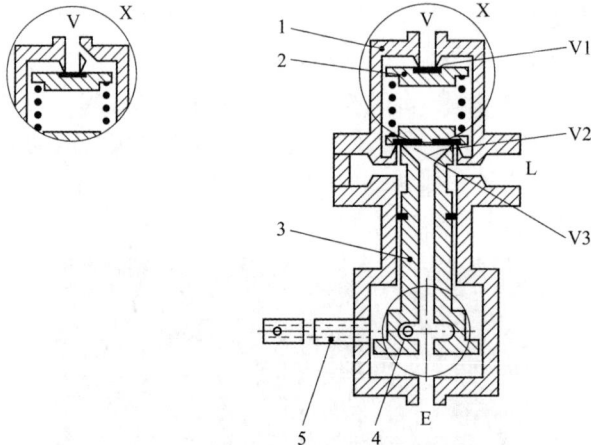

图 4-38　杠杆式高度阀

1-阀箱;2-阀盘;3-活塞;4-带偏心元件的传动件;5-操纵杆;E-排风口;L-囊式空气弹簧管路接口;V-储风缸管路接口;V1-止回阀;V2-进气阀;V3-排气阀

当车辆荷载增加,车体高度下降时,囊式空气弹簧在较高负载下会向内挤压,空气弹簧压缩,传动件通过操纵装置旋转使偏心元件将活塞提起,此时进气阀打开,来自储风缸的压缩空气将止回阀推开,经进气阀进入囊式空气弹簧,车体高度上升。

当车辆荷载减小,车体高度上升时,囊式空气弹簧由于负载减小而向外放松,空气弹簧松弛,操纵装置旋转传动件,偏心元件将活塞向下推,排气阀打开。囊式空气弹簧中的压缩空气经打开的排气阀,从排气口排出,车体高度下降。

(3)高度控制阀的主要特性及参数。

高度控制阀的运用使得空气弹簧具有许多优点。车体高度的调节是通过高度控制阀控制空气弹簧充、排气来实现的。一般情况下,城市轨道交通车辆要求荷载变化时,车辆地板高度调整的时间不超过车站停车时间,地板面高度的变化范围为 ±10mm。由于高度控制阀只能用来补偿乘客质量的变化,而不能用于补偿车轮和转向架零件的磨损,故高度控制阀应不受车辆振动和轨道冲击的影响。以杠杆长度 140mm,温度 20℃,主风缸压力 $5kg/cm^2$ 的高度控制阀为例,其主要技术性能指标如下:

①截止频率:一般为 1Hz;

②无感带:(9 ~ 11)mm;

③动作延迟时间:(3 ± 1)s;

④空气流量:40S 以下(40L 风缸,压力由 $5kg/cm^2$ 下降到 $2kg/cm^2$)。

阻尼式高度调整阀内使用的工作油特性如下：

①种类：硅油（信越化学 KF96）；

②黏度：1000C. S/25℃；

③温度系数：0.6；

④流动点：-50℃以下。

5）压差阀

压差阀安装在同一转向架左右空气弹簧的连接管路中间，在任何一侧的空气弹簧出现异常时作为安全装置而开启，连通左右空气弹簧，防止车体出现过大倾斜。压差阀的动作压力一般有 $1kg/cm^2$、$1.2kg/cm^2$、$1.5kg/cm^2$ 三种。引起两空气弹簧压差的原因主要有：①车体左右两侧荷载分布不均使两空气弹簧受力不均；②空气弹簧进、排气速度和时间存在差异。压差阀动作压力的选择应综合考虑多方面的因素，在条件允许的情况下尽可能选择较小值，以减小车辆在过渡曲线上的对角压差，提高车辆的抗脱轨安全性。

DP3 型压差阀结构如图 4-39a）所示，主要由阀体、阀座、单向阀、弹簧、接头、滤网、连接螺母、活节等组成，压差阀上下两部分结构完全相同。活节为进气端，它经连接螺母与接头，固定在阀体上。单向阀在弹簧的作用下，密贴于阀座，在单向阀和弹簧之间设有垫片，改变垫片的厚度，可进行压力值的微调。

DP3 型差压阀的工作原理如下。

①正常状态：如图 4-39b）所示，当两空气弹簧的压差在规定值以下时称为正常状态，此时左右单向阀 A、B 均处于关闭状态，从而保持压差在规定值以下。

②压差超过规定值时：

如图 4-39c）所示，当左侧压力大于右侧时，左侧空气压力已足以克服单向阀 B 弹簧的作用而使单向阀 B 打开，左右两空气弹簧的气路被沟通，左侧空气弹簧向右侧空气弹簧充气。当压差下降到规定值以下时，在弹簧的作用下单向阀 B 关闭，后处于通常状态。

如图 4-39d）所示，当右侧压力大于左侧时，右侧空气压力已足以克服单向阀①弹簧的作用而使单向阀①打开，左右两空气弹簧的气路被沟通，右侧空气弹簧向左侧空气弹簧充气。当压差下降到规定值以下时，在弹簧的作用下单向阀 A 关闭，后处于通常状态。

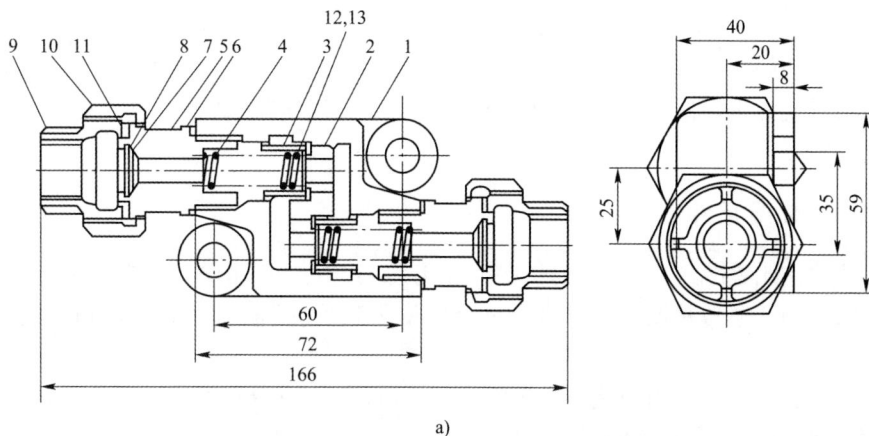

a)

图　4-39

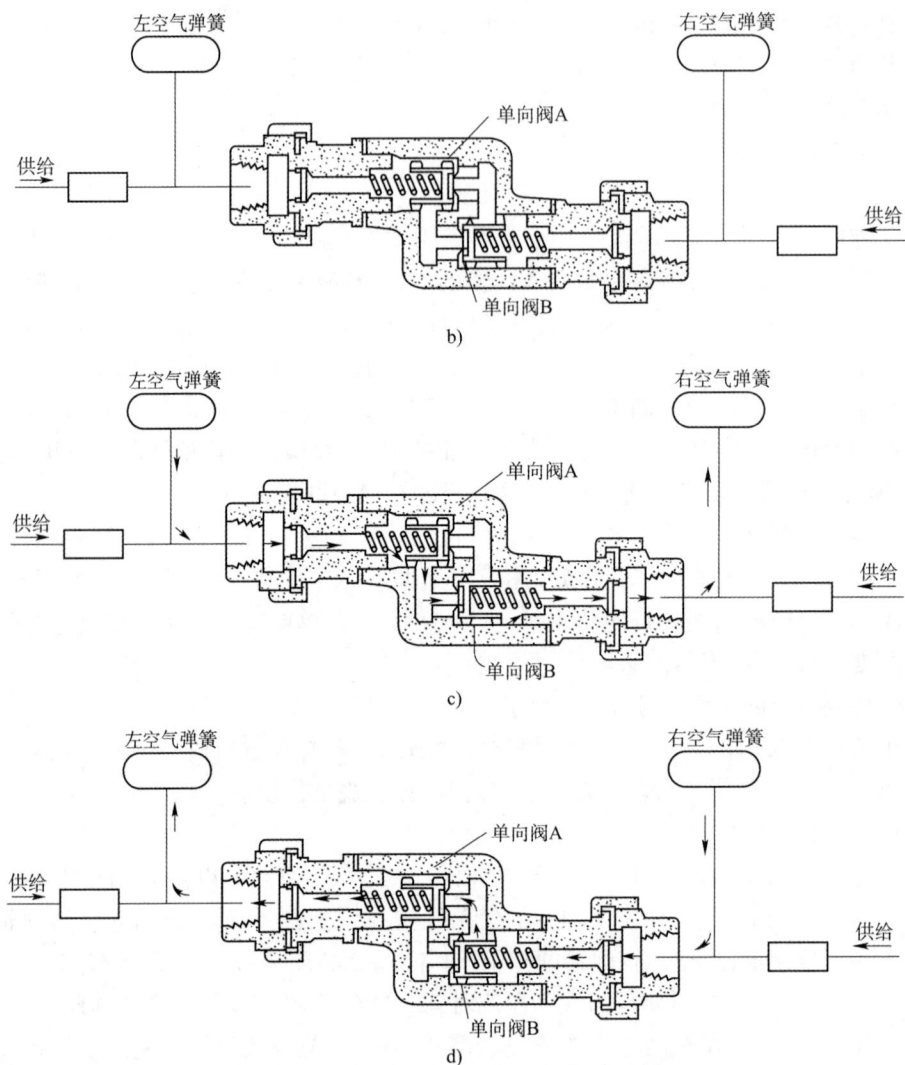

图 4-39　压差阀和动作原理图(单位:mm)

1-阀体;2-阀座;3-单向阀;4-弹簧;5-接头;6、11-密封件;7-过滤网;8-密封圈;9-活节;10-连接螺母;12、13-垫片

　　每台转向架的两只气囊都通过压差阀相连,如果气囊突然破裂或毁坏,压差阀将开启使转向架的两只气囊压力保持平衡,可防止车辆由于一只气囊充气、另一只气囊没有充气而向一边严重倾斜。

4.4.4　减振元件

　　减振器的作用是减小振动,它提供的作用力总是与运动方向相反,起着阻止振动、消耗振动能量的作用。通常减振器可以将机械能转变为热能,减振阻力的方式和数值直接影响振动性能。

　　城市轨道交通车辆采用的减振器按阻力特性不同,分为常阻力和变阻力两种;按安装位置不同,可分为轴箱减振器和中央(摇枕)减振器;按振动方向不同,可分为垂向和横向减振器;按结构特点不同,又分为摩擦减振器和液压(油压)减振器。

摩擦减振器结构简单、成本低、制造维修比较方便,但其摩擦力随摩擦面的状态改变而变化,减振性能较差。

液压减振器主要是利用液体黏滞阻力所做的负功来吸收振动能量,它的优点在于其阻力是振动速度的函数,即振幅的衰减与幅值大小有关,振幅大时衰减量也大,反之亦然。

1)工作原理

如图4-40所示,液压减振器是利用液体黏滞阻力做负功来吸收振动能量。活塞把油缸分成上、下两部分,当活塞杆向下运动时(又称减振器为压缩状态),油缸下部液压油的压力增大,液压油将从下腔经节流孔"串入"上腔,由于液体具有黏性,于是在"串动"过程中节流孔对液体有阻碍作用,就产生了阻力。反之,当活塞杆向上运动时(又称减振器为拉伸状态),油缸上部油压增大,液压油将从上腔经节流孔"串入"下腔,也产生阻力。但与此同时,由于活塞杆本身要占有一定的容积,当液压油在上腔和下腔之间"串动"过程中,液压油的体积必须有额外的容积提供补偿,因此,油缸外圈设置了起容积补偿作用的隔层。

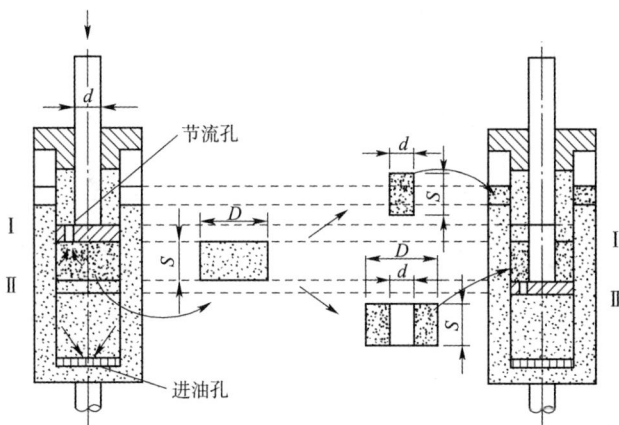

图4-40　液压减振器工作原理图

2)特性

阻尼力 F 正比于相对运动速度 V,即 $F = qV$(图4-41)。阻尼力 F 的大小主要取决于两个因素,即:

(1)节流孔的大小(阻尼系数 q)。

(2)活塞运动速度之快慢(相对运动速度 V)。

3)圆弹簧和液压减振器共同工作时的特性

圆弹簧和液压减振器通常并联在一起共同工作,在城市轨道交通车辆上一般将整车模型简化为车轮荷重系统来进行研究。最简单的车轮荷重系统如图4-42所示。

圆弹簧和液压减振器的共同工作特性,是由圆弹簧的特性和液压减振器的特性合成而得。

4)液压减振器的结构

普通液压减振器主要由活塞、缸筒、活塞阀、进油阀和各种密封圈等组成,减振器内部还充有油液,具体结构如图4-43所示。其中,最主要的部件是活塞阀和进油阀。活塞阀和进油阀的具体结构如图4-44所示。

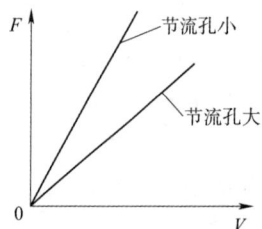

图 4-41　阻尼特性曲线

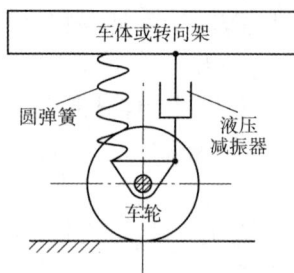

图 4-42　最简单的车轮荷重系统

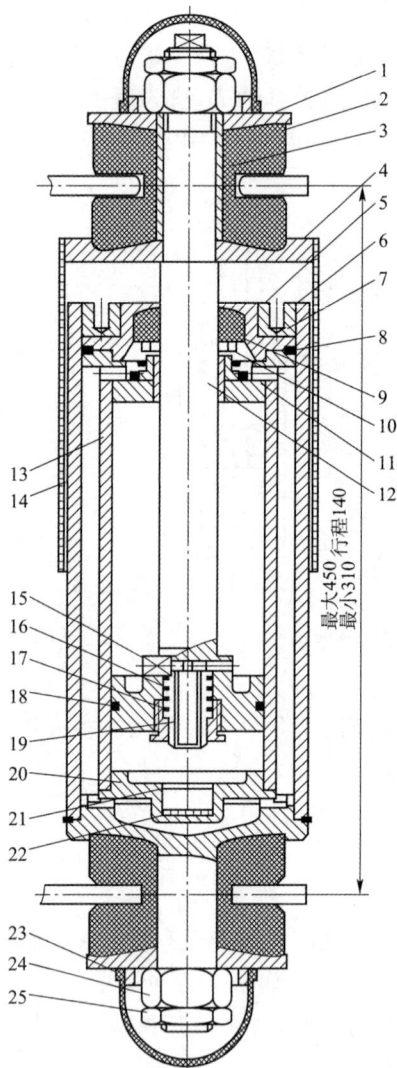

图 4-43　SFK₁ 型液压减振器结构(单位:mm)

1-压差;2-橡胶垫;3-套;4-防尘罩;5-油封圈;6-螺盖;7-密封盖;8-密封圈;9-托垫;10-弹簧;11-缸盖;12-活塞;13-缸筒;14-储油筒;15-心阀;16-弹簧;17-阀座;18-涨圈;19-套阀;20-进油阀;21-锁环;22-阀瓣;23-防锈帽;24、25-螺母

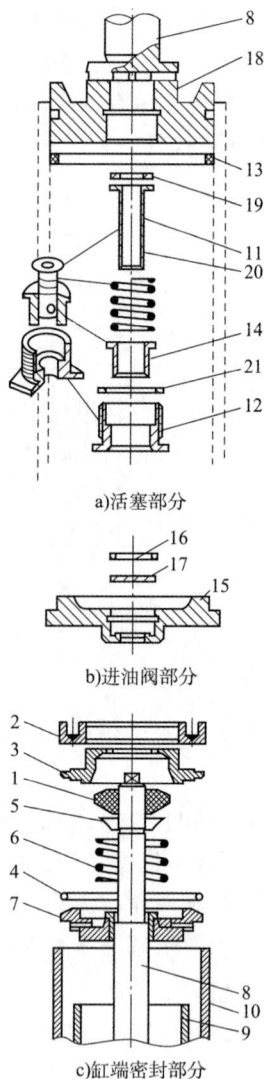

a)活塞部分

b)进油阀部分

c)缸端密封部分

图 4-44　活塞阀和进油阀的具体结构

1-油封圈;2-螺盖;3-密封盖;4-密封圈;5-托垫;6-弹簧;7-缸盖;8-活塞;9-缸筒;10-储油筒;11-心阀;12-阀座;13-涨圈;14-套阀;15-进油阀;16-锁环;17-阀瓣;18-活塞部分;19、21-调整垫;20-节流阀

5)液压减振器阻尼特性的调节

液压减振器阻尼特性的调节,可通过改变心阀上的节流孔的大小及弹簧预压缩量来实现。

(1)阀座端面加垫片——节流孔变小,阻尼增大,同时减小工作范围(图4-45中曲线A)。

(2)心阀顶面加垫片——节流孔变大,阻尼减小,同时增大工作范围(图4-45中曲线B)。

(3)弹簧上部加垫片——节流孔不变,阻尼不变,但增大工作范围(图4-45中曲线C)。

液压减振器的活塞阀结构如图4-46所示。

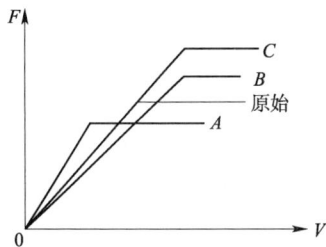

图4-45 阻尼特性调整图

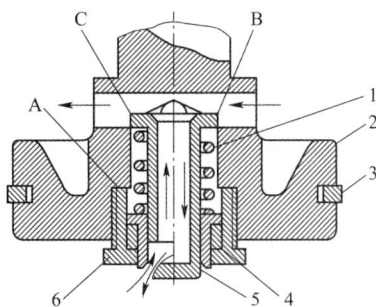

图4-46 液压减振器的活塞阀结构

1-心阀弹簧;2-活塞;3-胀圈;4-套阀;5-心阀;6-阀座;

A、B、C-加调整垫片处

6)液压减振器与抗蛇行运动液压减振器的性能比较

与普通液压减振器相比,抗蛇行运动液压减振器只是节流孔的结构有所不同,这就造成其节流孔特性发生变化,即抗蛇行运动液压减振器的卸荷速度V_0远远小于普通液压减振器的卸荷速度V_0'(图4-47)。这样,就有可能同时满足有效抑制蛇行失稳和利于通过曲线的要求,即当车体相对于转向架蛇行增大时(通常对应于车辆在直道上高速运行时),其相对运行速度V很容易超过V_0,使减振器阻尼力$F = F_{max}$(饱和阻力),产生强大的阻尼作用。

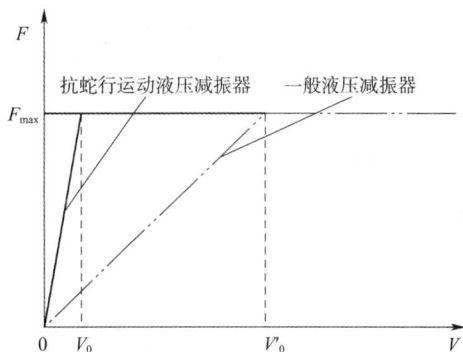

图4-47 阻力与振动速度的关系

当车辆通过曲线时(此时车辆运行速度较低),车体相对于转向架的回转速度V较小,且$V < V_0$,此时减振器阻尼力F明显下降,在车体与转向架之间产生的阻力矩较小,车辆容易通过曲线。

此外,抗蛇行运动液压减振器一般是纵向安装在车体与转向架之间,所以也常常称之为纵向减振器。

4.5 牵引连接装置

4.5.1 概述

车体和转向架之间纵向作用力的传递是通过牵引装置来实现的,牵引装置由连杆组装、牵引座、中心销等组成。车体与转向架间的连接装置实际上就是二系悬挂系统，主要包括各种形式的旁承、弹性侧挡和减振器等(有的车辆还装有抗侧滚扭杆装置)。由于它位于车体和转向架间，且能从各个方向传递两者间的所有作用力，因此称之为牵引连接装置。

用作旁承的圆弹簧、橡胶弹簧和空气弹簧等，以及各类减振器已经在上节中详细介绍过，故本节主要讲述牵引装置、弹性侧挡和抗侧滚扭杆装置等内容。

1)作用

牵引连接装置的作用概括为如下五点：

(1)传递作用力——传递车体与转向架间的垂向力、纵向力和横向力；

(2)均匀分配轴重——通过具体的弹簧配置，使得分配到每个车轴上的最终荷载基本均匀一致；

(3)保持转向架安定——通过合理配置二系旁承的数量，使转向架静态和动态时均能保持稳定；

(4)保证运行横动(即横向弹性)——通过在车体和转向架之间设置合理的弹性装置，保证转向架能相对于车体在一定的范围内弹性横动；

(5)容许相互回转——车辆在通过曲线时，转向架相对于车体能在合理范围内灵活转动。

通常情况下，垂直力主要由各种形式的旁承来传递，而纵向力和横向力则由牵引装置传递。

2)形式

车体与转向架间的牵引连接装置有多种形式，可简单概况为"有牵引销(或心盘)+旁承"和"无牵引销(或心盘)+旁承"两种形式。根据不同的牵引装置结构，无牵引销(或心盘)形式又分为单牵引拉杆式和四连杆机构式(即平行四边形机构)等多种不同形式。另外，铰接式转向架采用的铰接装置属于一种特殊的车体与转向架间的连接装置。

4.5.2 有牵引销(心盘)+旁承的牵引连接装置

有牵引销(心盘)+旁承的牵引连接装置在城市轨道交通车辆上运用比较广泛。下面以上海地铁车辆和西安地铁车辆的牵引连接装置为例进行介绍。

1)上海地铁车辆牵引连接装置

上海地铁车辆转向架采用空气弹簧传递车体与转向架间的垂向力，采用牵引销装置传递纵向力，采用弹性侧挡传递横向力。

该装置通过Z字形布置的双牵引拉杆将构架横梁与中心架(中间浮动梁)进行纵向连接，同时中间架上的中心孔与安装在车底架下面的中心销(即中央牵引销)配合传递转向架与车体间的纵向力。而横向力除了依靠空气弹簧的横向刚度传递外，主要是通过弹性侧挡(图4-48中的横向橡胶止挡)与中心销导架侧面接触来传递。牵引连接装置特点如下：

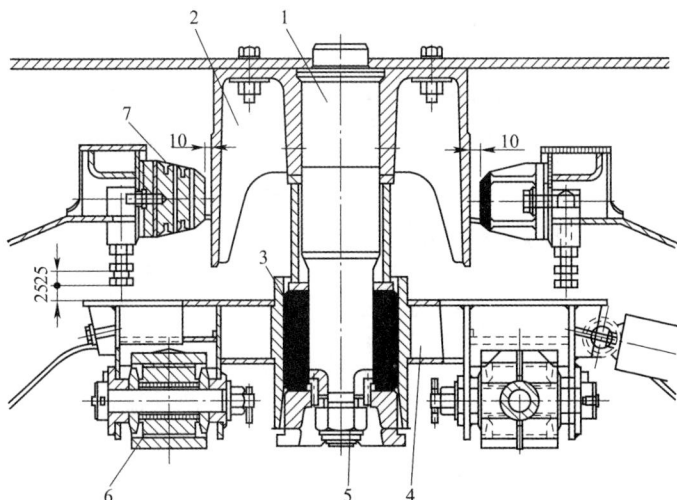

图 4-48　中央牵引销装置(单位:mm)

1-中心销;2-中心销导架;3-复合弹簧;4-中心架;5-定位螺母;6-牵引杆;7-横向橡胶止挡

(1)相对于中心销呈中心对称布置(Z 字形布置)的两个牵引杆,其一端与中心架(浮动梁)相连,另一端与构架相连。该牵引杆主要传递纵向力(牵引力或制动力),如图 4-49 所示。

(2)为了限制车体与转向架之间的横向位移,在中心销导架与构架之间装有横向橡胶止挡,且每侧自由间隙为 10mm。该横向橡胶止挡可传递横向力,而橡胶空气弹簧则传递垂向荷载。

(3)橡胶空气弹簧采用自由膜式橡胶空气弹簧,下部有层叠式橡胶块(当空气弹簧失效时,起应急支承作用,以满足维持最低限度运行要求)。

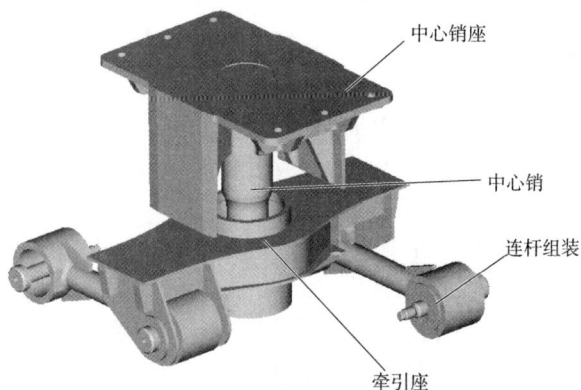

图 4-49　牵引杆呈 Z 字形布置的中心销装置

(4)装有抗侧滚扭杆装置。在构架横梁中横穿有一根抗侧滚扭杆,该扭杆的抗扭弹性对车体的侧滚振动起抑制和衰减作用。

2)西安地铁车辆牵引连接装置

西安地铁 1 号线车辆每台转向架均设有一套牵引装置,其结构组成如图 4-50 所示。该牵引装置采用中央牵引销方式,中央牵引装置设于转向架中部,连接着车体与转向架,主要由上牵引体组成(图 4-51,包括上牵引体、中心销、横向减振器座)和下牵引装置(图 4-52,包括牵引拉杆、中心销橡胶套、牵引销座等)等组成。该牵引连接装置特点如下:

(1)中心销的上端通过上牵引体定位脐和六个螺栓固定在车体的枕梁中心,下端插入下牵引装置内,通过中心销橡胶套将中心销与牵引销座固定在一起。

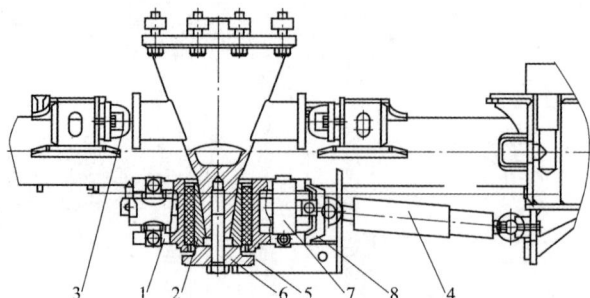

图 4-50 牵引连接装置

1-牵引梁组成;2-中心销;3-横向止挡;4-横向减振器;5-中心销套;6-下盖;7-牵引拉杆;8-减振器座

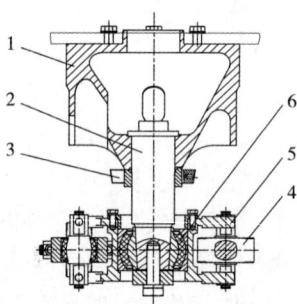

图 4-51 上牵引体结构

1-上牵引体;2-中心销;3-横向减振器座;4-牵引拉杆;
5-牵引销座;6-中心销橡胶套

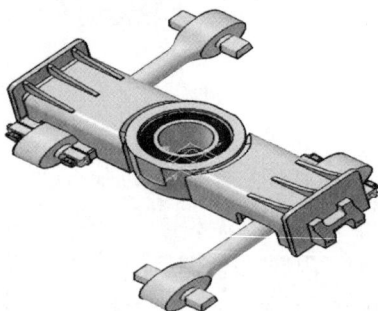

图 4-52 下牵引装置

（2）下牵引装置和构架之间通过两个呈 Z 字布置的牵引拉杆连接,牵引拉杆的两端装有橡胶关节,实现了车体与构架之间垂向的相对运动。

（3）中心销橡胶套是由钢套和橡胶硫化在一起,消除中心销、中心销橡胶套、牵引销座之间的间隙,实现了弹性无间隙牵引。中心销橡胶套的橡胶变形还可以满足车体和转向架之间的相对转动,减少了磨耗。

（4）横向止挡采用金属橡胶缓冲堆结构,由橡胶和金属板硫化而成,用来限制车体横向摆动,能够有效提高乘坐舒适性。

（5）通过上牵引装置和下牵引装置,使牵引力及制动力得以传递,并通过中心销橡胶套和橡胶关节,缓和了纵向牵引和制动时的冲击,提高了列车牵引和制动时的运行舒适性。

3）抗侧滚扭杆装置

抗侧滚扭杆属于二系悬挂的一部分,与空气弹簧配合可以较好地抑制车体侧滚运动。该装置包括 1 个具有抗扭特性的扭杆（轴）、2 个转臂和 2 个垂向连接杆等。扭杆安装在装有橡胶卡环的构架横梁下方,通过转臂和连接杆与车底架相连。转臂与连接杆的连接点、连接杆与车底架的连接点处均设有橡胶衬套。这些橡胶卡环和橡胶衬套可克服扭轴转动时的摩擦力,同时具有一定的缓冲作用。抗侧滚扭杆装置组成如图 4-53 所示。

抗侧滚扭杆装置的工作原理如图 4-54 所示。

当车体发生侧滚（如车辆通过曲线）时,水平放置的两个转臂对于扭杆（转臂与扭杆之间近似为刚性节点）分别有一个相互反向的力和力矩的作用,使弹性扭杆承受扭矩而产生扭转弹性变形,起到扭转弹簧的作用。扭转弹簧的反扭矩总是与车体产生侧滚的角位移的方向相反,以约束车体的侧滚运动。但当车体正常垂直振动(即左右车体同向位移但不存在侧滚)时,由于扭杆支座内安装有轴承(或橡胶卡环),所以左右两个转臂只是使扭杆产生同向转动,而不起扭转弹簧作用,故对车体不产生抗侧滚作用。

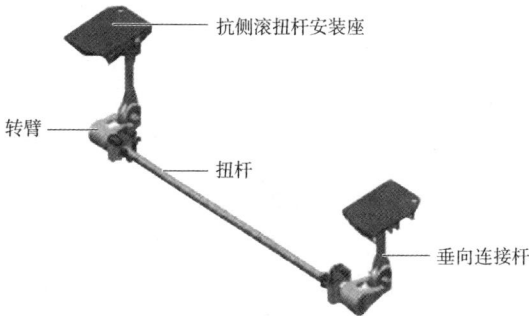

图4-53　抗侧滚扭杆装置

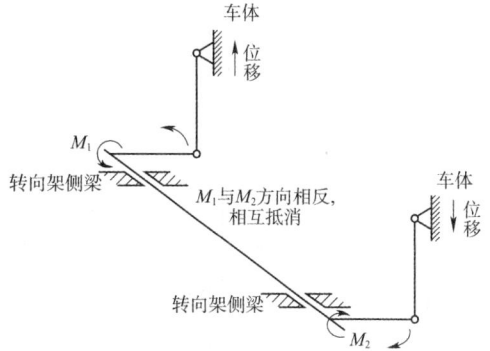

图4-54　抗侧滚扭杆装置工作原理图
M_1,M_2-力矩

从上述作用原理可知,抗侧滚扭杆装置巧妙地实现了既增强二系悬挂系统的抗侧滚性能,又不影响二系悬挂系统中原弹簧的柔软弹性的功能。

4.5.3　另一种中央牵引销＋旁承的牵引连接装置

与上海地铁车辆转向架采用的结构非常相似的是另一种中央牵引销＋旁承的牵引连接装置,主要在中央牵引销内布置有4组牵引橡胶堆(前后各2组,且左右对称)传递纵向力(图4-55),即由牵引橡胶堆代替前面的Z字形拉杆将中心架(即牵引梁,或称浮动梁)与构架横梁连接起来。横向力仍由横向弹性侧挡来传递。但在该连接装置中,横向弹性侧挡直接与中心架左右两侧相配合。

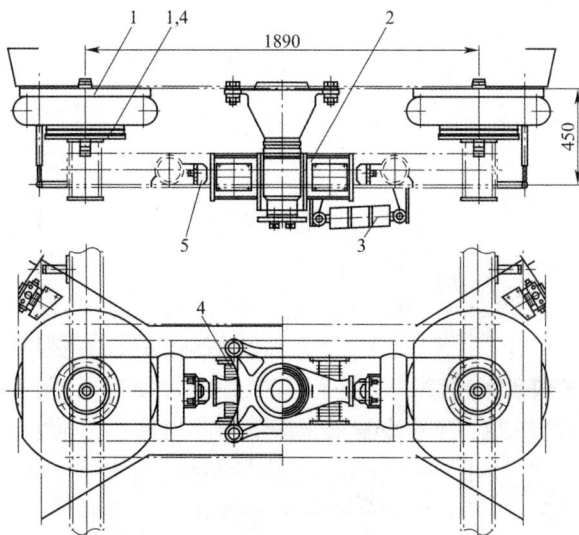

图4-55　中央悬挂(单位:mm)
1-空气弹簧;2-牵引梁;3-横向减振器;4-牵引橡胶弹簧;5-横向弹性侧挡

4.5.4 铰接式转向架的车体与转向架间的连接装置

铰接式转向架的车体与转向架间的连接装置在城市轨道车辆中运用较广,在高速动车组上使用的典型代表就是法国高速铁路系统。其车辆连接装置的工作原理如图 4-56 所示,铰接关节结构如图 4-57 所示。

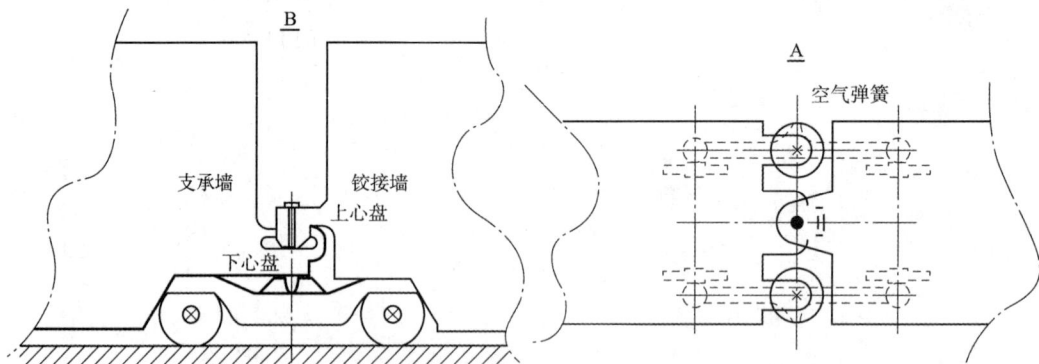

图 4-56　法国高速铁路系统车体与转向架铰接装置工作原理

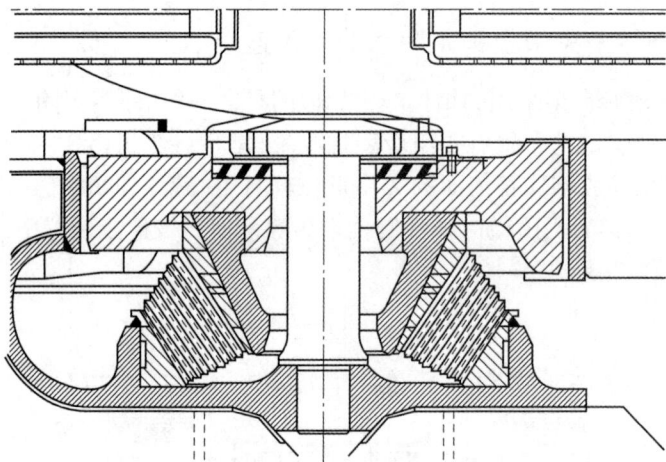

图 4-57　铰接关节结构

4.6　驱 动 装 置

驱动装置是将机车或动车传动系统传来的能量有效地传给轮对(或车轮)的执行装置。对于液力传动机车或动车来说,其驱动装置包括牵引万向轴和车轴齿轮箱;对于电力传动机车或动车来说,其驱动装置包括牵引电机、车轴齿轮箱和驱动机构(例如空心轴、六连杆机构和挠性浮动齿式联轴节等)。由于城市轨道交通车辆通常采用电动车组的形式,所以本节只讲述电力传动车组驱动装置的结构特点及工作原理。

驱动装置是动车有别于拖车车辆的主要特征,也是动车转向架关键技术之一。不同形式的驱动装置适合不同运行速度等级的动车。普遍认为轴悬式驱动装置适合运行速度低于120km/h的机车或动车;架悬式驱动装置适合运行速度低于200km/h的机车或动车;而运行速度高于250km/h的机车或动车应该采用体悬式驱动装置。但日本新干线动车组突破了这个观点,新干线动车组基本上都采用结构相对简单的挠性浮动齿式联轴节架悬式驱动装置,即使是运行速度可达350km/h的500系列动车组也不例外。而挠性浮动齿式联轴节架悬式驱动装置也是城市轨道交通车辆动车转向架普遍采用的一种典型驱动结构。

4.6.1　作用

驱动装置的作用是将牵引电机的扭矩有效地转化为转向架轮对转矩,利用轮轨的黏着机理,驱使机车或动车沿钢轨运行。因此,扭矩传递过程中要尽量保持高效,同时也必须尽可能降低轮轨间的动作用力。

驱动装置是一种减速装置,用来使高转速、小扭矩的牵引电机驱动具有较大阻力矩的动轴。城市轨道交通车辆只有动车上装有驱动装置,它对驱动装置要求如下:

(1)驱动装置应保证牵引电机功率得到有效发挥;

(2)牵引电机电枢轴应尽量与车轴布置在同一高度上,以减少线路的不平顺对齿轮的动作用力;

(3)牵引电机在安装上应考虑减振措施;

(4)驱动装置应不妨碍小直径动轮的使用;

(5)驱动装置本身结构应简单、可靠,具有最少量的磨耗件;

(6)当牵引电机或驱动机构发生损坏时,应易于拆卸和维修。

4.6.2　结构形式

根据牵引电机和减速齿轮箱安装悬挂方式的不同,驱动装置的结构形式通常分为轴悬式、架悬式和体悬式三种。在城市轨道交通车辆上,通常采用以下三种形式。

1)牵引电机横向布置

(1)轴悬式驱动;

(2)电机空心轴架悬式驱动;

(3)轮对空心轴架悬式驱动;

(4)挠性浮动齿式联轴节架悬式驱动。

2)牵引电机纵向布置

(1)单电机弹性轴悬式驱动;

(2)单电机架悬式驱动(全弹性驱动);

(3)对角配置的万向轴驱动(架悬式)。

3)牵引电机体悬式驱动

其分为半体悬和全体悬两类。

现代轻轨车辆和地铁车辆转向架大多采用挠性浮动齿式联轴节架悬式驱动机构,而旧的轻轨车辆转向架常常采用单电机架悬式驱动机构。

4.6.3 牵引电机横向布置——轴悬式驱动机构

所谓轴悬式驱动机构,亦称为半悬挂驱动机构,是将牵引电机一端与车轴相连(即车轴提供两个支撑点),另一端与构架相连(即构架横梁或端梁提供一个支撑点),其全部质量大约一半由车轴承担,另一半由转向架构架承担。驱动扭矩传递则由安装在电机输出轴上的小齿轮,直接驱动固定在车轴上的大齿轮来实现。

1)刚性轴悬式驱动机构

刚性轴悬式驱动机构适用于运行速度较低的轻轨车辆(如有轨电车),其结构如图4-58所示。牵引电机的一端通过两个抱轴瓦(或轴承)支承在车轴上,另一端通过一根弹性吊杆悬吊于构架的横梁或端梁上,形成所谓的三点支撑。齿轮箱通过两个抱轴承支承在车轴上,靠近电机的一侧则用螺栓与电机壳体固定在一起,由电机壳体提供第三点支撑。这样,除了满足齿轮箱的三点稳定支撑要求外,还能保证大、小牵引齿轮啮合过程的良好随动性和平稳性。

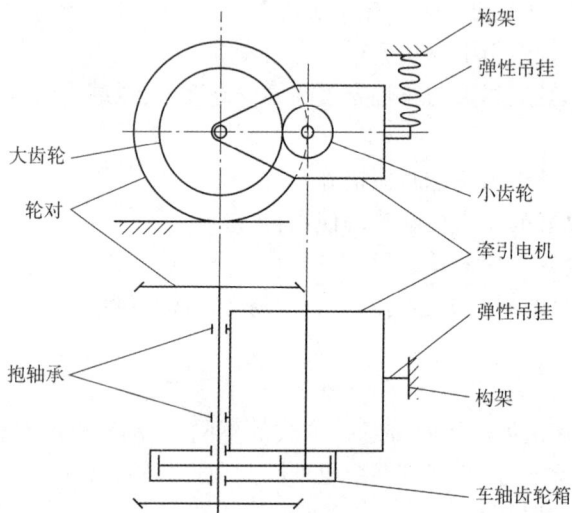

图4-58 刚性轴悬式驱动机构

刚性轴悬式驱动机构的特点如下:

(1)结构简单,维修方便;

(2)簧下死质量大——电机质量一半属簧下死质量,故车辆运行速度较低;

(3)牵引电机、轴承和牵引齿轮等工作条件恶劣;

(4)由于其驱动扭转弹性较差,容易造成控制电器过载甚至损坏。

2)弹性轴悬式驱动机构

与刚性轴悬式驱动机构相比,弹性轴悬式驱动机构只是在车轴和电动机抱轴承间加了一根空心轴,该空心轴两端通过弹性元件(六连杆机构及橡胶关节)与左右车轮相连,而大齿轮与空心轴固结在一起,其结构如图4-59所示。

与刚性轴悬式驱动机构基本相同,弹性轴悬式驱动机构只是轮轨动作用力经弹性元件缓冲后再传给齿轮和电动机,减少了对齿轮和电动机的冲击振动,但结构较为复杂。

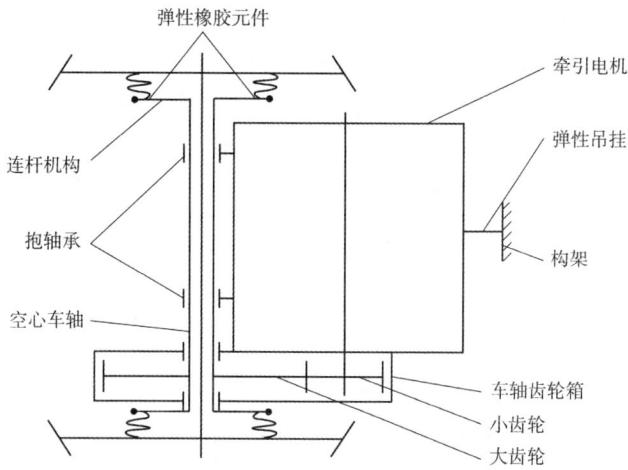

图 4-59 弹性轴悬式驱动机构

4.6.4 牵引电机横向布置——架悬式驱动机构

架悬式驱动机构,是一种全悬挂驱动机构,它将牵引电机整体悬挂在转向架构架上,其全部质量由转向架构架承担,不与车轴直接连接,驱动扭矩则通过驱动机构传递给车轴或车轮。

1)挠性浮动齿式联轴节架悬式驱动机构

(1)结构原理。

牵引电机通过螺栓连接完全固定于构架横梁上,牵引电机的输出扭矩经挠性浮动齿式联轴节传递给主动小齿轮,并通过齿轮的啮合将扭矩传递至从动大齿轮,进而驱动轮对旋转(图 4-60)。

从动大齿轮是直接压装在车轴上的,而齿轮箱一端通过抱轴承悬挂在车轴上,另一端通过弹性吊杆吊挂在构架横梁上,齿轮箱安装如图 4-61 所示。该齿轮箱的悬挂方式与牵引电机刚性轴悬式结构相同。

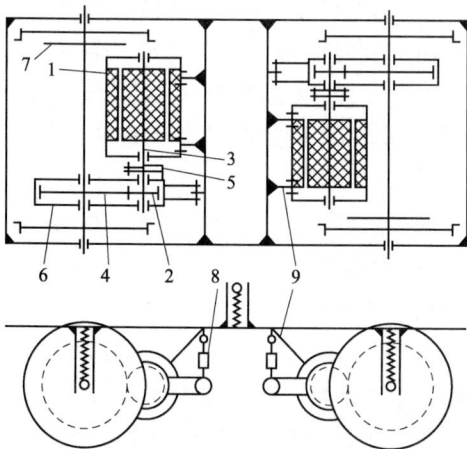

图 4-60 挠性浮动齿式联轴节架悬式驱动机构
1-牵引电机;2-小齿轮;3-驱动轴;4-大齿轮;5-挠性联轴器;
6-减速齿轮箱;7-制动盘;8-齿轮箱吊挂装置;9-电机吊挂

图 4-61 齿轮箱安装

（2）WN挠性浮动齿式联轴节结构及运动。

①结构。由齿轴套（外齿轴套）、半联轴节（内齿套筒）、中间隔板和弹簧等组成（图4-62）。该联轴节属于鼓形齿式结构，其结构形式为左右对称，两个外齿轴套分别通过键或锥面压装在轴头上，外齿轴套的齿顶沿长度方向呈圆弧状。从齿顶方向看，各齿齿面均呈鼓形，而与之相啮合的半联轴节的内齿则无论齿顶还是齿面均为直线。正是由于外齿轴套的齿顶和齿面都是圆弧形的，因此整个联轴节是双活节挠性的。

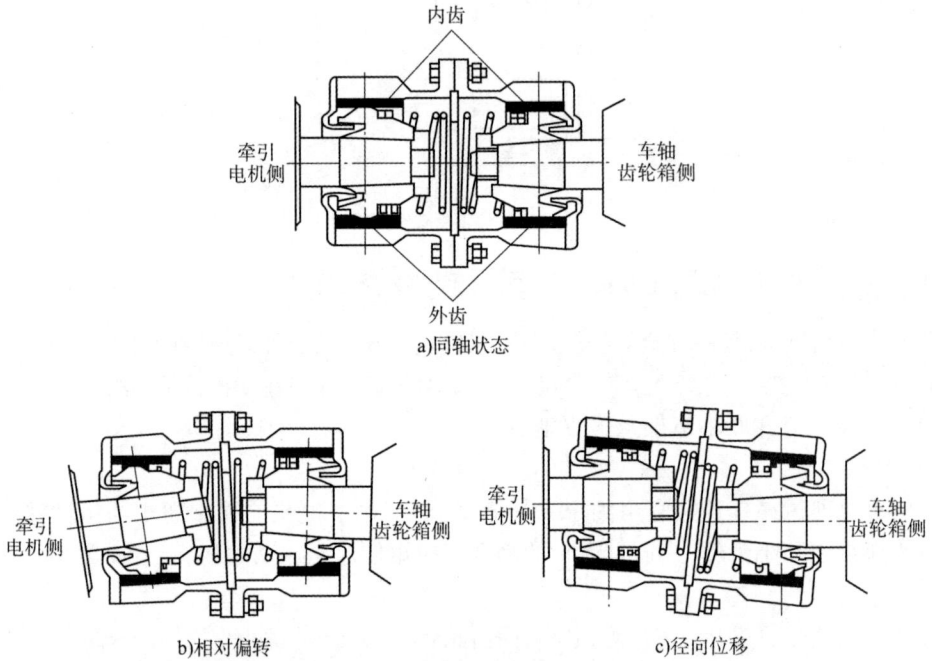

图4-62　WN挠性浮动齿式联轴节运动原理

②运动。齿轴套的外齿与半联轴节的内齿啮合，理论上属于点接触，在良好润滑的情况下，该啮合点会随各向运动而发生灵活变化，这就能保证半联轴节相对于齿轴套的轴向运动和挠曲运动非常灵活，半联轴节好像总是"漂浮"在齿轴套上一样，这也就是"浮动"名称的来源。

当电机输出轴相对于（小）齿轮输入轴间出现径向运动时，例如电机输出轴向上跳动，与该轴联结的齿轴套的外齿将顶起左边的半联轴节，使整个半联轴节发生倾斜，这时右边的半联轴节与连接在（小）齿轮输入轴上的齿轴套外齿的啮合点产生相应变化，相互间也产生倾斜，这就使两轴的相对运动从空间上得到补偿。但在这个运动过程中，齿轴套外齿和半联轴节内齿始终相互啮合在一起，因此，两轴间扭矩的传递并未中断。

由此可见，WN挠性浮动齿式联轴节可实现电机输出轴相对于（小）齿轮输入轴间的相互跳动和转动，且运动很灵活，运动阻力很小，同时能平稳传递牵引电机驱动扭矩。

WN挠性浮动齿式联轴节不仅具有补偿各种位移的能力，而且具有结构紧凑，传递运动准确、可靠等特点。

但必须指出的是，在左右两个半联轴节中间一定要放置一块隔板，而在该隔板的两边分别安装一个弹簧（可以是橡胶块），主要作用是保持整个联轴节在工作过程中具有自动对中功能。

（3）挠性浮动齿式联轴节驱动装置特点。

①簧下死质量小（电机质量全部悬挂于构架横梁上成为簧上质量，但牵引齿轮和齿轮箱质量的一半仍然属于簧下死质量），减小了轮轨间的动作用力。

②大大改善了牵引电机的工作条件。

③牵引齿轮的工作条件未得到改善。

④与刚性轴悬式驱动装置相比，结构稍复杂。但与其他架悬式和体悬式装置相比，结构要简单得多（从日本新干线高速列车运行实践来看，这种结构形式完全能满足最高运行速度300km/h的要求）。

⑤拆装简单，方便检修和维护。

正是由于这种挠性浮动齿式联轴节架悬式驱动装置结构简单，再加上城市轨道交通车辆采用了质量很轻的交流异步牵引电机，因此这种驱动装置在城市轨道交通车辆上得到了广泛使用。我国大部分地铁车辆都采用此种挠性浮动齿式联轴节架悬式驱动装置。

2）轮对空心轴架悬式驱动机构

（1）结构。

牵引电机的两端均通过长、短吊挂与转向架构架横梁或端梁相连，并在车轴上加装了一根空心轴，其一端通过弹性元件（连杆机构和橡胶关节）与车轮连接，另一端同样通过弹性元件与驱动大齿轮连接。轮对空心轴架悬式驱动机构的工作原理如图4-63所示，详细结构如图4-64所示。

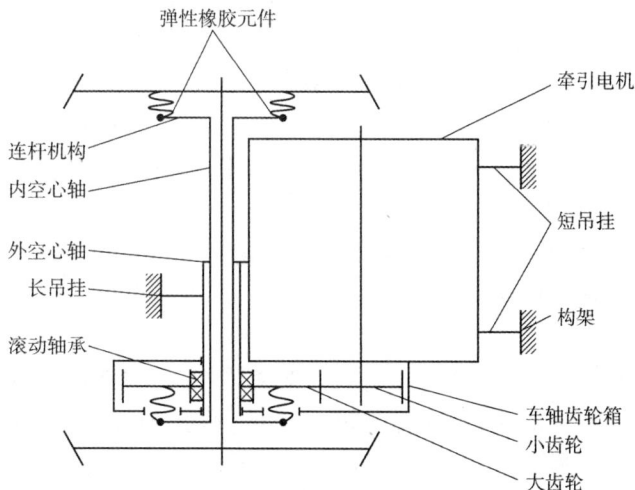

图4-63　轮对空心轴架悬式驱动机构

该结构中连杆机构和橡胶关节是其中最关键部件，它同时承担着传递驱动扭矩和补偿轮对与牵引电机相对运动的两个功能。

（2）驱动力矩的传递过程。

由牵引电机产生的驱动力矩的传递过程如下：输出轴→小齿轮→大齿轮→传动销→左侧弹性元件和连杆机构→内空心轴→右侧弹性元件和连杆机构→传动销→右侧车轮→车轴→左侧车轮。

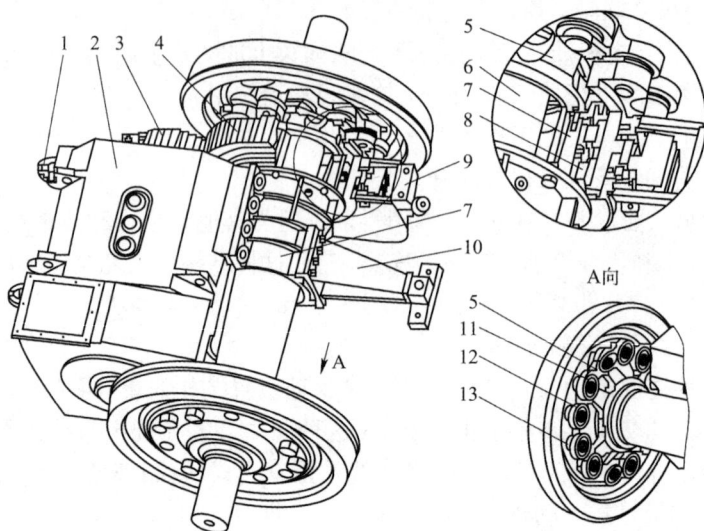

图 4-64　轮对空心轴架悬式驱动装置结构

1-后吊;2-牵引电机;3-主动齿轮;4-从动齿轮;5-空心轴装配;6-车轴;7-空心轴套;8-驱动轴承;9-齿轮罩装配;10-长吊臂装配;11-橡胶球形关节;12-连杆;13-传动销

（3）特点。

①簧下死质量小（电动机悬挂在构架上,牵引电机、牵引齿轮和齿轮箱等全部质量均为簧上质量,可最大限度减轻簧下死质量）,减小了轮轨动作用力。

②改善了牵引电机及牵引齿轮的工作条件。

③具有足够的径向扭转刚度,可避免驱动装置牵引时的振动。

④该系统的轴向、纵向和垂向刚度很小,较好地满足了轮对相对于系统的各向运动。

⑤车辆起动时,电动机能先于轮对转过一微小角度,改善了牵引电机启动换向条件。

⑥结构较复杂,维修困难。

⑦连杆结构所产生的离心力会使车轮荷载不稳定。

3）电机空心轴架悬式驱动机构

（1）结构。

牵引电机的两端通过弹性吊挂与转向架构架横梁相连,但在电机内部将转子铁芯（即"电机空心轴"）挖空,并通过齿形联轴器将扭矩传给弹性扭轴,再通过弹性联轴节与驱动小齿轮输入轴连接。但车轴齿轮箱一端仍然通过抱轴承与车轴相连,另一端通过弹性吊挂与构架相连（与轴悬式类似）,如图 4-65 所示。

（2）特点。

①簧下死质量较小（电动机悬挂在构架上,全部质量均为簧上质量。但齿轮箱质量的一半仍然悬挂在轴上,属簧下死质量）,减小了轮轨动作用力。

②改善了牵引电机的工作条件,但牵引齿轮的工作条件与轴悬式相同并未有所改善。

③扭轴的柔性很大,使得整个驱动机构的弹性太软,容易使轮对在驱动过程中产生振动。

④结构较复杂,维修困难。

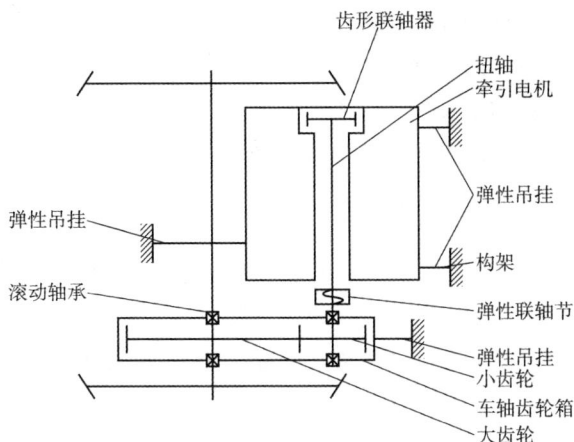

图 4-65　电机空心轴架悬式驱动机构原理

4.6.5　牵引电机纵向布置——单电机架悬式驱动机构

1）结构原理

牵引电机与齿轮减速箱连成一体完全弹性地悬挂在转向架构架的横梁上,电机驱动轴经减速齿轮(锥齿轮)驱动空心轴,再经橡胶连杆机构将扭矩传递给轮对(图4-66)。

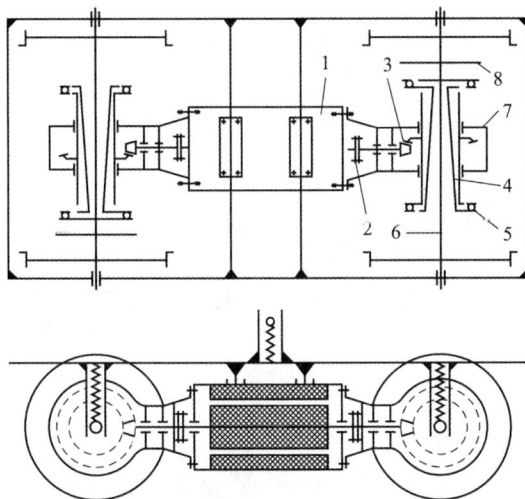

图 4-66　牵引电机纵向布置——单电机架悬式驱动装置原理图

1-牵引电机;2-联轴节;3-驱动锥齿轮;4-万向接头空心轴;5-联轴器;6-轮轴;7-减速箱;8-制动盘

2）特点

(1)可较大地缩短轴距。

(2)两轮对由同一电机驱动——成组驱动,可有效避免轮对空转打滑。

(3)可最大限度地减轻簧下死质量(电机和齿轮箱等全部为簧上质量),能明显改善电机及齿轮的工作条件。

(4)两轮对的直径差对运行阻力和轮轨磨耗影响较大(因转向架上的两个轮对被机械连接在一起,转动角速度相同)。

为方便成组驱动,特别将牵引电机纵向布置。牵引电机和齿轮箱通过橡胶联轴器与空心轴相连,空心轴刚性地固定在车轴上。

3)采用单电机纵向布置的原因

(1)转向架轴距短(一般轻轨车辆转向架轴距为 1900～2100mm),主要为了适应轻轨车辆通过较小曲线半径的要求。

(2)直流牵引电机体积大。

若采用两台横向布置的直流牵引电机分别驱动两根动轴,则受轴距限制的转向架中可利用空间有限,还要在车轴上布置制动盘,因此,牵引电机的功率只能限于 50～60kW,显然不能满足一般轻轨车辆单轴电动机功率为 100kW 左右的要求,因此可选择单电机纵向布置的结构。

4.6.6 对角配置的万向轴驱动架悬式驱动装置

1)结构原理

两牵引电机呈对角状完全悬挂于转向架构架的横梁上,通过万向轴传递牵引电机与齿轮传动装置间的扭矩,并且采用一对圆锥齿轮(即伞齿轮)作为牵引齿轮以实现万向轴和车轴之间的直角传动。而齿轮箱一端通过吊杆弹性悬挂于构架的端梁,另一端则借助于滚动轴承抱在轮对车轴上(图4-67)。

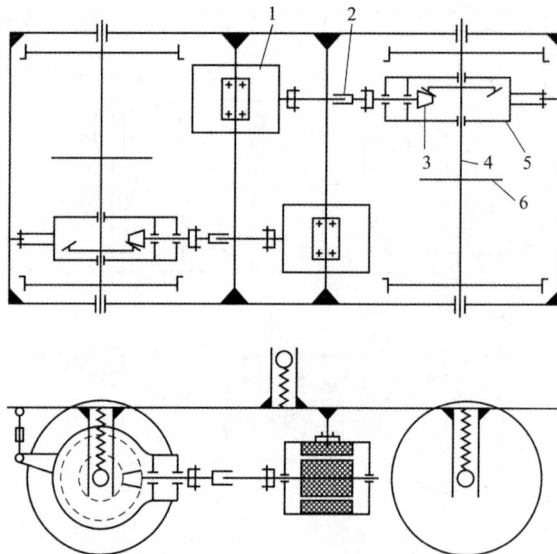

图 4-67 牵引电机纵向布置(对角布置)—万向轴架悬式驱动装置
1-牵引电机;2-连杆轴;3-驱动伞齿轮;4-轮对;5-减速箱;6-制动盘

万向轴在传递驱动扭矩的同时能较好地补偿牵引电机与车轴齿轮箱之间各个方向的相对运动。

2)万向轴驱动架悬式结构特点

(1)簧下死质量较小(电动机悬挂在构架上,全部质量均为簧上质量。但齿轮箱的质量之一半仍然悬挂在轴上,属簧下死质量),减小了轮轨动作用力。

(2)改善了牵引电机的工作条件,但牵引齿轮的工作条件与轴悬式相间,并未有所改变。

（3）车轴周围空间得到释放，有利于安装其他设备（如基础制动装置）。

（4）万向轴和圆锥齿轮传动系统的传动效率有所降低。

（5）结构较复杂。

4.6.7　牵引电机体悬式驱动装置

所谓体悬式驱动装置，是指将牵引电机完全安装在车体底架下面，其全部质量都由车体底架承担的驱动装置。驱动扭矩由万向驱动机构（通常是万向轴）来传递。

1）结构原理

牵引电机体悬式驱动装置有多种结构形式，这里仅介绍其中一种，具体结构如图4-68所示。牵引电机整体安装（悬挂）于车体底架下部，通过万向轴将牵引电机扭矩传递给安装在车轴上的齿轮传动装置，并且采用一对圆锥齿轮（即伞齿轮）作为牵引齿轮，以实现万向轴和车轴之间的直角传动。齿轮箱一端通过吊杆弹性悬挂于构架的侧梁（或横梁），另一端则借助于滚动轴承抱在轮对车轴上。

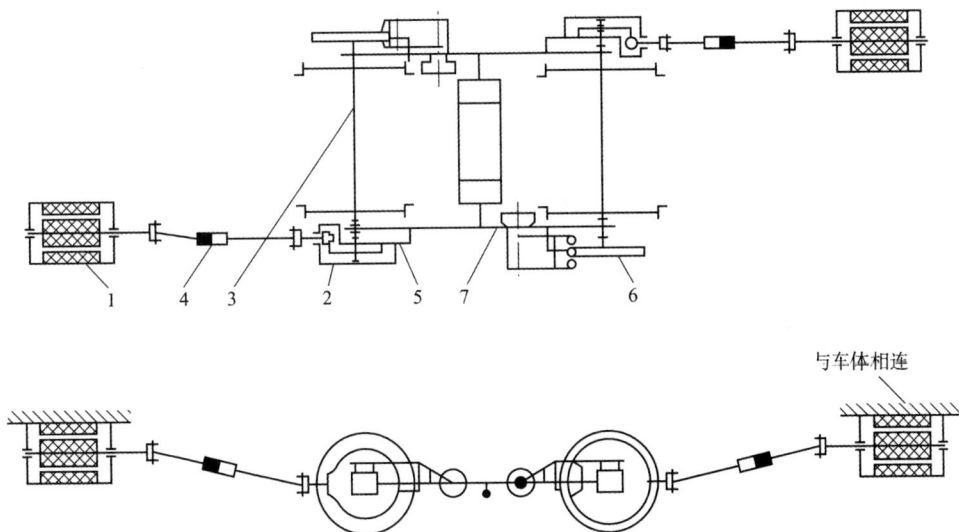

图4-68　一种万向轴驱动的牵引电机体悬式驱动装置原理图
1-牵引电机；2-齿轮传动装置；3-轮轴；4-连杆轴；5-传动支撑；6-制动盘；7-制动装置

万向轴在传递驱动扭矩的同时，能较好地补偿牵引电机与车轴齿轮箱之间各个方向的相对运动。

2）结构特点

（1）牵引电机完全安装（悬挂）于车体底架，可进一步减轻转向架质量（特别是转向架的回转转动惯量），提高转向架高速运行时的平稳性和稳定性，较好地改善牵引电机的工作条件。

（2）车轴周围空间得到释放，有利于安装其他设备（如基础制动装置）。

（3）牵引齿轮的工作条件与轴悬式相同，并未得到改善。

（4）万向轴和圆锥齿轮传动系统的传动效率有所降低。

（5）万向轴的制造工艺要求很高。

（6）驱动装置结构复杂。

4.7 基础制动装置

空气制动系统中的制动执行装置,通常被称为基础制动装置。根据制动方式的不同,基础制动装置主要有闸瓦制动和盘形制动两种形式。

由于城市轨道交通车辆车体底架安装的设备较多,没有很大空间来安装类似于铁路车辆的基础制动装置,因此大多数城市轨道交通车辆采用单元制动器。单元制动器单个供气,动作轻便灵活、作用可靠、占用空间体积小、灵敏度高。

4.7.1 闸瓦制动装置

城市轨道交通车辆的基础制动装置大多采用单侧踏面的闸瓦制动方式,单元制动器在转向架上的布置如图4-69所示。每台转向架上装有四个单元制动器,分为两个带停放功能的闸瓦制动单元和两个不带停放功能的闸瓦制动单元,功能相同的闸瓦制动单元成对角布置。单元制动器上安装的闸瓦一般采用高摩合成闸瓦。

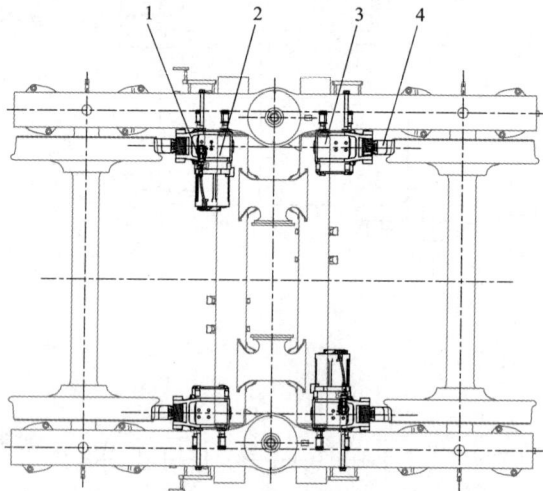

图4-69 单元制动器布置示意图

1-手动缓解拉线;2-单元制动器(带停放);3-单元制动器(不带停放);4-闸瓦

闸瓦制动单元能对车轮与闸瓦的磨耗间隙进行自动补偿,并设有手动复原装置。此外,进行通过手动复原装置也可以调整车轮及闸瓦间的间隙,使制动闸瓦和车轮踏面之间的距离保持在规定范围内。

所有车辆上均设有弹簧实施的停放制动装置,这些装置与空气制动装置相结合,使用同一套闸瓦将制动力施加在轮对上。具有停放功能的单元制动器如图4-70所示,其一般配有手动缓解拉线,安装在侧梁上部,便于人工操作。

闸瓦制动装置的日常检查与维护主要按照如下步骤进行:

(1)目测检查锁紧片、橡皮保护套、闸瓦卡簧及其各螺栓、扭簧铀销卡簧,要求无异常,卡簧无断裂、脱落。

(2)检查空气管路及紧固件,要求管路无漏气,紧固件完好、无松动。

(3)对单元制动器进行外观清扫。

（4）松开闸瓦连接螺栓、螺母，取下挡圈环，抽出扭簧心轴，取下吊臂。

（5）拧下定位弹簧螺套，对弹簧片进行清洗，清洁后，在弹簧片上涂薄层黄油。

（6）将制动单元吊至试验台上进行功能及防泄漏测试。

（7）安装吊臂扭簧、心轴扭簧，并将挡圈环扣好，其中扭簧和心轴涂上薄层黄油，螺杆表面涂黄油。

（8）将闸瓦托连接螺栓插上，并将螺母拧紧。

（9）检查闸瓦，磨耗到限时需更换。测量闸瓦与踏面间的间隙，并检查测试停放制动功能。

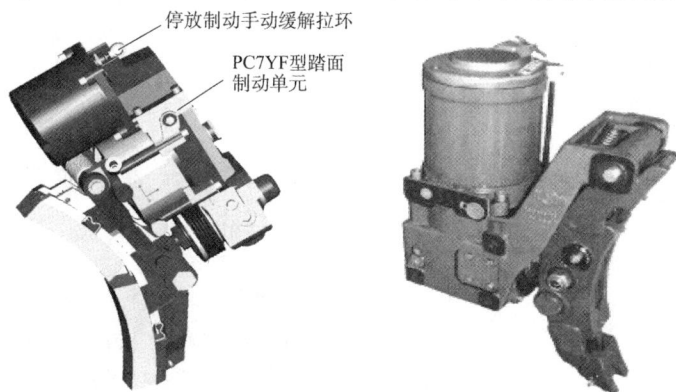

图 4-70　带停放功能的单元制动器

4.7.2　盘形制动装置

闸瓦制动装置结构简单，但其制动功率不能过大。过大的制动功率会导致闸瓦制动摩擦副的损伤，如闸瓦熔化、车轮踏面过热剥离或热裂，这些都会危及行车安全，因此闸瓦制动存在一个功率极限。当需要较大的制动功率时，可采用盘形制动装置。盘形制动最早是在德国柏林地铁车辆上装用的。

现代国内一些城市轨道交通车辆基础制动装置也采用盘形制动取代传统的闸瓦制动方式。盘形制动减少了对车轮的磨耗、延长了车轮的使用寿命，在实施常用制动和紧急制动时受速度、制动频率和荷载等条件的限制小，车轮不产生制动热应力，且制动平稳、噪声小。此外，还可通过双向选择摩擦可以得到比闸瓦制动更大的制动功率，从而满足高速制动的需要，保证行车安全。

根据制动盘安装形式的不同，盘形制动装置分为轴盘式制动装置和轮盘式制动装置两大类。轴盘式制动装置是把制动盘安装在轮轴上，通过某种形式与轮轴固定，使制动盘与轮对同时转动；而轮盘式制动装置的制动盘则安装在车轮上。

一般在空间位置允许的情况下，大多采用轴盘式盘形制动装置。如图 4-71 所示，制动盘通过盘毂与轮轴固定，盘毂是压装在轮轴上的，制动盘通过螺栓紧固在盘毂上，盘毂和制动盘根据需要有多种形式，二者的连接方式应保证制动时，不

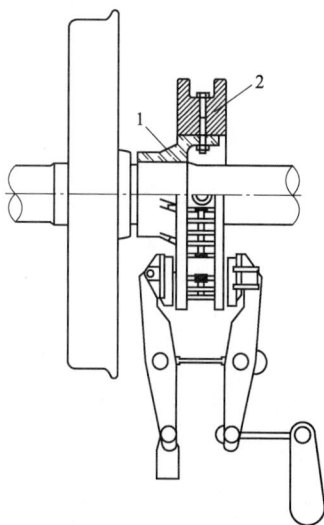

图 4-71　轴盘式制动装置
1-盘毂；2-制动盘

因制动产生的热量而松弛或分离。根据制动的需要,可在一根车轴上布置多个制动盘,以提高制动力。

当轴盘式制动装置受空间限制无法安装(如在动车转向架上由于布置牵引电机而无法安装制动盘)时,可采用轮盘式制动装置。

盘形制动装置在转向架上的安装位置如图 4-72 所示,包括两个带有弹簧制动器的气动制动钳(2/C03)、两个不带弹簧制动器的气动制动钳(1/C01)和每根轴上的两个车轮制动盘(3/C04)。制动钳(2/C03)的弹簧制动部分用作停放制动,并配有两个紧急缓解装置(4/C03.02)。

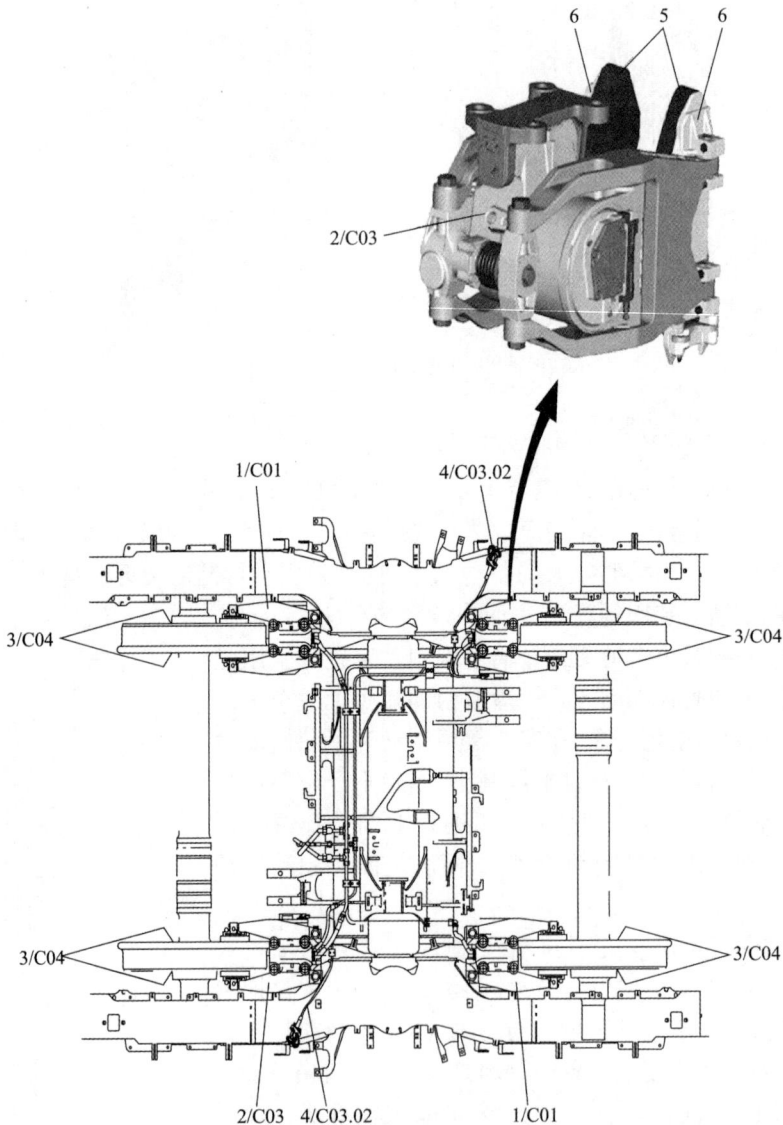

图 4-72　盘形制动装置在转向架上的安装(以拖车转向架为例)

1/C01-不带弹簧施加执行器的气动制动钳;2/C03-带弹簧施加执行器的气动制动钳;3/C04-车轮制动盘;4/C03.02-紧急缓解装置;5-制动闸片;6-制动闸片支座

制动盘的材质包括铸铁、铸钢和锻钢等多种,而闸片材质也包括合成材料、粉末冶金等多种。城市轨道交通车辆由于车速较低,一般多采用铸铁盘和合成闸片。对合成闸片材质的选择,除满足制动摩擦性能的要求外,必须考虑其对环境污染的影响,即应符合有关环保要求。对城郊轨道交通车辆,其设计车速可能较高,可通过增设制动盘数量来满足制动要求。如不能增加制动盘数,则可通过改变制动盘和闸片的材质(如选择钢盘、粉末冶金闸片)来达到制动的要求。

在城市轨道交通车辆转向架的制动夹钳安装座上还常常安装踏面清扫装置,主要用于增加黏着系数、修复车轮踏面缺陷的功能。盘形制动配置踏面清扫装置使得各轴黏着利用水平相同,适用于更高速度和载重的情况。

盘形制动装置的日常检查与维护主要按如下步骤进行:

(1)检查制动钳单元是否有变形或锈蚀。

(2)检查制动钳单元紧固至构架的紧固件上的标志。如果紧固件松脱,则应对其重新紧固。

(3)检查制动闸片支座是否有变形或腐蚀,如有损坏,应更换所有损坏的部件。

(4)检查底座是否紧固,确认固定制动闸片支座紧固件的销钉是否损坏。如有损坏,需更换销钉。

(5)检查用于弹簧制动器排气的通气塞是否阻塞,必须用螺丝刀等杆形工具对螺纹孔进行清洁。

(6)检查制动闸片是否损坏,在制动闸片磨损至小于5mm的最小厚度之前必须对其进行更换。在安装了新的制动闸片后,应反复施加和缓解车辆制动,检查动作是否正常,并检查制动闸片与制动盘之间的间隙是否在规定范围内。

对盘形制动装置进行检查与维护时,应注意关闭制动截断塞门,完全排空常用制动缸中的空气。对于带有弹簧制动器的制动钳单元C03,须操作紧急缓解装置,以手动方式缓解弹簧制动器。

4.8 典型城市轨道交通车辆转向架构造

城市轨道交通车辆包括地铁车辆、高架轻轨车辆和有轨电车等,一般均为电动车辆。城市轨道交通车辆的转向架可分为动力转向架和非动力转向架,亦称动车转向架和拖车转向架。随着城市轨道交通的快速发展,目前城市轨道交通车辆转向架的种类较多、结构各异,本节择其几种加以介绍。

4.8.1 DK$_3$型地铁车辆转向架

DK型转向架是我国设计制造的、用于北京地铁车辆的转向架,属于该系列的转向架有DK$_1$、DK$_2$、DK$_3$、DK$_6$及DK$_7$等多种型号。

1)组成

DK$_3$型地铁车辆转向架主要由轮对轴箱、轴箱定位装置(一系悬挂)、构架、摇枕弹簧装置(二系悬挂)、驱动装置、基础制动装置等组成,如图4-73所示。

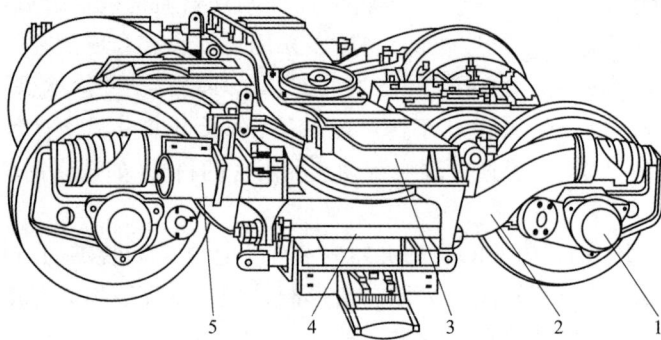

图 4-73　DK₃ 型地铁车辆转向架

1-轮对轴箱弹簧装置；2-构架；3-摇枕弹簧装置；4-纵向拉杆；5-基础制动装置

2）结构特点

（1）轴箱定位装置。DK₃ 型地铁车辆转向架的轴箱定位属转臂式轴箱定位装置，轴箱弹簧水平放置，且使用金属橡胶弹性铰销定位如图 4-74 所示。

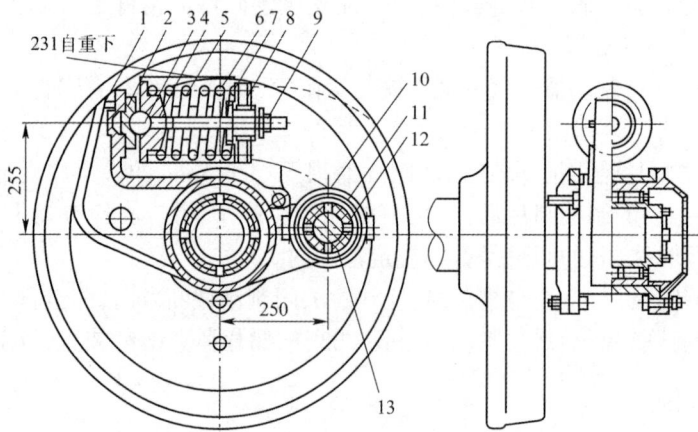

图 4-74　DK₃ 型客车转向架轴箱弹簧装置（单位：mm）

1-轴箱体；2-滚道座；3-钢球；4-弹簧前盖；5-轴箱弹簧；6-螺栓；7-弹簧定位座；8-橡胶缓冲垫；9-螺母；10-外套；11-硫化橡胶；12-内套；13-心轴

（2）摇枕弹簧装置。上部通过心盘与车体相连——心盘承载，即心盘传递全部荷载（包括垂向力、横向力、纵向力），下部通过空气弹簧和纵向拉杆与构架相连——空气弹簧传递垂向力和横向力，纵向拉杆传递纵向力（牵引力或制动力）。

（3）驱动装置。每台转向架配置两台牵引电机。牵引电机一端通过爪形轴承支于轮轴上，另一端悬吊于构架横梁上。牵引电机通过齿轮传动装置将扭矩传递给轮对，齿轮传动装置由齿轮减速箱、齿式联轴节和减速箱悬吊装置三部分组成。

4.8.2　ZMA080 转向架

ZMA080 型地铁转向架是中国南车集团株洲电力机车有限公司在引进上海明珠线二期工程地铁车辆 SF2100 型转向架的基础上，通过消化、吸收西门子公司的设计技术、工艺制造技术、质量检验技术、国际先进标准等，进行自主化设计与制造的转向架。

该转向架共有 4 种：动车转向架 1、动车转向架 2、拖车转向架 1、拖车转向架 2。动车转向架 1、2 的区别是空气弹簧的高度控制阀和控制杆的位置、数量不同；拖车转向架 1、2 的区别除高度控制阀和控制杆的位置、数量不同外，拖车转向架 1 还装有 ATC(列车自动控制)天线及轮缘润滑装置，且轴端布置在 2 个拖车转向架之间也不同。ZMA080 型转向架如图 4-75 所示。

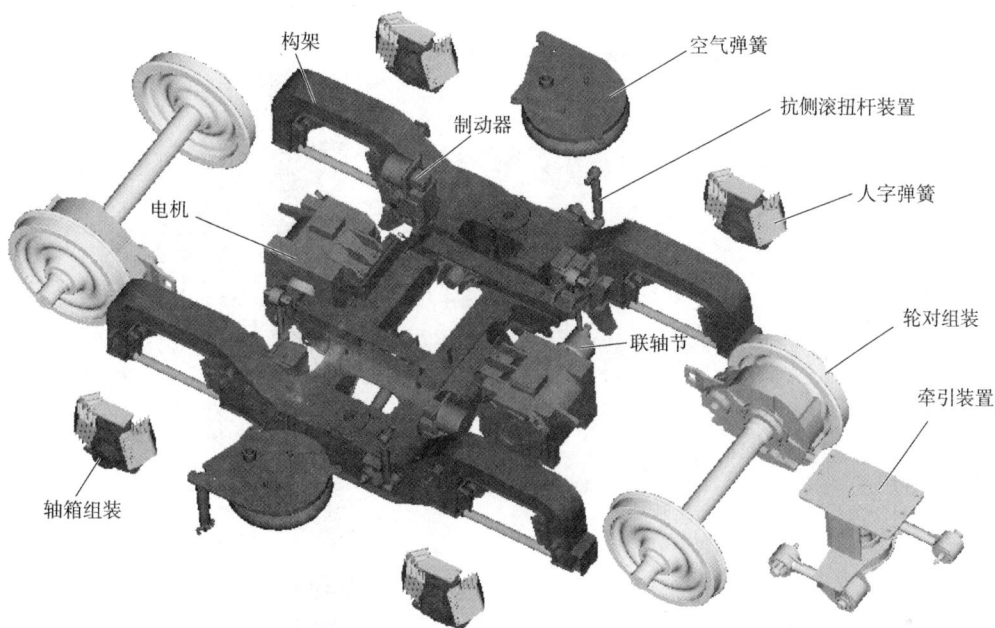

图 4-75　ZMA080 型动车转向架

1) 主要技术参数

轨距：1435mm；

轴距：2500mm；

轴重：≤16t；

构造速度：90km/h；

车轮滚动圆直径：840mm(新轮)；770mm(全磨耗)；

轮对内侧距：1353_{0}^{+2}mm；

齿轮中心距：355mm；

齿轮传动比：6.32。

2) 结构组成及特点

该转向架主要由构架、驱动单元(动车转向架)、轮对轴箱、中心牵引装置、一系悬挂装置、二系悬挂装置、垂向减振器、横向减振器、转向架空气管路、基础制动装置、抗侧滚扭杆装置、转向架电器装置、ATC 天线及轮缘润滑装置(拖车转向架)等部件构成，其结构特点如下：

(1) 构架采用 H 形、无摇枕全焊接结构。

（2）采用两系悬挂系统。如图4-76所示，一系悬挂采用人字形金属橡胶弹簧，轴箱体采用铸造铝合金结构，轴承为分体式圆柱滚子轴承；二系悬挂采用空气弹簧结构，每个二系悬挂装置配有两个空气弹簧，左右两侧各一个。

（3）每个动车车轴上装有一套驱动装置，由牵引电机、联轴节、齿轮箱等组成，如图4-77所示。牵引电机横向布置并以全悬挂的方式直接安装在转向架构架上，齿轮箱的一端是由滚动轴承支撑在车轴上，另一端由齿轮箱吊杆连到转向架构架上，牵引电机和齿轮箱之间的力的传递通过柔性齿形联轴节实现。

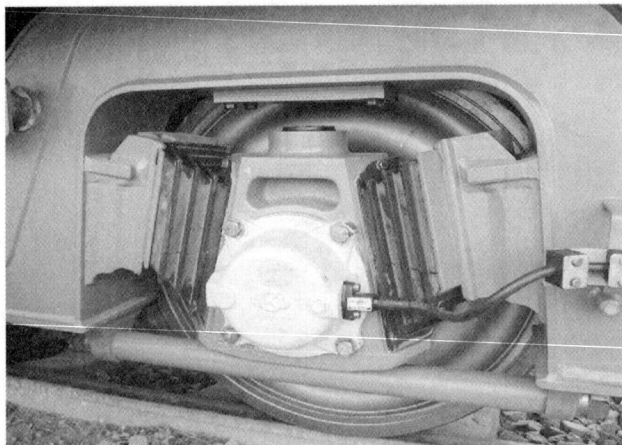

图4-76 轮对轴箱装置

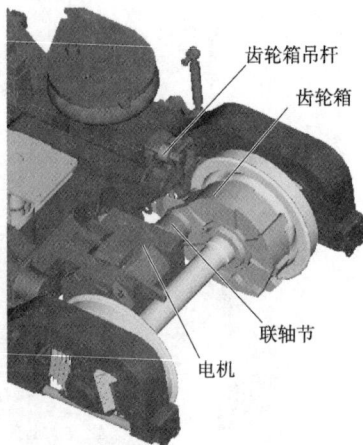

图4-77 驱动装置

（4）牵引装置采用无磨耗的中心销、Z字形拉杆牵引方式。车体和转向架之间纵向（驱动方向）作用力的传递通过牵引装置实现。牵引装置由连杆组装、牵引座、中心销等组成。对角安装的连杆（Z字形双拉杆字形式）不易磨损且免维修。

（5）基础制动装置采用踏面制动单元。

（6）装设有轮缘润滑装置。为减少对轮缘的镟修、降低轨道的磨耗及噪声，在部分车辆的A车司机室端第一位轮对上安装了轮缘润滑装置。该装置具有弯道探测功能，并在过弯道时喷射润滑油脂。轮缘润滑装置主要包括电控箱、弯道传感器、油箱组、喷嘴等元件。其中，电控箱、弯道传感器安于车体上，油箱组、喷嘴安装于转向架上。

4.8.3 北京地铁10号线车辆转向架

北京地铁10号线车辆转向架是由已成熟的3系列转向架及ET42X转向架系列发展而来的，由长春客车股份有限公司生产制造。深圳地铁1号线、沈阳地铁1号线、北京地铁5号线等线路的车辆均采用了类似结构的转向架。该转向架大量采用标准零部件和成熟的设备，分为动车转向架和拖车转向架两种，二者的主要区别是拖车转向架没有安装牵引电机、齿轮箱和联轴节。

该转向架是适合于新型电动轨道车辆的无摇枕焊接结构转向架，设有一系悬挂的橡胶弹簧和二系悬挂的无摇枕空气弹簧。该转向架具有较好的运行性能、较低的振动噪声和较小的维修工作量。图4-78、图4-79分别为北京地铁10号线车辆动车转向架和拖车转向架组成。

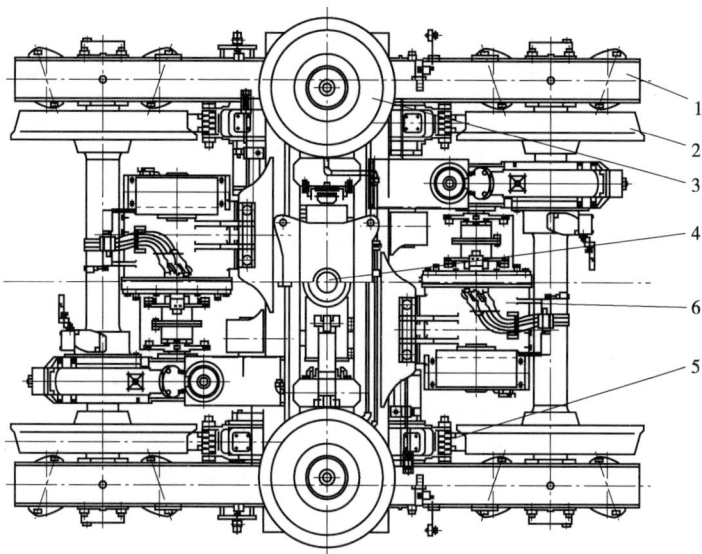

图 4-78　北京地铁 10 号线车辆动车转向架（PCE3）组成

1-构架组成;2-轮对轴箱装置;3-二系悬挂装置;4-牵引装置;5-基础制动装置;6-驱动装置

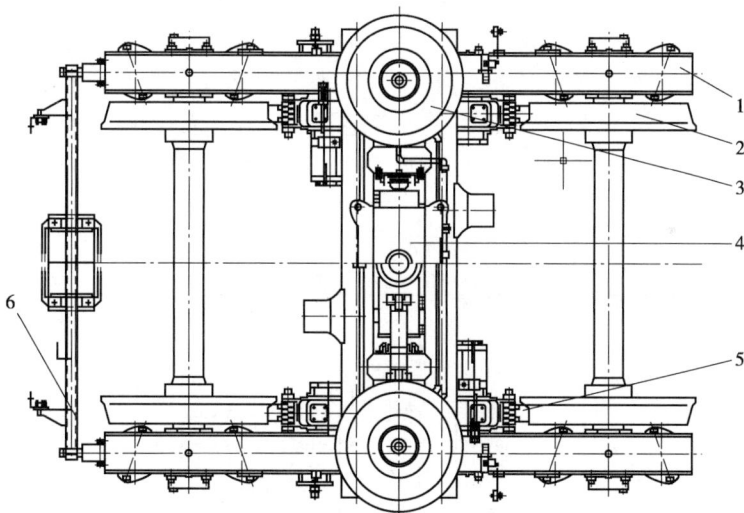

图 4-79　北京地铁 10 号线车辆拖车转向架（TCN3）组成

1-构架组成;2-轮对轴箱装置;3-二系悬挂装置;4-牵引装置;5-基础制动装置;6-端部组成

1）主要技术参数

北京地铁 10 号线车辆转向架的主要技术参数见表 4-1。

北京地铁 10 号线车辆转向架主要技术参数　　　　　　　　表 4-1

项　　　目	转向架形式		
	Tc 车	T 车	M 车
轴距（mm）	2200		2200
轴箱间距（mm）	1930		1930

项 目	转向架形式		
	Tc 车	T 车	M 车
车轮直径(mm)	840		840
最大长度(mm)	3465(有排障器)	3070	3070
最大宽度(mm)	2896(含受流器)		
牵引力距轨面高度(mm)	383		
空气弹簧距轨面高度(mm)	895		
空气弹簧横向间距(mm)	1850		
空气弹簧有效直径(mm)	540		
基础制动装置	单侧踏面单元制动		
	无石棉合成制动闸瓦		
轴重(t)	14		
每台转向架质量(kg)	4596	4515	6789

2)结构特点

(1)轻量化设计。

由于没有摇枕,转向架质量减轻。按构架类型不同,构架分为动车用构架(图4-80)和拖车用构架,其结构的主干部分完全相同,主要区别是根据各自所安装的设备,结构稍有不同,如动车构架带有电机吊座、齿轮箱吊台等,都属于 H 形构架,钢板焊接结构的箱形侧梁,与侧梁相贯通的无缝钢管作横梁。同时,无缝钢管兼作附加空气室,因而质量减轻。

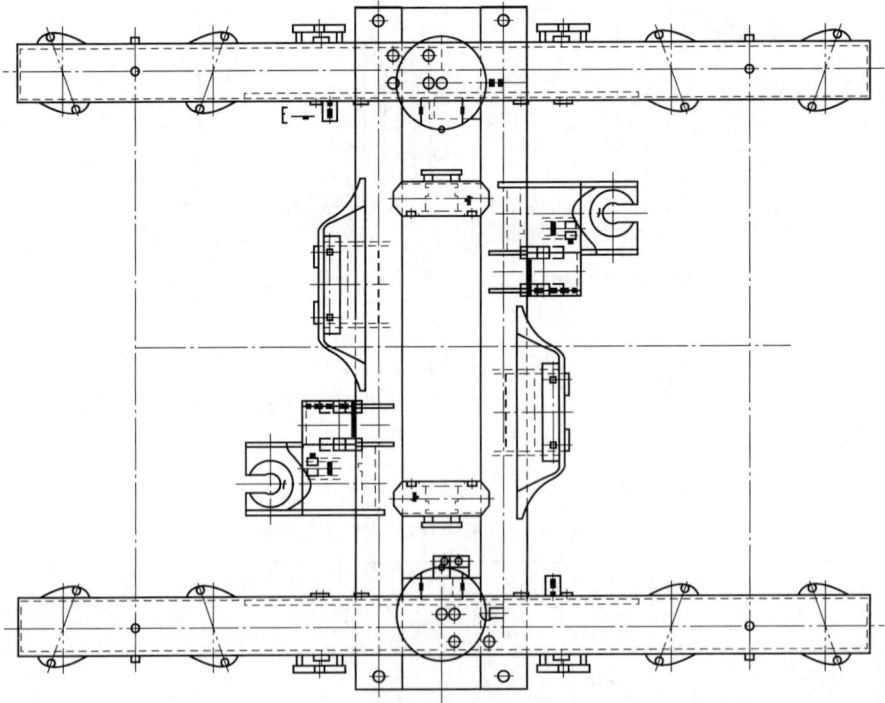

图4-80 动车构架

（2）一系悬挂装置。

一系弹簧装置采用圆锥叠层橡胶弹簧,结构如图4-81所示。由于采用了低横向刚度的轴箱橡胶弹簧,因此减小了车辆通过曲线时的横向力,提高了车辆在曲线上的运行性能。

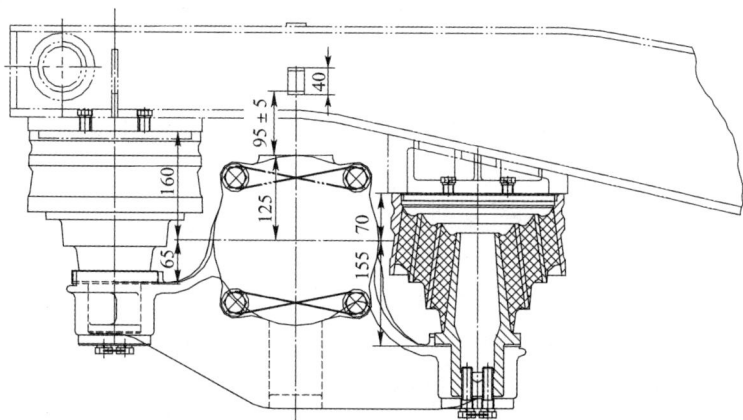

图4-81 一系悬挂装置(单位:mm)

（3）二系悬挂装置。

二系悬挂装置主要包含的零部件有空气弹簧、高度调整阀、水平杠杆、调整杆、压差阀、安全钢索等,如图4-82所示。

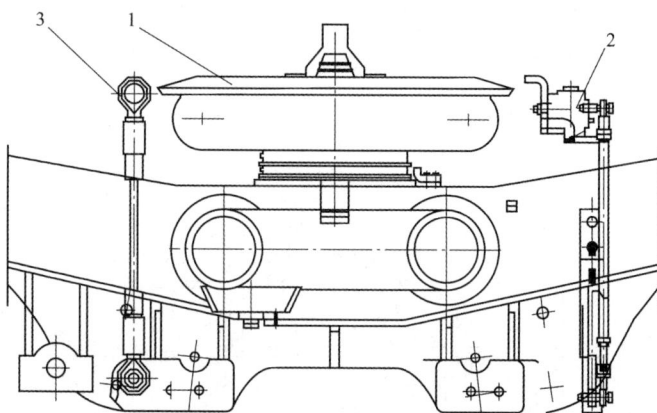

图4-82 二系悬挂装置
1-空气弹簧;2-高度阀;3-安全钢索

①空气弹簧。

选择低横向刚度的新结构空气弹簧,是为了改善乘坐舒适性和通过曲线的性能,缓和车体的垂向和横向振动。由于空气弹簧的胶囊气室与附加空气室间的节流孔,对车体的垂向振动起到一定的衰减作用,故不需要加装垂直油压减振器。

胶囊下部的叠层橡胶堆是为了减小通过曲线时胶囊的荷载。另外,当空气弹簧内无空气压力时,叠层橡胶堆能起到一定的垂直减振作用,也能保证车辆安全行驶(需要限速)。

②高度调整阀及水平杠杆、调整杆。

在每辆车的转向架和车体之间安装4个高度阀,调节空气弹簧的充气、排气量。高度阀只能用来检测车体与转向架之间、由于乘客负载引起的高度变化,使得车辆处于恒定的平衡高度,而不能用于补偿车轮和转向架等零件的磨损。高度阀不感带为 ±5mm。

水平杠杆和调整杆的功能是将由于乘客负载引起的高度变化信息,准确地传递给高度调整阀。调整杆安装在构架与车体底架上的高度阀的水平杠杆之间,两端使用球形关节轴承,能满足车体与转向架间足够的容许位移。

③压差阀。

压差阀相当于二系悬挂系统的安全阀,当一个空气弹簧失压时,根据其特性,当两空气弹簧内部的压差达到限度时[(100±13)kPa],压差阀便会运动,将两个附加空气室导通,使对面的空气弹簧也随即卸压,保证车辆的行车安全。

④安全钢索。

在构架的外侧,靠近枕梁外侧各有一根安全钢索,其功能是:当车辆出现异常状态时(即空气弹簧处于过充状态、高度调整阀、压差阀、减压阀同时处于故障状态时),由安全钢索将车体和构架拉住,限制空气弹簧的高度,保证车辆与限界之间的有效安全距离,从而保证车辆的行车安全。安全钢索具有结构简单、便于维护的特点。

安全钢索由活动端头、调整端头、钢丝绳组成。活动端头可以使钢索的长度变化 0～35mm,调整端头可以使钢索的长度可以在 0～35mm 范围内进行调整,以满足车轮镟修后对车辆地板面高度的调整要求。

(4)中央牵引装置。

转向架中央牵引装置由中心销系统和牵引拉杆组成,如图 4-83 所示。

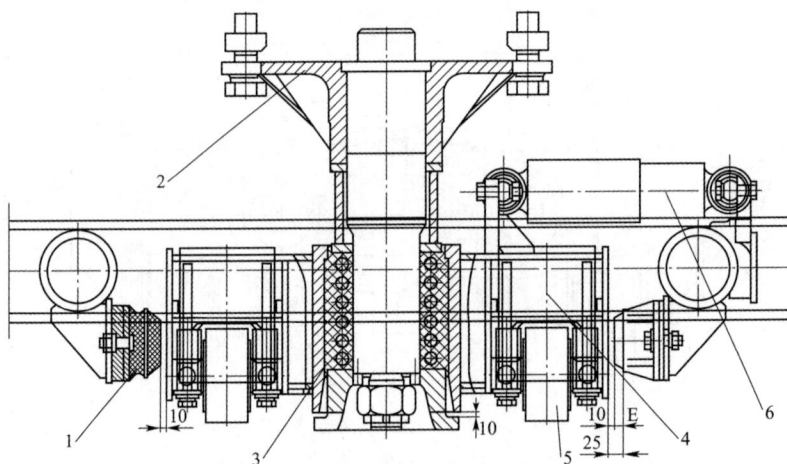

图 4-83 中央牵引装置(单位:mm)

1-横向止挡组成;2-中心销;3-复合弹簧;4-牵引梁;5-牵引拉杆;6-横向减振器

①中心销系统。中心销是车体与转向架连接部分,其结构应能满足传递各种荷载和作用力的同时,车体与转向架之间应能绕不变的旋转中心相对转动,以便车辆顺利通过曲线。在中心牵引系统下部安装有异常上升止挡(提升止挡),一方面当空气弹簧因故过充时,可以限制车体不断上升,保证安全;另一方面在起吊车体时,可使转向架一起被吊起。为了限制车体和构架之间的横向位移,在构架横梁中部的上方和中心销之间设有横向橡胶缓冲挡,使车辆横向刚度通过弹性横向止挡得到加强。

②牵引拉杆系统。牵引拉杆系统由牵引拉杆和弹性橡胶定位套组成,每台转向架使用两个呈 Z 字形布置的牵引拉杆。牵引拉杆的两端为弹性橡胶节点,其中一端与构架相连,另一端与牵引梁相连。牵引拉杆传递车体与转向架间的牵引力及制动力,它允许转向架完全运动(横向、垂向、偏转及倾斜),但限制转向架与车体间的纵向位移。在车体碰撞的情况下,牵引杆弹性橡胶定位套允许中心销有纵向位移。

(5)驱动装置。

驱动装置包括牵引电机、齿轮箱和联轴节,只配备在动车转向架上。每台动车转向架装有两套驱动装置。齿轮箱采用一级减速结构、飞溅式润滑方式。联轴节采用圆弧齿结构,满足齿轮箱与电机之间的变位要求,并传递扭矩。齿轮箱与电机均采用橡胶节点的形式与构架连接。另外,齿轮箱还通过吊杆与转向架相连。

(6)基础制动装置。

基础制动装置采用单侧踏面单元制动缸制动方式。每台转向架设有四个踏面制动单元缸,包括两个具有停放功能的踏面单元制动缸和两个不具有停放功能的踏面单元制动缸。踏面制动单元缸能够自动补偿车轮及闸瓦的磨耗间隙,此外还设有手动复原装置,也可以用来调整车轮及闸瓦间的间隙,使制动闸瓦装置与车轮踏面之间的距离保持在 5 ~ 10mm。

(7)轮缘润滑装置。

在部分司机室端的转向架上装备有轮缘润滑,它能将控制油脂/空气混合物定时喷射到车轮踏面上,有效降低轮缘和轨道的磨损,延长车轮和轨道的使用寿命(尤其是弯道处的钢轨),降低轮轨噪声,降低牵引阻力,从而降低运行成本。当车轮出现磨耗时,可以通过调整喷嘴安装位置补偿由于车轮磨耗引起的喷嘴与车轮踏面间的距离变化。轮缘润滑装置组成如图 4-84 所示。

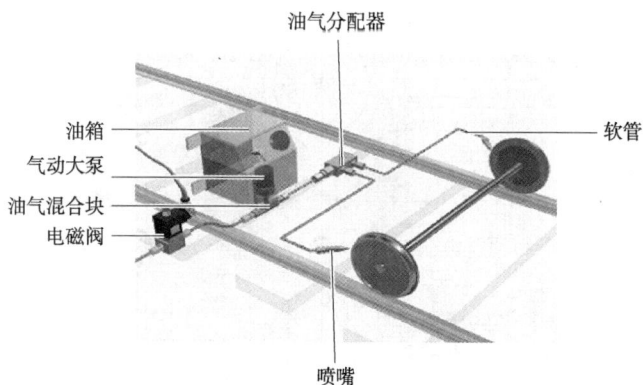

图 4-84　轮缘润滑装置组成

轮缘润滑装置采用距离加弯道传感器控制方式时,通过压缩空气,将润滑剂喷射到轮缘上,降低钢轨和轮缘的磨耗和通过曲线时的噪声;若采用时间控制模式时,当车辆速度大于5km/h 时,轮缘润滑系统被激活,电气控制系统内计时器按已调整好工作时间间隔控制轮缘润滑装置进行工作。进行弯道喷射时,可以提供左喷单独嘴喷射、右喷嘴单独喷射和左右喷嘴同时喷射的三种模式。除电控箱及弯道传感器安装在车体上以外,轮缘润滑装置的其他零部件均安装在转向架上。

3）作用力的传递路径

（1）垂向力。

垂向力的传递路径为：车体→空气弹簧（二系悬挂）→构架→圆锥形弹簧（一系悬挂）→轴箱→车轴→车轮→钢轨。

（2）纵向力（牵引力或制动力）。

纵向力（牵引力或制动力）的传递路径为：车轮→车轴→轴箱→圆锥叠层弹簧（一系悬挂）→构架→牵引拉杆→车体→车钩。

（3）横向力。

横向力的传递路径为：钢轨→轮对→轴箱→圆锥叠层弹簧→构架→横向止挡→中心销装置→车体。

4.8.4 西安地铁 1 号线车辆转向架

该转向架适用于新型电动轨道车辆的无摇枕焊接结构转向架，设有一系悬挂的橡胶弹簧和二系悬挂的空气弹簧。该转向架的设计，具有轻量化、技术成熟、性能可靠、检修方便、易于分解和组装等特点。西安地铁 1 号线车辆动车转向架结构如图 4-85 所示，拖车转向架结构如图 4-86 所示。

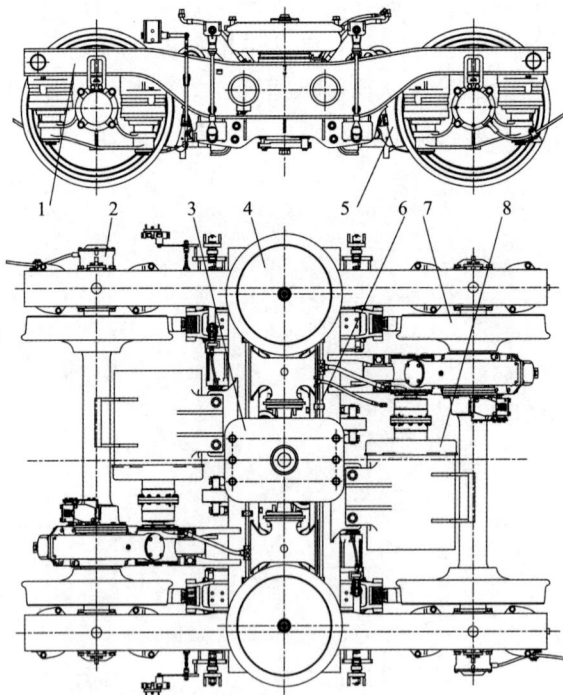

图 4-85　西安地铁 1 号线车辆动车转向架

1-构架组成；2-轴箱装配；3-中央牵引装置；4-二系悬挂组成；5-基础制动装置；6-配管组成；7-轮对装配；8-牵引驱动装置

西安地铁 1 号线车辆转向架的结构特点如下：

（1）转向架采用无摇枕两轴转向架。

（2）构架采用箱型低合金钢板、无缝钢管焊接结构，H 形构架。

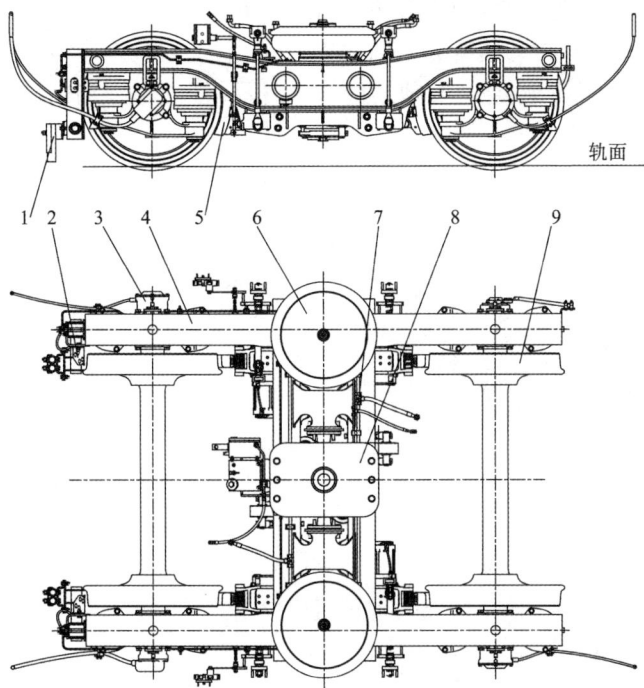

图 4-86 拖车转向架

1-排障器组成;2-轮缘润滑装置;3-轴箱装配;4-构架组成;5-基础制动装置;6-二系悬挂组成;7-配管组成;8-中央牵引装置;9-轮对装配

（3）轴箱悬挂采用圆锥叠层橡胶弹簧定位,圆柱滚子整体密封单元轴承,迷宫式防尘轴箱。在构架的两外侧各有两根安全钢索,当车辆出现异常状态时:①当空气弹簧处于过充状态,高度调整阀、压差阀同时处于故障状态时,由安全钢索实现车体和构架相对限位,限制空气弹簧的高度,保证车辆与限界之间的有效安全距离,从而保证车辆的行车安全;②当车辆掉道发生倾斜时,能保证车辆在隧道内最小空间范围车体复位,保证乘客安全。在紧急救援整车起吊时,保证在吊起车体的同时,通过安全钢索将转向架连同车体一起被吊起,而不用松开牵引装置中心销的连接。

（4）在转向架构架与车体之间设置二系悬挂及中央牵引装置,中央牵引装置采用 Z 字形布置的牵引拉杆装置。

（5）牵引电机采用架悬式安装,一级减速装置弹性吊挂在构架上。

（6）车轮采用整体辗钢车轮,LM 磨耗型踏面。

（7）基础制动装置采用单侧踏面制动单元。每轴两台制动单元,其中一台带有停放制动功能。

（8）装设湿式轮缘润滑装。50%的列车配备了湿式轮缘润滑装置,降低了轮缘的磨耗,延长了轮对镟修周期,提高了轮轨的使用寿命。

4.8.5 成都地铁 10 号线车辆转向架

成都地铁 10 号线一期车辆转向架 SDA-100（CD10）,分为动车转向架（M 转向架）和拖车转向架(T转向架),均为无摇枕结构(图4-87)。两者的主要区别是:动车转向架有牵引驱动装置(牵引电机、齿轮传动装置和联轴节),动车用构架设有牵引电机吊座、齿轮箱吊座等;拖车转向架没有牵引驱动装置,其他结构基本相同。此外,在转向架上还装有轴端设备、排障器及信号装置等部件。

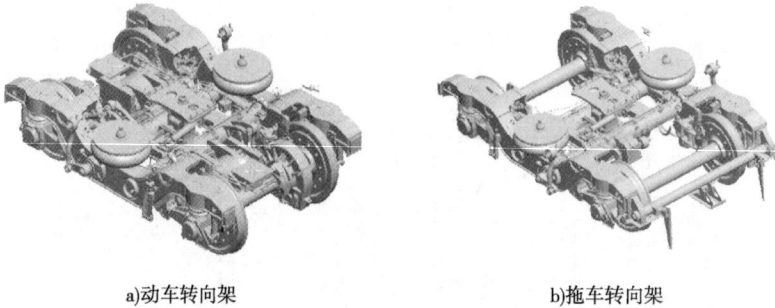

a)动车转向架　　　　　　　　　　b)拖车转向架

图4-87　成都地铁10号线车辆转向架

SDA-100转向架的结构特点如下:

(1)轮对轴箱装置主要由轮对组成、轴箱组成以及一系悬挂装置构成,结构如图4-88所示。一系悬挂采用转臂轴箱定位结构,具有较大的水平定位刚度,能提高车辆的临界速度,同时,具有较低的垂向刚度,可以保证较好的垂向舒适性,降低车辆轮重减载率和脱轨系数,提高运行安全性。轴箱轴承采用在地铁车辆及电气化铁道系统中经过运用验证的进口双列圆锥滚子轴承,为自密封结构。轴承的检修周期为6年或80万km,寿命大于200万km。

图4-88　轮对轴箱装置

用螺旋钢弹簧和一系垂向减振器配合组成一系悬挂装置,代替传统橡胶弹簧,避免橡胶弹簧蠕变造成一系高度的变化,同时为调整转向架构架与轮对之间的高度满足规定范围,可在整车落成状态下通过在螺旋钢弹簧下部加垫形式进行调整。在每个轴端设置一个轮对提吊,可在转向架及整车起吊过程中对轮对进行起吊。

车轮安装降噪阻尼环。车轮降噪阻尼环可在车轮发生振动时,通过与车轮之间摩擦产生界面阻尼耗能,起到抑制车轮径向和横向模态振动的作用,减少车轮向外辐射噪声,从而获得较好的降噪效果。

(2)在转向架构架与车体之间设置二系悬挂及中央牵引装置,主要由空气弹簧、中央牵引装置、二系横向油压减振器、压差阀、自动高度调整装置、横向止挡等组成,如图4-89 所示。采用小刚度、大柔度的空气弹簧来改善车辆乘坐舒适性,同时空气弹簧气囊下的紧急弹簧(橡胶堆)具有较低的垂向和横向刚度,可以保证在空气弹簧失效的紧急工况下,车辆仍然能够按照正常速度安全运行。

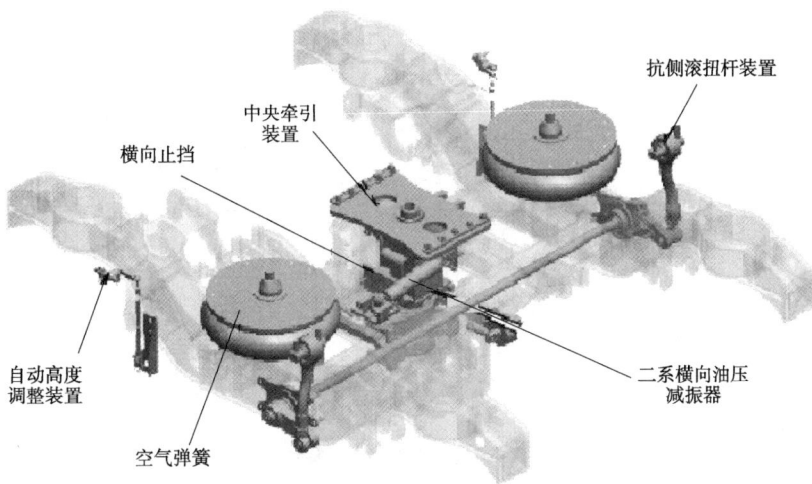

图4-89 二系悬挂及中央牵引装置

每台转向架设置两个横向油压减振器,安装在构架横梁与牵引梁之间,衰减车辆的横向振动,同时通过空气弹簧中阻尼节流孔来衰减车辆的垂向振动。

(3)牵引装置采用Z字形全弹性无间隙牵引装置,通过优化牵引刚度,隔离转向架纵向伸缩振动,减小中心销向车体的传递。

(4)横向止挡用来限制车体的横向摆动。横向止挡采用弹性橡胶堆,具有适当的弹性以满足运行平稳性(舒适度)要求。所有与弹性橡胶堆相接触的转向架零件都经特殊涂层处理以防腐蚀。

(5)采用抗侧滚扭杆,能够严格限制车体通过曲线时离心力和侧向风产生的倾斜运动,将车体相对于转向架构架的倾斜严格控制在扭杆的扭转弹性范围之内,使车辆运行在包络线的允许范围内,提高车辆的倾覆安全性。

(6)二系悬挂设置过充止挡,既能防止空气弹簧垂向过充,又可实现整体起吊功能,使吊起车体时能够将转向架一起吊起。

(7)构架进行防腐处理。内部腔体灌涂防腐液,通过隔绝空气起到防腐的效果。

(8)动车和拖车转向架的基础制动装置均采用轮盘制动。制动盘采用铸铁盘,能够满足车辆最高运行速度下连续两次紧急制动的热负荷要求。每个转向架设置两个带停放的夹钳制动单元,有效降低了车轮踏面的异常磨耗发生概率,提高了车轮的使用寿命。

4.8.6 北京地铁燕房线(无人驾驶)车辆转向架

北京地铁燕房线的平稳运行速度为80km/h,最高可达100km/h,已于2017 年12 月30日投入运营。该线路车辆采用B 型车,4 节编组,直流750V、第三轨供电,其车辆转向架结构如图4-90 所示,相关参数见表4-2。

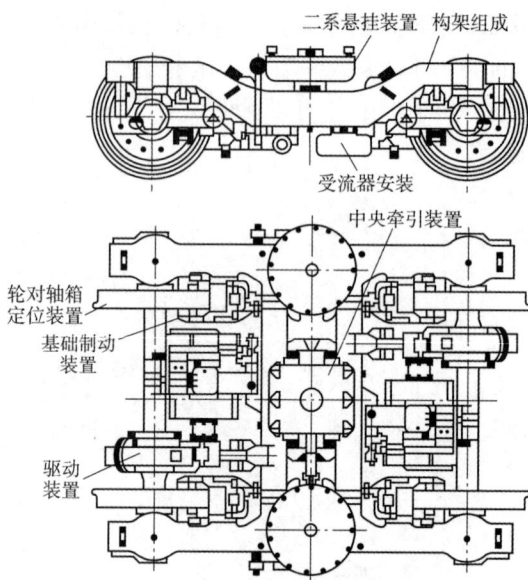

图 4-90　北京地铁燕房线转向架

北京地铁燕房线车辆转向架参数　　　　　　　　　表 4-2

项　　目	转向架形式	
	Tc 车	M 车
最高运行速度(km/h)	100	
轴距(mm)	2300	
轴箱间距(mm)	2050	
车轮直径(mm)	840/805/770	
一系定位方式	转臂式	
二系减振方式	圆珠弹簧＋减振器	
最大长度(mm)	3633(有天线)	3222
最大宽度(mm)	2944(含受流器)	
空气弹簧距轨面高度(mm)	895	
空气弹簧有效直径(mm)	505	
基础制动装置	轮盘制动	
中央牵引方式	Z 字形拉杆	
制动倍率	2.6	

北京地铁燕房线车辆转向架采用无摇枕转向架,分为动车转向架和拖车转向架,其结构特点如下:

(1)转向架采用轻量化设计。动车转向架构架和拖车转向架构架主体结构基本相同,为 H 形钢板焊接结构,由横梁、侧梁以及各种吊座组成。侧梁采用钢板焊接箱型结构,横梁采用无缝钢管结构,横梁与侧梁之间以连接座的形式进行连接。动车转向架的质量不大于 7.8t。

(2)可靠性高。轴箱和构架之间安装有一系悬挂系统,一系悬挂主要包括一系圆钢弹簧、橡胶垫、一系垂向减振器和调整垫等。轴箱采用转臂式定位方式、迷宫式防尘结构,整体铸造,结构尺寸紧凑。在动车轴箱上安装有防滑装置,在拖车轴箱上安装有测速装置和防滑装置,轴承的型式为双列圆柱、自封闭结构。

轮对由车轴和车轮过盈配合压装而成,分为动车轮对和拖车轮对,车轮采用全加工直辐板整体辗钢轮,其上安装有制动盘。

(3)高舒适度设计。二系悬挂采用无摇枕空气弹簧,主要由空气弹簧、高度调节阀、水平杠杆、调整杆、压差阀和抗侧滚扭杆装置组成。空气弹簧采用欧式大胶囊结构,其低横向刚度有利于改善乘坐舒适性和通过曲线的能力,可有效地减缓来自车体的垂向及横向作用力。

(4)中央牵引装置由 Z 字形拉杆、牵引梁、中心销构成,将构架的牵引或制动力传递给车体。

(5)驱动装置主要由牵引电机、齿轮箱和联轴节等组成。牵引电机采用架悬式安装在构架的电机吊座上,齿轮箱采用防震缓冲橡胶关节并悬挂在转向架上。

(6)基础制动装置采用轮盘式单元制动,并设有停放制动单元。单元制动缸内均设有闸片自动调整器,保证制动盘面与闸片间隙为 15mm,闸片与闸片托之间采用燕尾槽结构,便于闸片的安装和维护。采用高磨耗制动闸片,制动热容量大。

(7)无磨耗件设计。转向架中大量采用了橡胶弹性结构,一方面方便维护,另一方面减少了工作量缩短了检修、维护周期。

4.8.7　ART 车辆转向架

ART(Advanced Rapid Transit) 车辆是一种先进快速运输车辆,现应用于北京地铁首都机场线,由庞巴迪公司生产制造。ART 转向架分为 A 车转向架和 B 车转向架,具体结构分别如图 4-91 和图 4-92 所示。

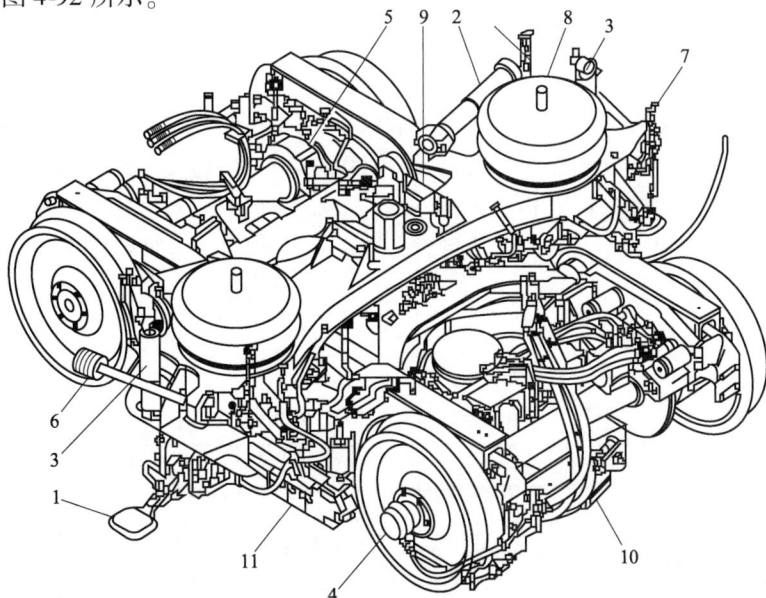

图 4-91　ART 车辆 A 车转向架结构组成

1-电流集电器桨;2-横向减振器;3-垂直减振器;4-转速计;5-接地电刷;6-牵引杆;7-安全吊索;8-气袋;9-横向缓冲器;10-直线电机 LIM;11-轨制动器

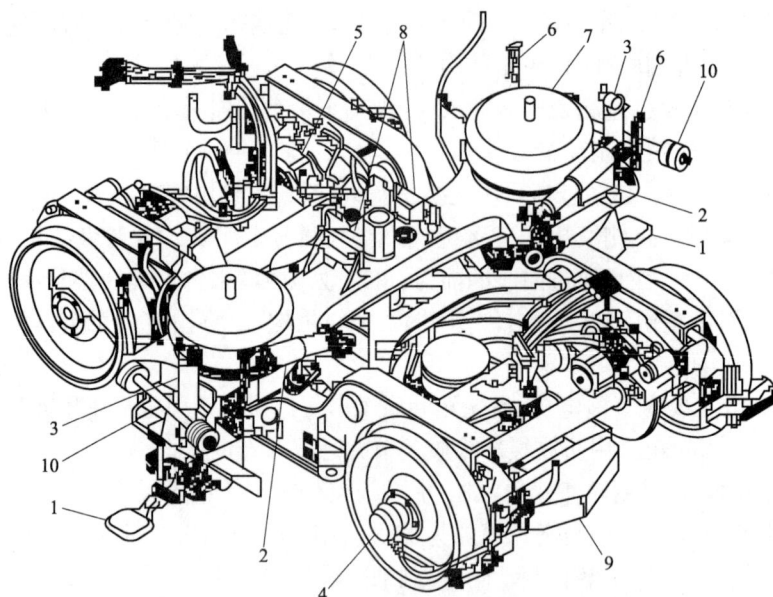

图 4-92 ART 车辆 B 车转向架结构组成

1-电流集电器桨;2-横向减振器;3-垂直减振器;4-转速计;5-接地电刷;6-安全吊索;7-气袋;8-横向缓冲器;9-直线电机 LIM;10-轨制动器

1)结构特点

ART 转向架为四轮内轴承型,包括有预制钢构架,以及提供有可转向的车轴、叉臂、第二级空气弹簧悬挂和摇枕。最大设计速度为 120km/h,最大运行速度为 110km/h,承载为 17000kg。

通过空气弹簧悬挂,垂直负载从车身摇枕传输到转向架摇枕,并通过低摩擦旁承传输到转向构架上。

转向架具有可转向机构,它允许车轴在曲线段时转向。机构的几何形状是对称的,以改善转向架的动态行为。转向架配备有推进元件、制动设备、集电装置和转速计。

通过外叉臂、转向机构、转向构架和转向架摇枕,纵向力从直线电机 LIM 传输到车辆。中心销提供转向构架和摇枕之间的相关旋转。牵引和制动力通过弹性安装牵引杆从转向架摇枕传输到车身。

2)主要尺寸

ART 车辆转向架的主要尺寸见表 4-3。

ART 车辆转向架的主要尺寸   表 4-3

项 目	尺寸(mm)
转向架总高	2780.15
转向架总宽(减去电流集电器)	2594.01
转向架整体尺寸(包括电流集电器)	2949.74
车轮直径(新)	660
车轮直径(已磨)	632.01

项　　目	尺寸(mm)
轮背对轮背距离	1356
转向架轴距	1900
第一系悬挂顶部	500
第二系悬挂顶部	892
距运行轨面的车辆地板高度	1080

4.8.8　直线电机转向架

广州地铁直线电机地铁车辆采用 BM3000-LIM 型转向架,该转向架是由庞巴迪公司研制开发的直线电机地铁车辆专用转向架,属于柔性悬挂径向转向架。动车转向架结构如图 4-93 所示,主要包括构架、摇枕、轮对、轴箱装置、一系悬挂、二系悬挂(中央悬挂)、牵引杆、直线电机吊挂及调整装置、基础制动装置、集电靴等部件。转向架以高锰合金钢材焊接而成,内置式布置,以降低自重。轴箱、一系圆锥形叠层橡胶弹簧悬挂采用内置方式,具有利于曲线通过的轮对导向能力,适合小半径曲线通行,并且能够有效减少轮缘磨耗。

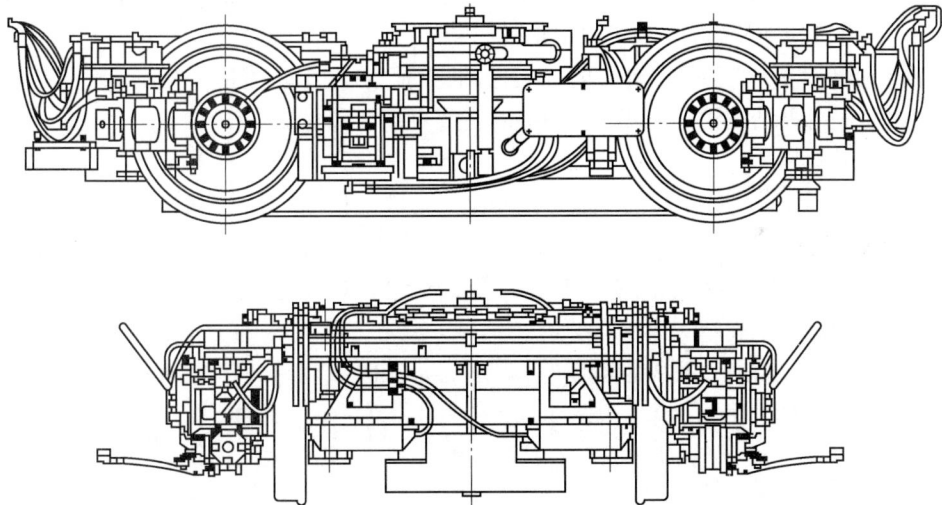

图 4-93　直线电机车辆动车转向架

4.9　转向架日常检查、维护与架修检查

本节以西安地铁 2 号线为例,介绍转向架的日常检查与维护事项。

4.9.1　转向架日常检查与维护

1)转向架隔日检作业内容及标准

电客车隔日检分为隔日检 A 和隔日检 B,侧重点有所不同,但检查标准一致,作业内容及标准如下。

（1）基础制动装置。

①检查基础制动装置状态正常，闸瓦托横穿销及外侧开口销正常、无断裂，开口角度不低于60°，单元制动缸安装螺栓紧固。

②检查闸瓦无裂纹，闸瓦销安装牢固。闸瓦厚度不过限，当闸瓦厚度小于刻线（15mm）时，需更换闸瓦。

③检查制动单元、制动管路无泄露，踏面制动单元及各管路外观状态良好。检查手动缓解拉链无断裂损伤，通气管无破损及丢失。

（2）轮对轴箱装置。

①检查车轮踏面无异常，擦伤深度和剥离不得超限，使用车辆车轮第四种检查器进行测量。达到下述标准时，车轮应当镟修：

擦伤限度标准为：一处以上长度大于40mm；两处以上的在20～40mm；四处以上的在15～20mm；擦伤深度大于1mm。

踏面剥离限度标准为：一处剥离在圆周方向超过30mm的持续长度、深度大于1mm；两处及以上剥离在圆周方向超过20mm的持续长度并且间隔不小于15mm、深度大于1mm。

②检查降噪阻尼环外观无异常，降噪阻尼环连接器安装正常，无松动或丢失。

③检查轴箱箱体无裂纹，无漏油，端盖的固定螺栓防松铁丝无断裂；轴箱上防滑速度传感器探头、各电缆线无异常，线卡子固定正常。

④检查轴箱弹簧外观完好，连接螺栓无松动，无损伤、变形，无油污。轴箱弹簧臭氧裂纹深度不超过3mm，黏结裂纹深度不超过3mm，长度不超30mm。

（3）转向架构架。

检查构架外观良好，各部状态正常。各螺栓、螺母、销子等紧固件安装良好，无松动、损伤，防松线清晰无错位；开口销角度应不低于60°。构架悬挂件（牵引拉杆、牵引电机仅Mp、M车进行检查）安装座无裂纹；检查头车排障器和查询器天线支架安装固定螺栓无松动。

（4）二系悬挂及中央牵引装置。

①检查牵引中心销上、下端固定良好，防松线无错位；牵引拉杆两端底部锁紧板处螺栓无松动，防松线无错位。

②检查空气弹簧无划伤，无泄漏，无化学品和油附着，裂纹、磨损深度不过限。

空气弹簧使用标准为：空气弹簧气囊的裂纹深度超过1mm或长度超过30mm不得使用；气囊的磨损深度超过1mm（帘布外露）不得使用。

鼓包判定标准为：脱离两处或两处以上，气囊鼓包直径大于20mm；或者脱离只有1处，直径大于30mm；或者出现一群颗粒状的脱离，则不能使用。

③检查齿轮箱吊杆头部螺母及开口销状态正常。

④检查油压减振器无漏油、安装良好。横向止挡橡胶件无龟裂、异常磨耗、损伤，安装良好。压差阀无泄漏。

⑤检查高度调整阀安装良好，无泄漏。调整杆、水平杆及连接点状态良好，开口销无丢失，防护拉环无断裂。

⑥检查安全钢索安装状态良好，关节轴承球头无卡死，止动垫片及防松螺母无松动。

⑦检查车体与构架间的接地线良好。

⑧耳听防滑阀无空气漏气。

（5）牵引驱动装置。

①检查牵引电机安装座螺栓无松动，电机冷却风进口无异物。通往电机的电源线连接良好，无磨损，电机接地线良好、无松动、无老化。

②检查齿轮箱及连接处无漏油，油脂无乳化且油位在上、下标线之间。

③检查联轴节防护罩正常。

④检查接地回流装置安装正常，接线端子无松动。

⑤检查各连接螺栓防松线清晰无错位。

⑥检查齿轮箱吊杆表面无开裂，储油套无渗油，安全止挡紧固状态正常。

⑦目视各空气管道、风缸、连接软管以及各设备配管接头紧密，耳听无空气泄漏。

2）电客车均衡修作业内容及标准

（1）构架。

①检查转向架构架外观良好，各部状态正常。各紧固件安装良好，无松动、损伤。

②检查防松线清晰，无错位，防松措施无异常。

③检查各销子、垫片、开口销安装良好，无松动、损伤，开口销角度在不低于60°。

④检查构架悬挂件（牵引拉杆、牵引电机）安装座焊接点无裂纹。

⑤检查车体与构架间的接地线安装状态良好，无断股、无干涉现象。

（2）轮对轴箱装置。

①轮对、踏面外观检查。

a.目视检查轮毂标记线清晰无错位，防松标记无异状。

b.检查降噪阻尼环外观无异常，降噪阻尼环连接器安装正常，无松动或丢失。

c.车轮踏面形状无异常，符合 LM-32 型踏面规定。

踏面异常磨耗有内类情况：第一类情况为在轮对踏面与钢轨接触位置，磨耗严重时产生虚假轮缘现象（图 4-94）；第二类情况为在闸瓦与踏面接触位置，磨耗严重时导致踏面呈沟槽状，不仅影响踏面与闸瓦的配合，也极大地降低了轮对寿命。

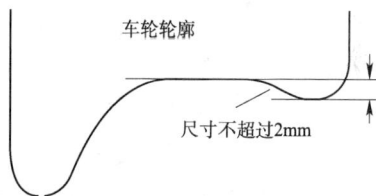

图 4-94　车轮异常磨耗

d.检查轮对擦伤、剥离不超过限度及不存在其他异常情况，必要时进行测量。如轮对踏面缺陷达到下述标准时，车轮应镟修。

擦伤限度为：一处以上长度大于 40mm；两处以上的在 20～40mm；四处以上的在 15～20mm；擦伤深度大于 1.0mm。

剥离限度为：一处剥离在圆周方向超过 30mm 的持续长度、深度大于 1.0mm；两处及以上剥离在圆周方向超过 20mm 的持续长度并且间隔不小于 15mm、深度大于 1.0mm。

②轮对测量检查。

a.测量轮缘厚度、高度。

轮缘高 27～35mm，轮缘厚 23～33mm，小于 23mm 时禁用。

b.测量轮径值。

轮径应大于 770mm，车轮直径差满足同一轮对不大于 2.0mm，同一转向架不大于 4.0mm，同一辆车不大于7.0mm。

③轴箱弹簧。

a. 轴箱弹簧完好,无损伤、变形,无油污,橡胶无受损,螺栓无松动;轴箱弹簧橡胶零件的黏接裂纹深度不越过3mm,长度不越过30mm;臭氧裂纹不越过3mm。

b. 各轴箱润滑脂无渗漏,箱体无裂纹,端盖的固定螺栓防松铁丝无断裂。一系簧下盖螺栓紧固状态正常,防松线无错位,防松铁丝及垫片状态正常。

c. 轴箱上防滑速度传感器、ATP速度传感器安装正常,各电缆线无磨损和刮伤,接线端子无松动,表面清洁、线卡子固定正常。

d. 如果轴箱弹簧故障更换时,在车辆风压正常且车辆处于AW0状态下,测量轴箱与转向架基准块的间距为110~120mm,四角高之差不大于4mm。新车到车辆段后,轴箱与转向架基准块的间距为110~124mm,四角高之差不大于6mm。如果轴箱顶部与转向架基准块的间距小于110mm,需要添加垫片,但垫片累计不能超过10mm。

(3)二系悬挂及中央牵引装置。

①空气弹簧。

a. 检查空气弹簧上面板和车体的空气弹簧座之间密贴,观察各零件无变形。

b. 检查空气弹簧无泄漏、无划伤,无化学品和油附着。

c. 检查空气簧及附加气室无漏气、压差阀无泄漏。

d. 检查橡胶气囊有无划伤、裂纹、老化、龟裂。

e. 当出现下面情况则需更换空气弹簧:

空气弹簧裂纹深度超过1mm或长度超过30mm不得使用;气囊的磨损深度超过1mm不得使用。

空气弹簧鼓包脱离不超过2处,气囊鼓包直径小于20mm或脱离只有1处,直径小于30mm。如果出现一群颗粒状态的脱落,则不能使用。

②安全钢索检查。

a. 检查安全钢索安装状态良好,固定状态正常。

b. 关节轴承球头无卡死,止动垫片及防松螺母无松动。

c. 目测尼龙套与索具套环内孔的间隙大于5mm时,或挡圈侧磨损至0.5mm时应更换尼龙套;关节轴承球头不锈钢套有松动窜出现象时,应更换关节轴承;止动垫片及防松螺母有松动现象、垫片有折断现象时,应及时更换;安全钢索绳断丝大于3%或受外力产生永久变形,或者连接套变形时,应进行更换。

更换后,调整安全钢索长度至$(565 \pm t)$mm(t为空气弹簧调整垫片厚度)。

③高度调整阀。

a. 旋转高度调整杆活动灵活且动作到位。

b. 调整杆、水平杆及连接点状态良好,开口销无丢失,防护拉环无断裂。

c. 高调阀安装良好、无泄漏及异常磨损。

④横向止挡。

检查横向止挡间隙均匀,橡胶件无龟裂,无异常磨耗、无损伤。

⑤牵引销、牵引拉杆。

a.检查牵引中心销上、下端固定螺栓防松线无错位;牵引拉杆两端底部锁紧板处螺栓防松线无错位。油压减振器、横向止挡等部件安装良好。

b.检查油压减振器无漏油现象,安装螺栓紧固。

(4)牵引驱动装置。

①牵引电机。

a.检查牵引电机安装座螺栓无松动,电机冷却风进口无异物,滤网无堵塞。

b.检查通往牵引电机的电源线连接良好,无磨损,航空插头防松线无错位。

c.检查牵引电机接地线无松动、无老化、无折断现象,固定卡子安装良好。

d.牵引电机表面无异常。

②齿轮箱、联轴节。

a.检查齿轮箱无漏油,油脂无乳化、变色现象。

b.检查联轴节安装正常,联轴节与牵引电机、齿轮箱连接处无漏油、甩油现象。

c.接地回流装置安装正常,接线端子无松动,接地端盖螺栓安装良好。

d.清洁接地回流装置正下方孔。

e.检查齿轮箱油位在上、下标线之间。

f.齿轮箱吊杆表面无开裂,储油套无渗油现象,安全止挡紧固状态正常,开口销状态正常。

4.9.2 转向架架修检查内容与要求

电客车架修是指从新车或上次大修起,每运行55万~75万km或每5年(以走行公里数为主)进行一次的检修。架修作业内容与技术要求如下。

1)转向架总体要求

(1)对转向架的构架、轮对轴箱、轮对轴承、横向油压减振器、踏面制动单元、牵引盘、牵引拉杆、高度阀杆、速度传感器、接地装置、排障器、制动管路等部件进行分解检修。

(2)对空气弹簧、中心销、齿轮箱、横向缓冲器、排障器、天线支架、安全钢索、各线缆插头等部件进行状态检测。

(3)对一系弹簧、中心牵引盘缓冲橡胶、制动软管、各紧固件等进行更新,并按要求进行紧固。

(4)清洗转向架各部件表面,不允许使用腐蚀性或温度超过70℃液体进行清洗,转向架各管路进气口、各线缆插头、螺纹盲孔等部位做好防水处理。

2)转向架构架检修

(1)使用碱性脱脂溶液,通过高压设备清洗构架。

(2)对构架关键承载部分及焊缝进行脱漆,并对关键设备安装座焊缝表面进行磁粉探伤;各焊缝脱漆范围的长度、宽度覆盖整个焊缝,宽度边界不能超出焊缝边界10mm以上。

(3)构架表面检测,当构架表面缺陷达到规定限度时,须对缺陷部位进行打磨消除;当缺陷大于规定限度,但小于设备板厚的20%,且缺陷面积不大于400mm²时可焊修;当腐蚀、磨损深度超过该处原设计厚度的20%或面积大于400mm²时应更新构架。

(4)确认构架没有任何缺陷后,对构架表面重新涂装,对加工和配合面涂防锈油,并进行保护;对非加工面和配合面喷涂底漆和面漆。

(5)使用静载试验台对附加气室及空气弹簧进行气密性实验,检查空气弹簧压力是否变化,如无变化,则检查压差阀状态。

(6)对每列架修电客车构架进行三维尺寸抽检,按照20%抽检(首列车按照50%抽检),对弯曲变形超出规定尺寸的构架进行更换,并返厂调修。

3)轮对轴箱检修

(1)轮对轴箱装置分解。

①拆下轴端防滑速度传感器、ATP测速传感器(信号专业负责)及线缆等部件。

②拆下轴端端盖及其密封圈、线缆支架、轴端压盖等部件(轮对轴端装置共分为三类),以及以上部件所有紧固件和垫片更换新件。

③将轴箱、防尘挡圈及成套轴承从轮对轴端拆除,并将其分解。

(2)轮对维修。

轮对进行架修时,需要对轴身进行整体脱漆探伤、轴承分解检修、测量选配、跑合试验等维修内容。对轮对数据进行测量、镟修,必要时进行退轮更换。

①清除车轴表面污垢、锈迹,对整体表面清漆进行脱漆处理后,对车轴轴颈部位进行磁粉探伤检查,对车轴进行超声波探伤,并检查轴颈表面及防尘板座符合限度标准。

②对轮饼轮径值进行测量,架修时,轮径值小于790mm时,须对轮饼进行更换。其余数据必须满足以下标准,如不满足,需要对车轮进行镟修。

轮对内侧距:(1353±2)mm;

轮对内侧距离:任意三处相差不得超过1mm;

轮径差:同一轮对不大于1.0mm;同一转向架不大于3.0mm;同一辆车不大于6.0mm;

轮缘厚:23~33mm;

轮缘高:27~35mm。

对轮饼踏面表面进行检查,如果擦伤达到以下程度,应当进行镟修:

擦伤标准为,一处以上的长度大于40mm,两处以上的长度在20~40mm,四处以上的长度在15~20mm;

深度标准为大于0.5mm且无剥离。

(3)轴箱维修。

对轴箱探伤表面进行脱漆,对其重要受力部位进行磁粉探伤,检测无裂纹。检测完毕后进行重新涂装,并检查轴箱体内径表面纵向擦伤或划痕,若有则按照以下标准处理:

深度不大于1.0mm,允许将边缘棱角磨除后使用;局部磨耗深度不大于0.3mm时,允许使用,超过时需更换;如有锈蚀时须清除锈垢,除锈后允许局部留有除锈后的痕迹。轴箱体检修时,轴箱体内径表面,允许存在5个直径不大于3mm、深度不大于2mm的砂眼或气孔,超过时须报废。

(4)防尘挡圈维修。

将防尘挡圈、轴箱、轴承从轮对轴端退卸,更换防尘挡圈新件。

(5)轴承检查。

更新轴承密封圈,对轴承进行超声波探伤和疲劳解析,须满足使用要求。对轴承的各个部件(外圈、内圈、挡环、滚子、保持架)进行检查,对轴承进行尺寸、游隙检查。

(6)对拆卸完成后的轴端端盖、线缆支架、速度传感器进行整体清洁,并更新橡胶密封圈。

(7)轮对轴箱装置组装。

将轮对、防尘挡圈、轴承、轴箱、轴端压盖及轴端端盖等组装零部件,至少在选配前8h静置于同温组装间,并对轮对、防尘挡圈、轴承、轴箱进行选配。

(8)试验。

对组装好的轮对轴箱装置进行轮对跑合试验、齿轮箱跑合试验。跑合试验完成后,检查注油堵表面无异物吸附,若发现异物,须清除异物并重新更换跑合油进行试验。

4)驱动装置检修

(1)齿轮箱检修。

检查齿轮箱箱体外观及各连接件、大齿轮状态完好,测量齿轮箱的横向窜动量、齿轮的啮合间隙、小齿轮轴承间隙符合标准;更新齿轮箱润滑油,确保油位线在齿轮箱油位表上下刻度之间。

(2)吊杆装置检修。

对齿轮箱吊杆进行脱漆探伤,更新润滑脂存储套,检查专用销轴、专用衬套以及关节轴承外观状态良好。

(3)接地装置检修。

清洁接地炭刷电刷盒,更新接地炭刷固定螺栓及特殊垫片。

5)附属部件检修

(1)检查线缆外观表面良好,无破损、老化等情况。重新安装螺栓,紧固件打扭矩,涂防松标记。

(2)更新转向架管路与踏面制动单元之间的软管,对管路内部进行吹扫,去除管路内部杂质后更新管路密封的橡胶件及软管,对制动管路内部进行吹尘,要求管路内部顺畅、无阻塞物;对构架管路外观进行检查,不得存在破损、变形,否则须进行更换。

(3)退卸、清洁、组装联轴节,更换有裂纹、损坏的联轴节。更新联轴节的连接螺栓及密封圈,组装完成后加注油脂。将润滑油涂抹在螺母端面,将二硫化钼涂在上下螺母之间。

(4)更新所有的一系弹簧及其紧固螺栓,要求如下:

①原则上,在同一辆车上,使用同样颜色标记的橡胶弹簧。

②在一个转向架上不允许同时使用新的和旧的橡胶弹簧。

③更换时,按一辆车为单位(16个)进行更换。

弹簧根据高度不同分成三类,颜色区分条件见表4-4。

弹簧高度偏差与分色情况　　　　　　　　　　　　　表4-4

弹簧高度偏差(mm)	颜　　色
$-2 \sim -0.067$	白
$-0.066 \sim 0.066$	黄
$0.067 \sim 2$	红

6）二系悬挂装置检修

（1）对空气弹簧胶囊、橡胶堆进行检修，胶囊磨耗、外伤达到帘线或者帘线暴露出来须进行更新；对底座锈蚀锈蚀进行打磨，要求圆滑过渡；检查橡胶堆的橡胶和金属件的黏接部分及橡胶的裂纹不超限；对金属件进行除锈防锈处理，更新 O 形圈并均匀涂抹一层二硫化钼。

（2）对空气弹簧进行气密性试验。

（3）检查横向油压减振器无漏油现象，更新密封件，检查橡胶关节破损情况，检查减振器性能能够满足漏油试验、衰减力试验要求。

（4）对高度调整杆组成分解清洗检查，要求无变形，生锈等异常损坏。组装时在上下球头关节涂抹防锈润滑剂。组装完成后，须确保关节轴承灵活。

（5）清除安全钢索外部污垢并涂抹锂基润滑脂，断丝大于 3% 或受外力产生永久变形，或者连接套变形时，应重新更换。

7）中央牵引装置检修

（1）清洁牵引梁表面，对其进行整体脱漆探伤，要求无裂纹；更新牵引梁的中心销套。

（2）对牵引拉杆进行整体脱漆探伤，要求无裂纹，更新牵引拉杆橡胶关节。

（3）对中心销销轴进行探伤，要求无裂纹。

（4）检查横向止挡外观，橡胶无老化、变形、龟裂等，更新其紧固螺栓。

8）其他设备检修

（1）对 Tc 车一位端转向架构架的排障器进行分解，对安装座受力部位进行脱漆探伤，要求探伤部位无裂纹。

（2）对 ATP 天线支架安装组成进行分解，对焊缝及关键受力部位进行脱漆探伤，要求无裂纹。

9）转向架组装

（1）将构架组成与轮对轴箱装置进行组装，安装空气弹簧、提升止挡、牵引电机、踏面制动单元、横向止挡、高度阀杆、速度传感器及线缆、管路等部件，更新紧固螺栓，重新安装螺栓紧固。

（2）将齿轮箱吊杆与齿轮箱连接，装好润滑脂集贮器，并注入润滑脂；在将上部与齿轮箱吊挂安装座相连，重新安装螺栓紧固，更新缓冲橡胶。

（3）将牵引电机、制动踏面单元、连接线缆、高度调整杆等零部件组装，重新安装螺栓紧固。

（4）将各部件气路连接；将牵引电机侧联轴节与齿轮箱侧联轴节相连，重新安装螺栓紧固。

（5）为齿轮箱注润滑油，检查油位情况，油位应在两刻线之间且无泄漏。

10）转向架试验

（1）气密性试验。

对转向架气路进行气密性试验，管路充风压力为（500±25）kPa，5min 内的压力泄漏不得超过 15kPa。

对转向架基础制动系统进行试验，为转向架上常用制动管路充风，压力在 250～350kPa，为停放制动管路充风，压力在 700～800kPa，分别对常用制动、停放制动进行功能试验。

（2）静载试验。

①调整轮重差与平均轮重比值在±2%范围内；调整轴重差与平均轴重比值在±2%范围内。

②转向架构架和轴箱之间的间隙调整。测量轴箱上平面与安装在构架侧梁侧面的止挡下面之间的距离，该距离应为117~124mm。四角高度差不大于2mm。

（3）空气弹簧高度调整。

测量空气弹簧上表面距离轨面高度，该高度应为(1100±10)mm。同一转向架两侧空气弹簧上表面高度差不大于2mm。

复习思考题

1.简述城市轨道交通车辆转向架的作用。

2.城市轨道交通车辆转向架主要由哪几部分组成？各部分有何作用？

3.转向架的主要技术要求是什么？

4.轴箱由哪几部分构成？其作用是什么？

5.简述LM型踏面的优点。

6.弹性车轮具有哪些特点？

7.城市轨道交通车辆转向架轴箱定位方式主要有哪些？

8.何为一、二系弹簧悬挂？在城市轨道交通车辆中，一、二系弹簧悬挂装置分别包括哪些主要部件？

9.试述弹簧装置的作用。

10.橡胶元件具有哪些优缺点？

11.空气弹簧有哪些特点？

12.简述杠杆式高度阀的组成及工作原理。

13.说明DP3压差阀的组成和工作原理。

14.试述油压减振器的工作原理。

15.如何调节油压减振器阻尼特性？

16.牵引连接装置的主要作用是什么？有哪几种形式？主要由哪几部分组成？

17.试述抗侧滚扭杆装置的组成和工作原理。

18.城市轨道交通车辆对驱动装置有哪些要求？

19.城市轨道交通车辆的驱动装置结构形式有哪些？

20.试述ZMA080转向架的主要结构特点，并说明其牵引力是如何传递的。

21.阐述ART车辆转向架主要结构特点。

22.试比较西安地铁1号线车辆与成都地铁10号线车辆转向架结构上的异同。

23.简述城市轨道交通车辆转向架日常检查工作的主要内容。

24.阐述城市轨道交通车辆转向架架修作业时，轮对及中央牵引装置的检修要求。

单元 **5** 城市轨道交通车辆车门

教学目标

1. 了解车门的分类及特点；
2. 掌握电控塞拉门的结构及工作原理；
3. 熟悉电控内藏门的结构及工作原理；
4. 能进行客室车门常见故障的检查与处理。

建议学时

6 学时

5.1 概 述

车门是城市轨道交通车辆的一个重要组成部件,与运行安全有着密切的关系。同时,由于城市轨道交通车辆具有运载客流大、乘客上下车频繁等特点,因此每列车的车门数量多、开度大、开关门动作比较频繁。目前世界各国城市轨道交通车辆的车门种类较多,可作不同分类。

5.1.1 按驱动方式分类

1)电控气动门

电控气动门是由压缩空气驱动传动气缸,再通过机械传动系统和电气控制系统完成车门的开关动作。机械传动系统的作用是将传动气缸活塞杆的运动传递至车门,使车门动作。电气控制系统包括气动门控制、再开门控制、车门动作监视和列车控制电路联锁等内容,其作用是为了保证车门动作可靠和行车安全。车门的电气控制系统一般采用电子控制技术,可根据乘客和司机的不同要求编制程序修改操作过程,自动监控装置具有全方位监控车门系统、自动故障报警和记录等功能。为了防止车门夹伤乘客,现代自动车门还具有防夹功能。根据欧洲标准,规定在关门时最大挤夹力小于200N,在开门时最大挤夹力应小于250N。

2)电控电动门

电控电动门由电动机、传动装置(轴、磁性离合器、皮带轮和齿形皮带)、控制器、闭锁装置和紧急开门装置组成。齿形皮带与两个门翼相固定,闭锁和解锁所需的扭矩由电动机提供。另一种电气驱动装置为电动机通过一根左右同步的螺杆和球面支承螺母驱动滚珠摆动导向件和与其固定的门翼。

5.1.2 按开启方式分类

1)内藏式双页对开侧移门

开关车门时,门页在车辆侧墙的外墙与内护板之间的夹层内移动,传动机构设于车厢内侧车门的顶部,装有导轮的门页可在导轨上移动并与传动装置的钢丝绳或皮带相连接,借助气缸或电动机驱动传动机构,从而使钢丝绳或皮带带门页动作。车门机械装置如图 5-1 所示,它的主要特点是:气缸的尾部是铰接连接,而活塞杆的头部是球铰连接,因此整个气缸处于浮动状态,不会因车体变形而产生活塞在气缸内卡死的现象。

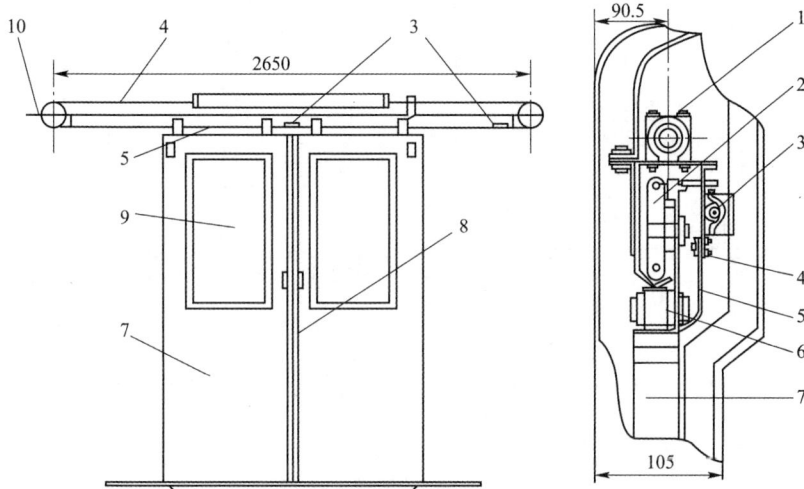

图 5-1 内藏式双页对开侧移门(单位:mm)

1-气缸;2-滚轮;3-行程开关;4-钢丝绳;5-导轨;6-小滚轮;7-门页;8-橡胶密封条;9-车门玻璃;10-定滑轮

如北京地铁车辆就采用了该种形式的车门,其有效开度为 1900mm × 1300mm。司机可操纵接钮通过电气控制系统实现对列车所有车门的同步动作,也可对没关好的车门单独进行再关门控制。车门由两大部分即机械传动系统和电气控制系统组成,其中机械传动系统包括传动气缸、传动系统和电磁阀等;电气控制系统包括控制电路、信号监视电路等。气动门的风源由主风缸通过主风管供给,主风管的压缩空气压力经减压阀减至 0.5MPa,通过支管截断塞门、电磁阀(常开阀或常闭阀)充至传动气缸内,推动活塞运动,再经钢丝绳、导轮、滚轮、导轨组成的机械传动部分使门动作。双向对开侧移门开门时间约为 2～3s,关门时间约 3～4s,门移动有快慢两挡速度,通过双活塞双向作用式传动气缸来实现,门翼快速运动时挤夹力为 740N,慢速运动时挤夹力为 320N。

2)外挂式侧移门

如图 5-2 所示,外挂式侧移门与内藏式双页对开侧移门的区别仅在于开关车门时,门页均处于侧墙的外侧,而车门驱动机构工作原理与内藏式对开侧移门相同。外挂式侧移门的优点是便于拆卸、安装与检修。

3）塞拉门

借助于车门上端的传动机构和导轨,塞拉门(图5-3)在开启状态时,门页贴靠在侧墙的外侧;在关闭状态时,门页外表面与车体外墙成同一平面,这不仅使车体外表美观,而且也有利于在高速行驶时减少空气阻力,同时车门不会因空气涡流而产生噪声,也便于自动洗车装置完成对车体的清洗。因此,塞拉门可使列车保持较好的流线型,同时具有密封性好、空气阻力小等优点。但塞拉门的缺点是结构复杂且造价高。

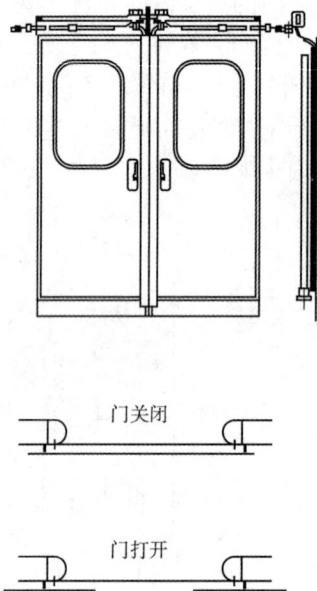

门关闭

门打开

图5-2 外挂式侧移门

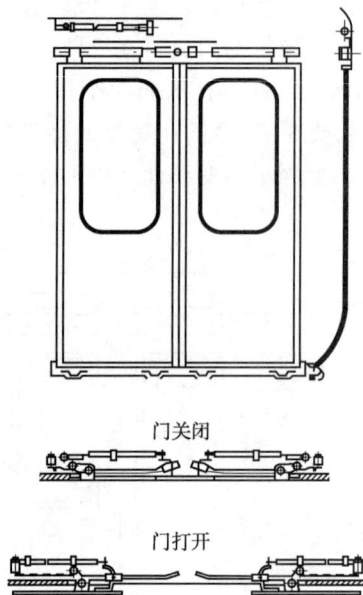

门关闭

门打开

图5-3 塞拉门

4）外摆式车门

开门时,外摆式车门(图5-4)通过转轴和摆杆使车门向外摆出并贴靠在车体外墙板上;门关闭后,门页外表面与车体外墙成一平面。这种车门的结构特点为开门时具有较大的门页摆动空间。

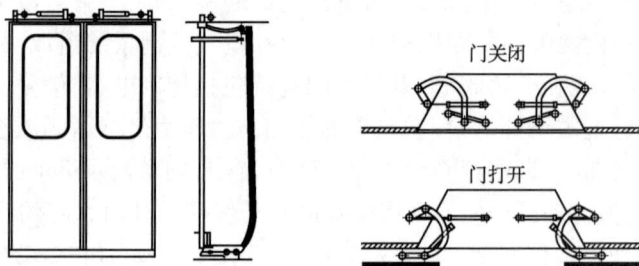

门关闭

门打开

图5-4 外摆式车门

5.1.3 按用途分类

除客室车门外,车辆的车门一般还包括司机室侧门、紧急疏散门以及司机室与客室之间的间隔门等。

1）司机室侧门

司机室侧门（图5-5）通常采用单门页，手动进行开启和关闭。出于行车安全及避免乘客进入司机室的考虑，侧门通常带有锁闭机构，需要使用专用钥匙才能打开。

2）紧急疏散门

列车在隧道内运行一旦发生火灾或其他紧急事故时，必须疏散列车上的乘客。为了保障乘客安全，一般在列车两端司机室的前端设有紧急疏散门（图5-6），紧急情况下由司机打开紧急疏散门，将安全疏散梯向前下放到路基上，作为通向地面的踏板。

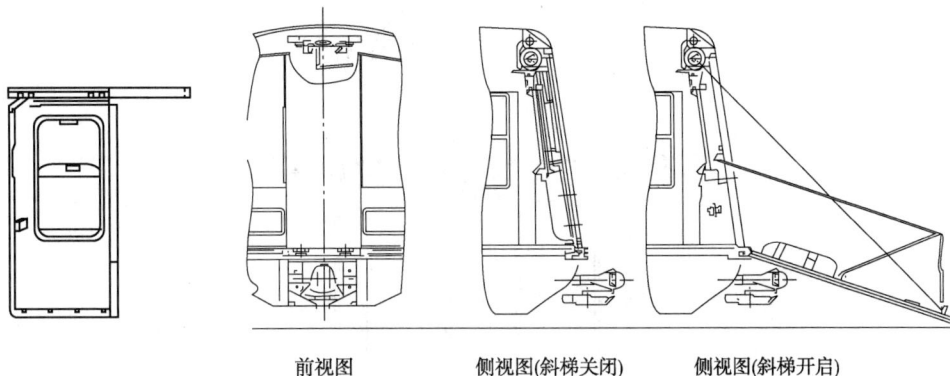

前视图　　　　　　侧视图(斜梯关闭)　　　　　侧视图(斜梯开启)

图5-5　司机室侧门　　　　　　　　　　图5-6　紧急疏散门

3）司机室分隔门

司机室与客室之间的分隔门主要用于分隔司机室和客室，防止乘客进入司机室，对行车造成影响。但在紧急情况下，乘客可以由解锁机构打开分隔门，通过司机室前端的安全疏散门进行疏散。

5.2　电控气动客室车门

5.2.1　客室车门结构

以广州地铁1号线车辆客室车门为例，客室车门系统主要由电气控制系统、空气驱动系统、机械传动系统、门机械锁闭机构、门页、导轨、紧急解锁机构、门状态检测及信号指示等组成，如图5-7所示。

5.2.2　客室车门的空气驱动系统及工作原理

广州地铁1号线客室车门为电控气动门，通过电控制压缩空气，再由压缩空气驱动车门的驱动风缸，通过机械传动系统完成车门的开关动作。每个车门的气动控制原理如图5-8所示。

1）组成部件。

（1）中央控制阀。

中央控制阀装置（图5-9）是控制车门动作的重要部件，其上集成安装了MV1、MV2、MV3

三个电磁阀及车门开关门速度节流阀、开关门缓冲节流阀和快速排气阀等部件,它位于车门传动装置上。

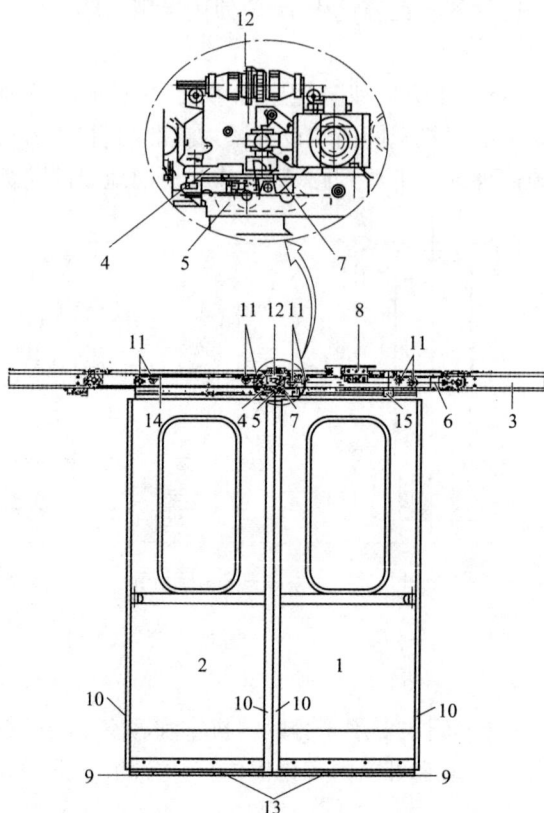

图 5-7 广州地铁 1 号线车辆客室车门结构

1-右门页;2-左门页;3-导轨;4-锁钩/紧急手柄;5-左门驱动连杆;6-驱动风缸;7-解锁风缸;8-中央控制阀;9-导向衬块;10-橡胶密封条;11-防跳轮/支撑滚轮;12-锁闭行程开关 S1;13-密封毛刷;14-钢丝绳;15-关闭行程开关 S2

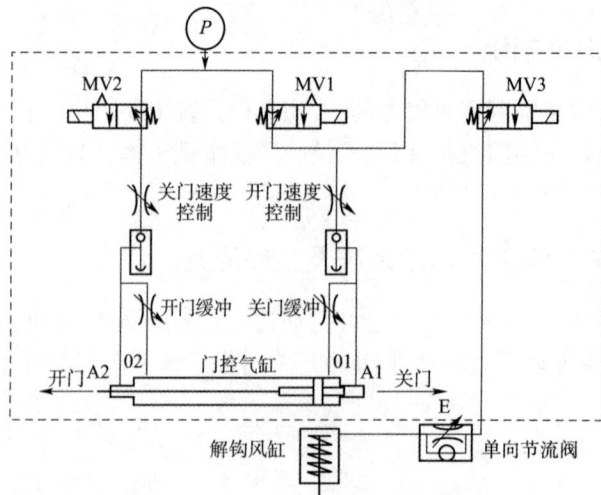

图 5-8 车门的气动控制原理图

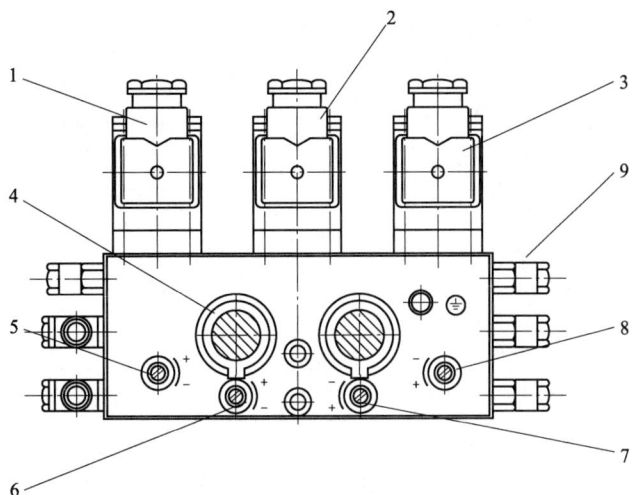

图 5-9　中央控制阀

1-关门电磁阀 MV2；2-解锁电磁阀 MV3；3-开门电磁阀 MV1；4-排气孔消音片；5-关门速度节流阀；6-开门缓冲节流阀；7-关门缓冲节流阀；8-开门速度节流阀；9-气路连接头

①"关门"电磁阀 MV2：在"关门"电磁阀的通常状态下（即失电），车门驱动风缸排气。

②"开门"电磁阀 MV1：在"开门"电磁阀的通常状态下（即失电），车门驱动风缸及解锁风缸都处于排气状态（通向大气）。

③"门解锁"电磁阀 MV3：解锁电磁阀得电时，解锁风缸与气路相连接，当有空气进入，锁钩就会被顶开。当该电磁阀处于通常状态下（即失电），解锁风缸排气，活塞缩回，锁钩在扭簧作用下复位。

④节流阀：共有 4 个，分别为开门速度节流阀、关门速度节流阀、开门缓冲节流阀、关门缓冲节流阀。向"＋"方向旋转，供气量增大；反之供气量减小。

⑤快速排气阀：共有 2 个，驱动风缸两端是通过快速排气阀排向大气的。它的排气口是常开的，当驱动风缸通过它充气时，其阀芯将排气口关闭。

（2）驱动风缸。

每个车门都设有一个单向作用的驱动风缸，用于实现门页的开、关动作。该风缸在一个行程末端有缓冲作用。驱动风缸活塞杆用活塞杆托架连接在左门页上。开门行程受安装在导轨上的止挡的限制。风缸和中央控制阀之间用尼龙管连接。

（3）解钩风缸：用来执行门锁解钩动作。

（4）车门行程开关。

①锁闭行程开关 S1（图 5-10）：该行程开关用于检测车门是否正确锁闭。S1 位于车门控制机构的中央，从车内观察，该开关位于紧急开门手柄的后面，通过锁钩上的凸轮操纵。当车门锁钩被顶开时，凸轮旋转使 S1 动作。

②车门关闭行程开关 S2（图 5-11）：该行程开关主要用于检测车门门页是否关闭到位，通过安装在右门页上的碰块触发该行程开关的动作。

③门切除行程开关 S3（图 5-12）：该行程开关用于检测车门是否切除。当单个车门发生电路检测故障时（通常是 S1、S2 接触不良造成），可以通过方孔钥匙切除该车门，S3 行程开

关的触点接通,将旁路该门的 S1、S2 行程开关。

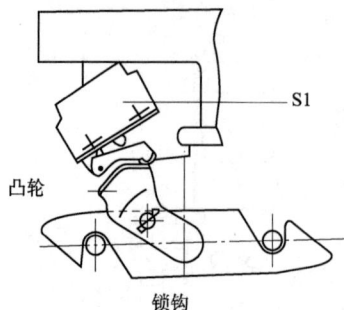

图 5-10 锁闭行程开关   图 5-11 车门关闭行程开关

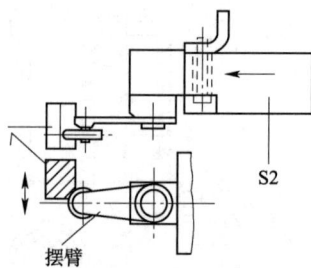

④门解锁行程开关 S4(图 5-13):该行程开关安装在车门控制机构中央的紧急开门手柄上方,由紧急开门手柄上的凸轮操纵。紧急情况下拉下紧急解锁手柄后,S4 的触点断开,使中央控制阀的 MV2 电磁阀失电,驱动风缸左腔的压力空气排往大气,这时可以通过双手把门页打开。

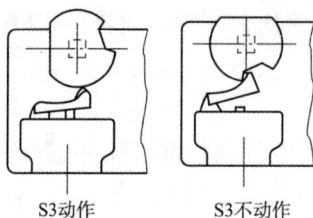

图 5-12 门切除行程开关   图 5-13 门解锁行程开关

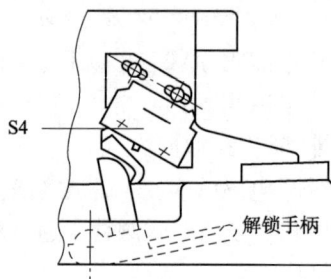

2)工作原理

(1)开门:MV1、MV3 得电,而 MV2 失电。气路的动作过程如下:

①进气。

压缩空气→MV1(得电)→MV3(得电)→节流阀→解钩风缸→顶开锁钩;
                →开门节流阀→门控气缸进气口 A1→活塞杆外伸。

②排气。

活塞左移→门控气缸排气 A2→开门缓冲节流阀→快速排气阀→大气。

当活塞的左端头进入气缸左端的小直径处,侧 A2 出口被封堵,大气缸内的气体只能从 02 一个出气口并经过开门缓冲节流阀到快速排气阀最终排至大气。由于 A2 出口的被堵,使得整个排气速度大大降低,从而使开门的速度有了一个极大的缓冲。

(2)关门:MV2 得电,而 MV1、MV3 失电。气路的动作过程为:MV3(失电)→解钩风缸排气活塞缩回→锁钩落锁复位。

①进气。

压缩空气→MV2(得电)→关门速度控制节流阀→门控气缸进气口 A2→活塞杆缩回。

②排气。

活塞杆右移→门控气缸排气 A1→关门缓冲节流阀→快速排气阀→大气。

关门缓冲的原理与开门缓冲的原理相同。

由于活塞杆的端头与左门门页及钢丝绳的一端相连接,而右门页与成环形绕接的下层钢丝绳相连接,故左、右门页在活塞杆运动时能同步反向移动。运动的速度则是先快后慢,最后使门页完全关闭或打开。

5.2.3　客室车门的电气控制

广州地铁1号线车辆的车门为电控气动门,其控制电路为110V有接点电路。车门作为关系行车安全的重要部件,因此必须采取必要的保护措施,确保当车门没有关闭到位时,列车无法起动。

车门既可在ATO(列车自动运行)模式下自动打开也可以由司机手动开关。考虑到安全的需要,门控信号有两种:门开使能、"开门"指令和"重开门"指令。

在通常的操作中车门打开可以由ATP来使能。门的电—气命令操纵一个单向作用的气缸使锁钩打开。这些操作都是在开门过程中通过中央控制阀来进行控制的。

只有当列车静止且在站台正确的位置时,ATP系统才能给出门使能信号。在URM(不受限制的人工驾驶)模式下操作,可以通过司机室的按钮来实现开门使能。在这种情况下,车门使能与牵引控制单元的0km/h信号互锁。乘务员钥匙也可用来单独打开某扇门。

门只有在司机操纵台启动下才能打开。当列车控制只连接ATP系统时,完成开门及关门的操作是不可能的。

1)车门控制的主要电路

(1)开关门控制电路:当满足司机台激活、列车速度为0、ATP给出门使能信号后,按下开门按钮,经过整列车、单节车、单个门的相关继电器使单个门的中央控制阀控制车门打开。开车前,按下"关门"按钮,时间继电器延时结束后,中央控制阀控制(详见车门气动控制部分)使车门关闭。

(2)车门的监测电路:由于车门状态关系到乘客及运行安全,只要检测到有一个车门没有正确锁闭,列车将无法起动。在运行过程中,如果有乘客将紧急解锁手柄拉下,列车将触发紧急制动并停车。

(3)重开门:当单个或多个车门没有完全关好时,可以按下"重开门"按钮重新把门打开并关闭(司机操纵台:8S06是重开右侧门;副司机操纵台:8S05重开左侧门)。若按钮一直按下,车门将一直打开直至松开按钮。已锁闭的车门将不会被打开。

(4)自动折返:如果司机操纵台在自动折返线时已锁,在ATP控制启动之前,开门命令一直保持有效。如果指令输出"列车控制已开"从列车前端转到尾端,则开门指令被尾端司机室控制取代。打开司机操纵台后,门就可以从该操纵台打开。

(5)用乘务员钥匙开门:每节车的19/17门和20/18门可以局部打开,主要取决于列车是否起动(蓄电池连接上)及压缩空气是否可以利用。开门指令由门上的乘务员可旋转钥匙开关(车内及车外)两个中的一个给出。开门命令存储下来后,门会一直开启,直到出现下面某种情况时关闭:

①门上的一个旋转钥匙开关给出局部关门命令;

②列车该侧给出"关门"指令;

③列车该侧给出"重开门"命令。

用乘务员钥匙进行局部开门,不依赖 ATP 的释放(或者在 URM 操作模式下速度为 0km/h),即使列车在驾驶时也可以进行局部开门。当门被切除时,不可以用乘务员钥匙来开门。

2)参与门控的继电器

(1)整列车控制所使用的继电器。

8K01、8K02:左右侧门的门使能继电器;

8K03、8K04:开门继电器;

8K05、8K06:延时断开继电器;

8K07、8K08:门未锁继电器;

8K09、8K10:整列车所有门关好继电器;

8K41:关门报警起动继电器;

8K42:关门报警电闪继电器;

8K43:关门报警继电器;

8K47:左边门开继电器;

8K48:右边门开继电器;

8K49:门关好监测继电器。

(2)单节车继电器。

8K21、8K22:解锁继电器;

8K23、8K24:开门继电器;

8K25、8K26:重开门继电器;

8K27、8K28:关门监测继电器;

8K29:17/19 门乘务员钥匙开门继电器;

8K30:18/20 门乘务员钥匙开门继电器;

8K45、8K46:关门报警继电器。

(3)每个门的控制继电器。

8K31、8K33、8K35、8K37、8K39:左边门门未切除继电器;

8K11、8K13、8K15、8K17、8K19:左边门开、关门继电器;

8K32、8K34、8K36、8K38、8K40:右边门门未切除继电器;

8K12、8K14、8K16、8K18、8K20:右边门开、关门继电器。

除此以外,每个车门均安装有 S1、S2、S3、S4 四个行程开关,以检测车门的状态。

3)车门状态及显示

(1)车门状态。列车每个车门(包括紧急逃生门)的车门状态以司机室运行屏中的彩色符号显示,圆圈中的颜色代表车门状态。

①灰蓝色符号:车门处于关闭状态。

②黄色符号:车门处于打开状态。

③黑色符号:车门紧急打开。

④红色闪烁符号:故障。

⑤一直红色符号:手动解锁。

(2)车门状态显示。

①位于司机室左侧墙上及操纵台上的"左开门"指示灯亮——满足车载 ATP 允许的条件或操作 4S04(非正常情况)或列车停车后(URM 模式),且已给出左门开解锁信号,列车左侧门允许打开;"左门关"指示灯亮——列车左边所有车门已经关好且该端司机台已经激活。

②位于司机室右侧墙上的"右门开"指示灯亮——满足车载 ATP 允许的条件或操作 4S04(非正常情况)或列车停车后(URM 模式),且已给出右门开的开门解锁信号,列车右侧门允许打开;"右门关"指示灯亮——列车右侧所有车门已经关好且该端司机台已激活。

③位于司机室右侧墙上紧急疏散门指示灯亮——至少有一端的疏散门已经解锁或检测出电路故障。

④每个客室车门上方的内外侧均有一个橙色指示灯——车门未锁时亮;内侧均有一个红色指示灯——车门切除时亮。

⑤位于每节车后端左、右外侧墙上的橙色指示灯——每节车每侧有 1 个以上车门未锁时亮。

⑥位于司机操纵台上的"TFT"彩色显示屏——显示车门被紧急解锁的位置及车载 ATP 系统对车门的控制状态。

4)控制车门开关按钮的作用及使用

(1)左门开按钮:用于指示列车左边门是否有开门信号和开启列车的左边门,有门开使能信号时,按 8S01 按钮。

(2)左门关按钮:用于指示列车左边门是否"关好"和关闭列车的左边门,按 8S03 按钮。

(3)右门开按钮:用于指示列车右边门是否有开门信号和开启列车的右边门,有开门使能信号时,按 8S02 按钮。

(4)右门关按钮:用于指示列车右边门是否"关好"和关闭列车的右边门,按 8S04 按钮。

(5)左门重开按钮:用于重新开启列车左边未完全关闭的客室门,列车左边有开门使能信号和左边至少有一个门未关好。

(6)右门重开按钮:用于重新开启列车右边未完全关闭的客室门,列车右边有开门使能信号和右边至少有一个门未关好。

(7)强行开门按钮:在 ATP 保护下,无开门使能信号时(开门指示灯不亮),司机按压一次强行开门给出开门使能信号。按压两次强行开门按钮时,起到旁路车门的作用(车门检测故障时才能使用)。

5)TCMS(列车控制管理系统)的开门联锁功能

(1)只有列车静止时,开、关门指令才有效。

(2)当列车上任一与外界联系的车门处于开启或非正常关闭的状态时,列车将不能起动;列车车门没有全部关好,列车无法起动。

(3)当列车速度大于 5km/h 时,列车上任何与外界联系的车门都不允许正常打开,一旦被强行打开(如启动紧急看门按钮),列车将紧急制动。

(4)当列车处于牵引工况时,如车门强行打开,列车将在 ATP 保护下停止;在没有 ATP

保护下,VTCU(车辆列车控制单元)仅使车辆由牵引工况转至惰行工况。

(5) VTCU 接受司机发出或 ATP,发出的开关门指令,并考虑联锁条件后,发送到 EDCU(车门电子控制单元)。

6) 开、关门控制原理

以广州地铁 1 号线车辆某一车门开门、关门控制为例,其控制原理如图 5-14 所示。

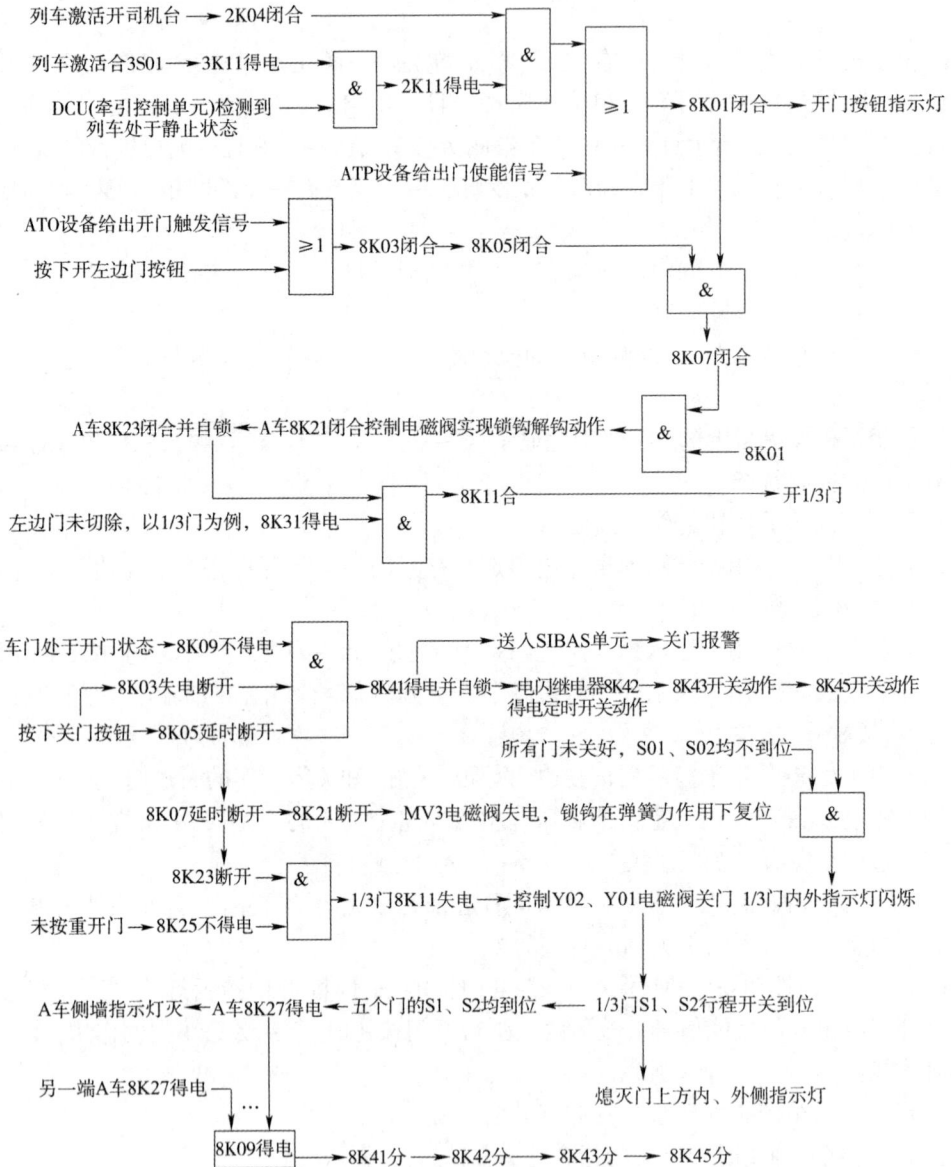

图 5-14　开、关门控制原理流程图

当开门指令发出后,中间继电器 8K11 得电,控制电磁阀 MV1、MV3 得电,使车门得以打开;当关门指令发出后,中间继电器 8K21 触点断开,8K11 失电,控制电磁阀 MV1、MV2 使车门关闭。为了确保行车安全,车门监控回路的 8K09、8K10 继电器,S1、S2、S3 行程开关共同直接或间接地影响车辆的牵引、制动及紧急制动状态。

5.3 电控电动客室车门

5.3.1 康尼电控电动塞拉门

广州地铁3号线客室车门采用康尼电控电动双页塞拉门。客室车厢的每一侧有4个车门,每个车门配有两个电动塞拉门页,其车门布置如图5-15所示。

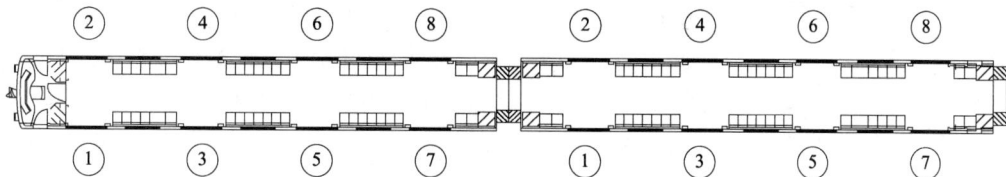

图5-15 车门布置示意图

1)塞拉门结构

广州地铁3号线客室塞拉门主要由车门电控单元(EDCU)、车门驱动单元、门页、紧急解锁装置、切除装置、支承杆、托架组件、车门导轨、车门门槛及嵌块等组成,其结构如图5-16所示。

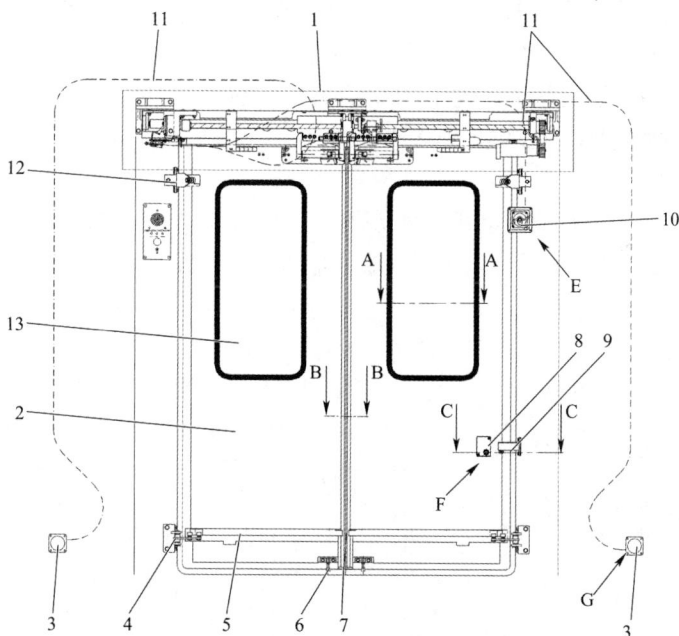

图5-16 广州地铁3号线车辆客室塞拉门结构

1-车门驱动单元;2-门页;3-紧急上车装置(EAD,设在外部,仅在7号和8号车门有);4-滚子摇臂;5-下部导轨;6-止动销;7-手指保护橡胶;8-车门隔离装置;9-下部导轨;10-紧急下车装置(EED);11-苞登电缆;12-支撑滚柱;13-玻璃

(1)紧急下车装置(EED)。

每个客室门在车内门柱盖板的右侧均配有紧急下车装置(图5-17),用于紧急情况下开启客室车门。紧急下车装置是一个带有锁定点的扭转手柄,可以手动操作。要操作此扭转手柄,必须首先手动取下透明塑料盖,然后将扭转手柄转动至其锁定点(垂直位置)。在紧急情况下,使用扭转手柄启动相应紧急出口装置后,车门会被解锁。只有列车完全停稳后,车

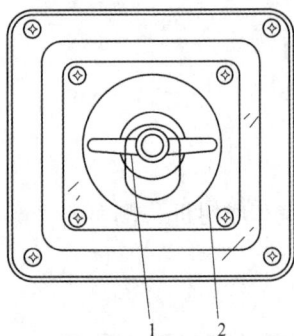

图 5-17　紧急下车装置
1-扭转手柄；2-透明盖板

门才可被手动推开。

（2）紧急上车装置（EAD）。

每节车厢在外部配有两个紧急上车装置，分别位于车厢的左右两侧，以便在紧急情况下可以使用方孔钥匙从车厢外部开启后边的两个客室车门（7 号和 8 号车门），进入列车内部。

（3）其他装置。

每个客室门上均安装有一套手动紧急解锁系统。此外，每个客室门还包含一个用方孔钥匙操作的手动隔离装置，用来将相应的客室门锁定在关闭位置，并将其车门电控单元与车厢电源断开。

在车门的盖板和门页上分别设置有锁闭行程开关 S1、紧急解锁开关 S2、车门电控单元电源复位开关 S3 和切除开关 S4。

2）客室车门系统的特点

广州地铁 3 号线客室车门系统具有如下特点：

（1）采用自润滑的丝杆、螺母传动方式，阻力小、无噪声、维护工作简单；

（2）每个车门均采用独立的车门电控单元控制，减少了使用中间继电器引起的故障；

（3）每节车 1、2 号门采用 MDCU（车门主控制单元）进行控制，MDCU 通过 MVB（多功能车辆总线）总线与 VCU（列车控制单元）进行通信，并通过 RS485 接口与 3、4、5、6、7、8 号门的 LDCU（车门本地控制单元）进行通信和储存故障信息。

（4）具有障碍物探测功能，防止夹人夹物行车。

3）塞拉门工作原理

塞拉门借助于车门上端的传动机构和导轨，车门在开启状态时，门页贴靠在侧墙的外侧；车门在关闭状态时，门页外表面与车体外墙成一平面。车门机构工作原理如图 5-18 所示。

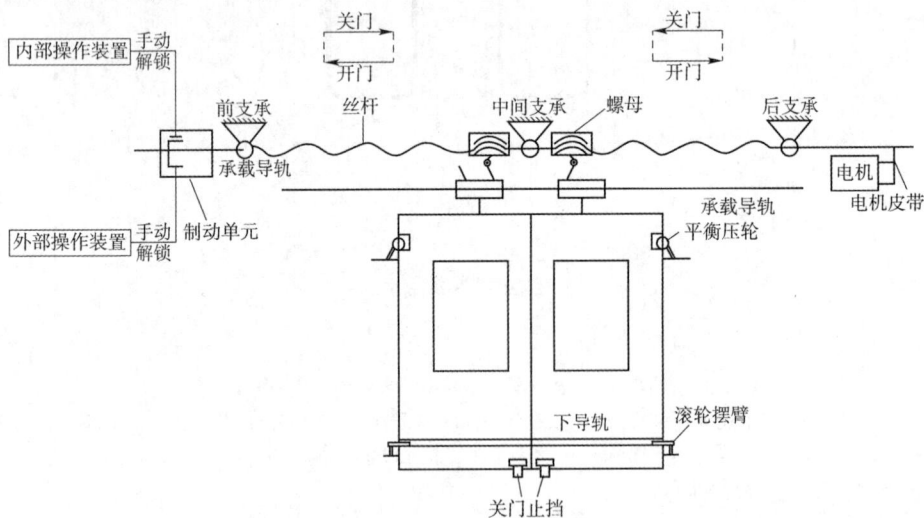

图 5-18　车门机构工作原理图

（1）车门开关过程。

①开门过程。

当车门 EDCU 接收到开门信号时，EDCU 会输出电信号驱动电机往开门方向工作，电机通过皮带把转动力矩传送给丝杆(一半为左旋,另一半为右旋),丝杆运动将会带动与之啮合的螺母运动,螺母通过携门架与门页连接,从而带动门页同步运动。当车门打开到最大时,EDCU 将会输出车门制动信号给制动单元,制动单元将会对车门丝杆进行制动,使丝杆停止转动。

②关门过程。

当车门 EDCU 接收到关门信号时,输出电信号驱动电机往关门方向工作,电机通过皮带把转动力矩传送给丝杆,丝杆运动将会带动与之啮合的螺母运动,螺母通过携门架与门页连接,从而带动门页同步运动。当车门关好并触动锁闭行程开关 S1 时,EDCU 接收到车门已关闭信号后,EDCU 将会输出车门制动信号给制动单元,制动单元将会对车门丝杆进行制动,使丝杆不能运动。同时,关门止挡进入嵌块的导槽里,以防止门页在纵向和横向上的运动,同时平衡压轮也会把门页压紧在加强点上,以保证门页在运行过程中不会因为负压太大而产生抖动。

(2)车门控制原理。

电子门控单元 EDCU 是车辆电源和车门机械操纵机构之间的接口,其控制原理如图 5-19 所示。车门装设有零速保护和安全联锁电路,开关门处设有报警装置。

广州地铁 3 号线车门控制单元有两种,一种是 MDCU(车门主控制器),一种是 LDCU(车门本地控制器),如图 5-20 所示。

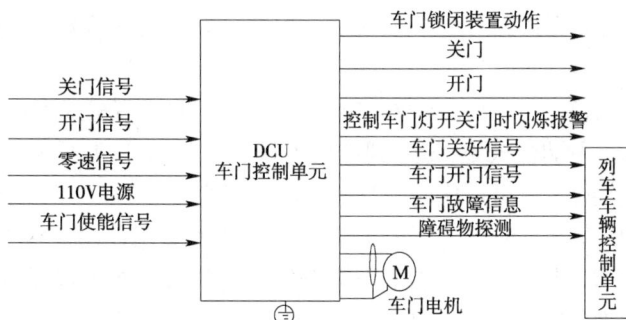

图 5-19 车门控制原理框图

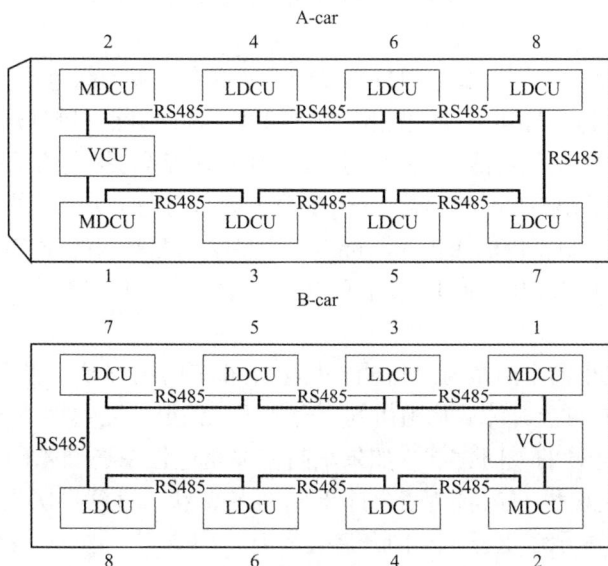

图 5-20 车门控制单元

每个客室门均由一个独立的 EDCU 控制。客室门 1 和 2 的 EDCU 配有主控卡,通过 MVB 实现与其他车厢的信息交换。其中一个带有主控卡的 EDCU(MDCU)用来执行与 VCU 的通信任务,另一个 MDCU 则作为主控冗余,在前一 MDCU 故障的情况下接管主控功能。其他客室门(3~8)则由不带主控卡的 LDCU 控制,可通过一个 RS485 接口与 MDCU 进行单独通信。

EDCU 包括内部电源、微控制器和程序存储器。微控制器驱动车门电机并控制电机转矩以及电机电流和速度。EDCU 提供每种车门组件(如电机、制动单元、车门锁闭限位开关 S1、车门停用限位开关 S4、紧急装置限位开关 S2)所需要的所有电源。

EDCU 的输入和输出信号由软件控制,并可通过更新软件来实现车门功能的更改。

(3)开关门电气控制。

车门的开关是通过安装在司机室内的开关门按钮来实现的,司机室内每侧设一套开关门按钮,共有四个按钮:强行开门按钮、开门按钮、关门按钮和重开门按钮。其中强行开门信号、开门信号和关门信号都分别能过硬线和软件传送至各车门控制单元,只有重开门功能是通过软件实现的,通过按压重开门按钮把重开门信号传送至 VCU,再由 VCU 向各 EDCU 触发该功能。当司机用主控钥匙启动司机台时,开关门按钮得电,操作车门开关动作。当所有车门被关闭和锁闭时,关门按钮灯亮。如果有任何一个车门为打开状态,所有关门按钮灯都不会亮。

广州地铁 3 号线车辆车门存在两种操作模式,一种是自动模式,另一种是手动模式。在 ATO 模式下,当车门在手动模式下,列车到站后可以实现自动开门,但必须手动关门;如果车门在自动模式下,列车到站后可以实现自动开、关门控制。

车门既可在 ATO 模式下自动打开,也可以由司机手动操作。实现开门都需要三个条件:开门使能、开门指令、零速信号。以上三个条件都具备后才能实现开门。

当司机按下关门按钮后,关门信号通过列车线向每个车门发出。每个车门的车门控制单元收到关门信号后将控制电机驱动丝杆从而使门页关闭并锁好。

(4)车门状态显示。

①当列车所有车门均已关闭时,司机操纵台上所有车门关闭绿色指示灯将会点亮。

②车门状态红色指示灯功能:如果相应客室门被停用(切除),则红灯稳定点亮。

③车门模式橙色指示灯功能:如果车门开启,则稳定点亮;从发出关门命令到客室门关闭期间以 1Hz 的频率闪烁,同时蜂鸣器报警,直至客室车门完全关闭为止。

车门状态显示在司机室内的司机显示屏上。如果某个客室门故障或已被隔离,则相关信息会被保存在相应的 EDCU 中。同时,该信息也会被传输至 VCU 并呈现在司机显示屏上。

(5)障碍物检测。

广州地铁 3 号线车辆车门是通过检测电机电流和车门的移动位置来实现防夹功能的。在车门的关闭过程中,可能有障碍物阻碍其完全关闭并锁定。在这种情况下,车门会启动防夹功能,并进行三次连续的关门尝试。如果车门在关闭过程中遇到障碍物且在连续三次尝试关门之后仍然不能关闭,车门将会完全打开,并保持此状态直到再次收到关门指令。车门的状态和位置在司机显示屏上显示车门开启且故障。

此时,应检查车门工作不正常的原因,并清除障碍物,然后操作"关门"按钮。如果无效,则应手动关闭车门,并且将该车门切除。

5.3.2 北京博得电控电动内藏门

目前国内部分城市轨道交通车辆采用北京博得电控电动的客室车门。下面以西安地铁B型车辆采用的双页对开齿带传动内藏门为例,介绍其结构及工作原理。

一般情况下,每辆车每侧设4对双页对开电控电动内藏门。车门的电控装置采用微处理器控制的电机驱动装置,具有自诊断功能和故障记录功能,通过硬线连接控制,与列车总线网络进行通信。传动方式采用齿带传动,上部导向装置、驱动装置和锁闭装置集中为一个紧凑的功能单元。

在每节客室车厢的每个车门驱动装置配备一套独立门控器,实现对每个车门的单独控制。在整个车厢内,有2个带MVB通信接口的门控器,其中1个MVB为主门控器,另1个作为冗余的MVB从门控器。MVB门控器通过CAN总线和本车厢的其他门控器实现通信,并通过MVB与该车厢的中央控制系统和监控系统相连接,实现整列车门的集中控制和车门状态及故障的监控与显示。其中,门控器负责根据开启与关闭指令来控制门扇开启与关闭动作。在动作过程中,门控器负责监视门扇的关闭与开启动作方向以及电机电流的变化,判断是否有障碍物存在,并控制电机做出开关门动作,从而避免夹伤乘客。

1) 车门技术参数

车门数量:每辆车每侧4对门页;

门系统工作电压:DC 110V(77~121V);

净开宽度:1300mm;

净开高度:1860mm;

探测最小障碍物:25mm×60mm(宽×高);

开门时间:(3±0.5)s(从车门开始开门动作起至车门完全打开);

关门时间:(3±0.5)s(从车门开始关门动作起至车门完全关闭);

开关门时间调整范围:2.5~4.0s;

开、关门延时时间:0~3.0s且可调;

车门关紧力:≤150N(可调节范围为100~300N);

关门峰值力:300N(200~300N,可调整);

车门编号:车门编号标识如图5-21所示。

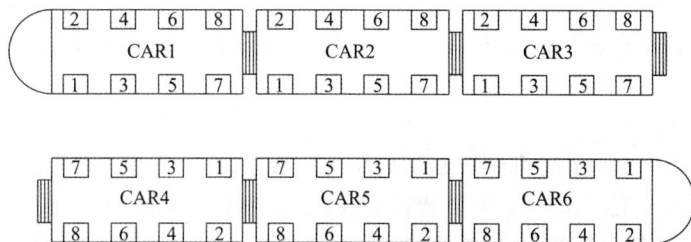

图5-21 车门编号标识

2) 车门系统组成部件

内藏门车门系统组成部件及安装位置如图5-22所示。

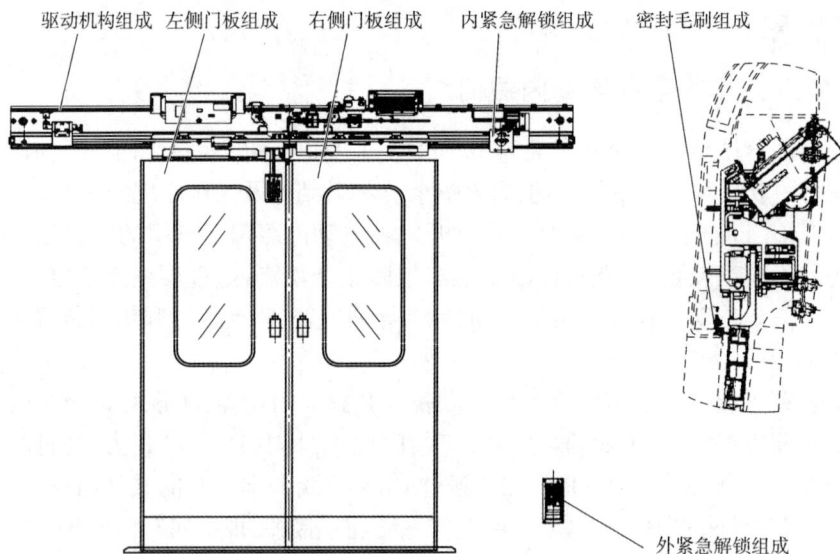

图 5-22　门控系统组成部件及位置示意图

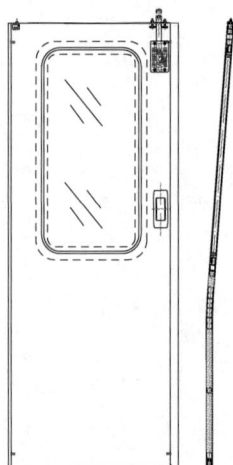

图 5-23　门板结构

（1）门板。

门板厚度为 32mm。门板采用铝合金框架焊接结构，内部为 30mm 厚的铝型材框架，在门框框架的内表面上部黏接 1.0mm 厚的铝板，并对表面作喷漆处理；内表面下部黏接 1.0mm 厚的不锈钢踢脚板。门板上设固定式双层中空钢化安全玻璃，采用黏接结构，牢固可靠，玻璃四角为圆角。门板内侧安装有扣手，结构如图 5-23 所示。

在门板的内侧边缘上装有采用对插式对接橡胶条，外侧边缘上装有单侧密封橡胶条。门板上边缘采用毛刷密封。

门板下边缘导轨采用防磨导轨结构，门板防磨导与车体地板面的下导轨相扣，门板受下导轨的限制。

门板能承受以下荷载：

①从内向外施加在一个门扇上 1500N 的力，均匀地加在车门一半高度上 200mm 宽的区域内，门扇挠度变形不超过 8mm。

②施加在整个门宽度范围的车门一半高度上 200mm 宽的区域内 3500N 的力并持续 5min，门扇不产生永久变形。

③门关闭后应能保持在正确位置。门板应能承受乘客在内部施加的 2000N 的力，且不对车门的驱动及运动机构造成影响。

（2）门驱动机构。

电动内藏门的驱动机构由机械控制部分及电气控制部分组成。机械控制部分主要是安装传动导向装置，安装传动导向装置主要由安装底板组成、门板吊挂部件、传动装置、锁闭解锁装置、地线拖链等部件组成；电气控制部分由门控器、驱动电机及实现自动门功能的其他附件组成。

①安装底板组成为整个机构的安装基础，主要包括安装底板等元件，安装位置如图 5-24 所示。

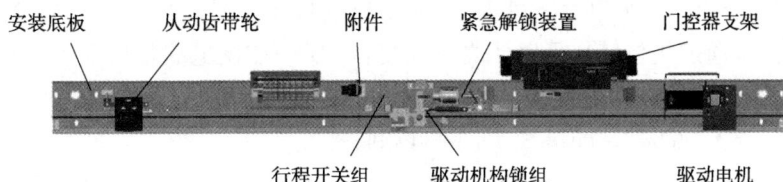

图5-24　安装底板组成

安装底板的功能为承受吊挂装置及门板的所有质量,并保证在开门和关门状态下门板与车体平行,安装底板上的导轨保证门板平行运动。在安装底板导轨的两端均安装有限位的止挡座,通过和左右吊板端部的橡胶止挡配合来微调门系统的净开度。

附件组成包括单门实验开关以及蜂鸣器。单门实验开关可以在没有列车控制的情况下,单独控制车门的开闭;端子排组成用于车门系统配线连接(包括门系统内部以及与列车线之间的连接);行程开关组成主要用于对客室门系统的各种状态给予信号(如门关好信号、门开好信号、紧急解锁信号等)。

②门板吊挂部件。

门板吊挂部件主要由左侧门吊板组成、右侧门吊板组成两大部件组成,左侧门吊板组成如图5-25所示。

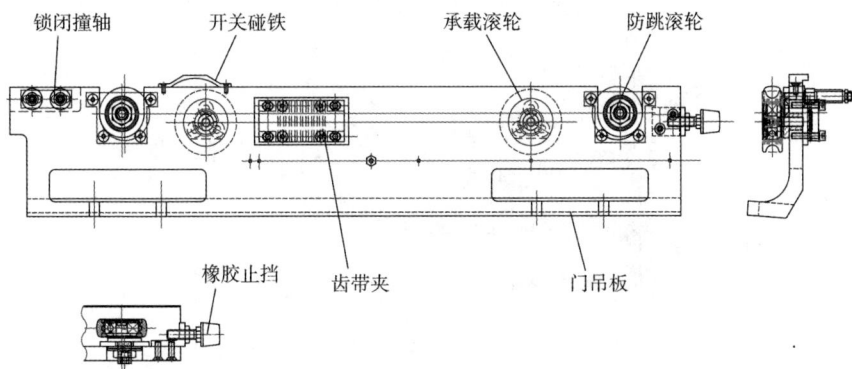

图5-25　左侧门吊板组成

每扇门板通过4个T形螺栓与门吊板组成相连,通过门板上边框内的调整垫片来调整门板的相对位置。承载滚轮组成在安装底板的导轨内滚动,承载门板质量。防跳滚轮组成消除门板跳动,提高门板运动的平稳性。

门吊板组成与门板连接紧固后,通过齿带夹将齿带与门吊板组成连接成一体,承载轮组成在安装底板的导轨中滚动实现门系统的直线运动。

③传动装置。

传动装置由驱动电机、齿带、齿带轮、齿带夹组成,如图5-26所示。驱动电机采用带有蜗轮蜗杆减速机的60V直流电机。齿带采用橡胶半圆形同步带,带有内衬张力钢丝,具有强度高、抗疲劳性好的特点。

④锁闭解锁装置。

锁闭解锁装置装在车门安装底板上,主要包括电磁铁组成、锁钩组成、复位气缸组成等部件,如图 5-27 所示。在车门关闭过程中,四个分别位于门吊板组成之上的锁闭撞轴组成进入锁钩中,锁钩通过复位气缸可以使之自动复位(保证在供电故障情况下,门系统仍能保持锁闭状态),车门锁闭。同时左、右门关到位行程开关 S2、S3 以及锁到位行程开关 S1 触发,提供客室门系统锁闭到位的信号,列车可以起动。

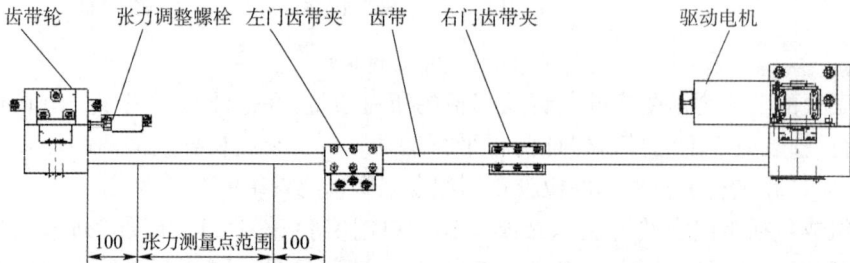

图 5-26　传动装置组成(单位:mm)

电动开门时,通过对电磁铁组成的控制,电磁铁得电吸合,可使锁钩转动从而释放出锁闭撞轴,实现解锁,解锁后车门可以打开。电磁铁组成后部与紧急解锁装置相连接,拉动紧急解锁手柄可实现特殊情况下的手动机械解锁,同时触发相应的行程开关,提供客室车门系统被紧急解锁信号。

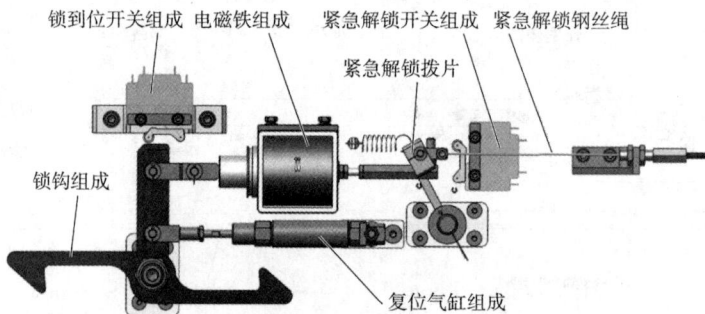

图 5-27　锁闭解锁装置

⑤内部紧急解锁装置。

在紧急情况下需要从客室内打开车门时,首先打开内部紧急解锁保护外罩,然后旋转内部紧急解锁扳手,可实现车门紧急解锁。内部紧急解锁装置如图 5-28 所示。

⑥外部紧急解锁装置(乘务员钥匙开关)。

每辆车指定车门的外侧设外部紧急解锁装置(乘务员钥匙开关),当车门关闭并锁闭时,被授权人员通过旋转专用钥匙将乘务员钥匙开关的四方锁芯旋转实现紧急解锁,同时触发相应的行程开关,提供客室门系统被紧急解锁信号。

⑦隔离锁组成。

由于单个车门系统因为机械或电气故障而要求某一门单独退出服务时,首先保证该门处于关闭状态下,被授权人员用专用钥匙(四方钥匙)打开罩板并转动门板上的隔离锁组成,使驱动机构组成机械锁闭,同时触发隔离锁行程开关 S4,提供该客室门系统被隔离锁闭信号,进而隔离该门系统电路,使该门系统退出服务而不影响其他车门的开关。隔离锁组成如图 5-29 所示。

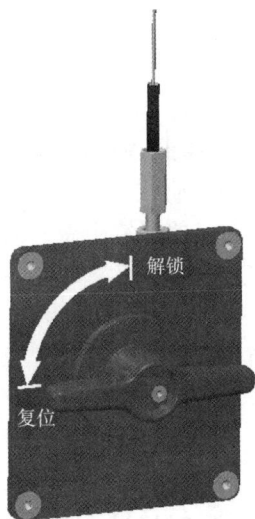

图5-28　内部紧急解锁装置

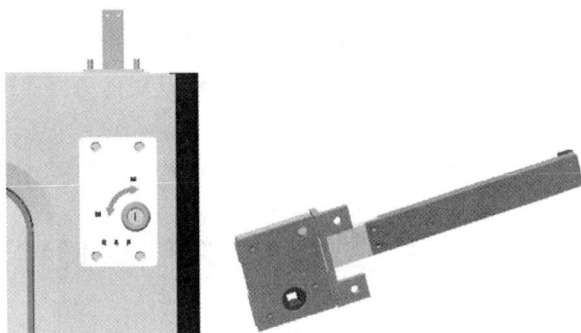

图5-29　隔离锁组成

⑧门控器组成。

门控器组成主要包括门控器以及门控器支架,如图5-30所示。门控器是整个客室门控制的核心,所有控制命令均由门控器发出,并实时检测车门状态和故障信息向列车管理系统TMS汇报。

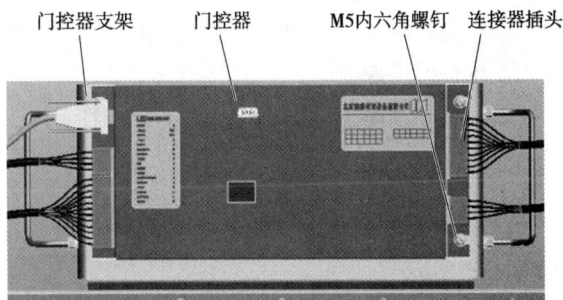

图5-30　门控器组成

3)内藏门工作原理

(1)车门系统基本功能。

①开/关门功能及车门开/关状态显示;

②未关闭好车门可进行再开闭,已关好的车门不再打开;

③开/关车门的二次缓冲功能;

④防夹人/物功能(探测最小障碍物尺寸为25mm×60mm);

⑤车门故障切除功能;

⑥车门紧急解锁功能,在客室内操作,每侧4扇门均可操作;

⑦车门旁路功能;

⑧乘务员钥匙开/关功能,在车外操作,每侧一个车门可操作;

⑨故障指示、诊断和记录功能,并可通过读出器读出记录数据;

⑩车门系统自诊断功能;

⑪开关门次数记录功能；

⑫零速保护功能。

（2）工作原理。

门控器得到开、关门指令，驱动电机得电旋转，通过蜗轮蜗杆减速箱变向及减速，输出到电机齿带轮，电机齿带轮旋转带动齿带动作，从而使齿带在齿带轮之间进行直线运动。齿带在做直线运动的过程中，通过齿带夹带动左、右两个门吊板组成，在安装底板的导轨中做方向相反且同步的运动，而门吊板组成将运动传递给左、右门板，使其在门框范围内做开、关门动作。

5.4 车门故障检测及处理

5.4.1 电控气动车门系统故障检测及处理

由于电控气动车门系统集电控、气动及机械传动于一体，且系统设有列车不动安全保护，因此只要有一个车门发生故障，列车就无法正常牵引。城市轨道交通车辆车门数量多，开关频繁，一旦车门发生故障，会给车辆运行安全带来较大影响。车门的故障表现复杂繁多，其中既有车门气动系统、机械传动方面的故障，也有车门电气控制及信息检测系统的故障。

1）车门机械系统故障

车门机械故障主要分两种：一种是零部件损坏故障，另一种是调整不到位故障。

零部件损坏通常可以通过更换新件解决，但如果同一类零部件损坏率较大，则应当检查是否存在系统设计问题或调整上的失误。

调整不到位故障通常表现在尺寸超差，影响车门的正常动作。常见的调整问题有：

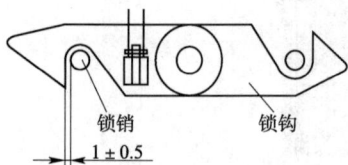

图5-31　锁钩间隙调整（单位：mm）

（1）锁钩间隙过小或左右不均匀，导致锁钩无法下落，S1行程开关检测认为车门没有锁好，列车无法起动。

为确保锁钩左右间隙满足（1±0.5）mm的要求，必须按以下方法重新调整（图5-31）。

①在无电情况下，松开连在左门页上与驱动气缸活塞杆的连接以及钢丝绳夹，使左门页可以自由运动；

②调整关门止挡位置，使左门页锁销与锁钩间隙达到1mm，同时要保证左门页与门框中心线之间的距离为上部比下部大1mm（即左门页V形为1mm）；

③左门页位置确定后，固定关门止挡位置，把右门页推至关闭位，检查左右门页锁销与锁钩间隙基本均匀，拧紧左门页的钢丝绳夹，连接驱动气缸活塞杆；

④在有电状态下可进行微调。

（2）S2行程开关超程不足，使S2检测有误。

首先对S2行程开关进行功能检验，方法如下：

①开启车门，将60mm×30mm的测试木块放在两个防挤压手指橡胶条之间，当车门关闭时将其夹住，此时限位开关S2必须不被触发。

②当车门关闭时，在两个防挤压手指橡胶条间不放置木块。此时，该限位开关必须可靠地接通。

③进行此项调整后,反复开关车门,S2 的功能必须执行无误。

④检查完毕,拧紧触发块及限位开关 S2 摆臂的紧固螺钉。

如 S2 行程开关动作有误,可按如下方法调整:

①拧松 S2 摆臂的螺钉,拉下摆臂使之与摆臂座之间的啮合脱离。

②调整 S2 摆臂的角度。

③拉下紧急解锁手柄,用手合上两门页,当锁钩尖对准锁销中心时,S2 必须动作。

④调整好以后拧紧摆臂螺钉,有电时检查 S2 功能。

(3)如果出现车门关闭及锁好后,指示灯仍不熄灭,需检查 S1 行程开关动作是否正常并进行调整。

S1 的调整方法如下:

①手动关门。

②使用 7 号小扳手,松开控制凸轮的紧固螺栓,使凸轮可以转动,从而调节切换点。

③限位开关"S1"的支架,其高度位置亦可调整,可按需要调整切换点。

④调整后,拧紧凸轮的紧固螺钉,手动关门,用手拨动锁钩模拟开关门时的锁钩动作,这时 S1 行程开关的切换必须正常且声音清脆(若发现声音不清脆,须及时更换 S1)。

⑤调整结束后,将控制凸轮的紧固螺栓拧紧,并涂 Loctite 243 防松。

(4)门切除行程开关 S3 的功能检查方法如下:

①关闭车门。

②将方孔转轴旋转 90°,使紧急解锁装置锁定。限位开关 S3 必须正确接通,此时车门上方的红色指示灯亮。

③反时针转动方孔转轴 90°,释放紧急解锁装置,将紧急解锁手柄置于正常位,行程开关 S3 不接通。

(5)门解锁行程开关 S4 的调整方法为:关上车门,将紧急井门手柄拉至最低处,在此位置时,该限位开关必须完全接通。

(6)门页"V"形调整。

由于车体在 AW0 时具有上挠度,为保证在 AW3 车体挠度为 0 时客室车门两门页不会相互挤压而导致无法关闭,一般在调整车门时要保证两门页之间存在一个"V"形(图 5-32)。为达到这一目的,两门页上方靠近外侧的悬挂滚轮安装了偏心滚轮。以右页门调整为例:

①在导轨的中央处(即门框中心线处)吊一铅锤,须保证其悬垂自由。

②转动右门页后端下滚轮的偏心螺柱,直到门页上顶部与铅垂线的距离比下底部位与铅垂线的距离大 1mm。

③上述调整结束后,用钩形扳手拧紧门页后端偏心滚轮的锁紧螺母,将垫片的突出舌片压入螺母槽内。

左门页的调整过程与右门页的调整过程类似。

进行门页"V"形调整时,须注意以下两点:

①左、右门页的顶部应处于同一水平线上(用肉眼观察)。

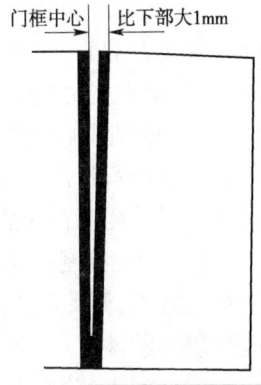

图 5-32　门页的"V"形调整

②调整完后门页的上部间距比下部间距大 2mm。

确认门页"V"形符合要求后,将偏心滚轮上的圆形垫片打弯使之压紧在门页上。

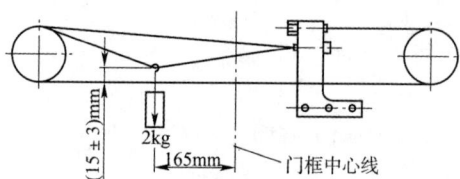

图 5-33　钢丝绳张紧力的调整

(7)钢丝绳张紧力的调整。

钢丝绳是连接两门页、实现两门页同步运动的重要部件。钢丝绳过松容易造成右门页最终的关紧压力不足,锁钩无法下落。通常在双周检中要检查钢丝绳的张紧力,对不符合要求的必须重新调整,如图 5-33 所示。

钢丝绳张紧力的调整方法如下:

①将车门推到 100% 开门位置(手指防挤压橡胶条间距为 1400 ~ 1404mm,否则必须调整开门止挡)。

②将 2kg 重锤挂到上钢丝绳距门框中央偏左端 165mm 处(从车内侧观看)。

③测量两钢丝绳之间距离,尺寸应为(15 ± 3)mm。通过调节钢丝绳端部的调节螺栓以满足要求,用扳手拧紧锁紧螺母。

2)车门电路故障

车门电路故障类型主要有继电器卡滞、烧损,行程开关内部弹簧老化造成触头接触不到位等。这类故障均可以通过对相关车门电路进行分析查出并处理。

以 S1 或 S2 行程开关接触不到位为例讲解。S1/S2 各有一对常开触点,并联在一起检测单个门的关闭和锁闭状态,一对常闭触点串联在一起用于整节车的车门状态检测。车门关闭并锁好后,如果单个门检测都正常,即 S1/S2 常开触点都已断开,但整节车侧墙黄色指示灯不灭,排除整节车继电器 8K27/8K28 的故障后,说明至少有一个门的 S1/S2 常闭触点没有闭合。

在这种情况下,由于单个门指示灯都已熄灭,无法直接判断是哪个门的故障,可以通过逐个切除,即由 S3 旁路 S1 和 S2 的串联电路,找到有故障的车门。

3)车门气路故障

车门气路故障主要表现为气动元件调节功能失效、漏气等,可以通过新件替换的方法查找故障件。

常见部件失效现象有如下四种:

(1)驱动风缸漏气或中央控制阀漏气。这两个部件若发生漏气情况,一般都表现为门关闭或完全开启时,中央控制阀排气口一直有空气排出。通常情况下,驱动风缸漏气情况较为普遍,可采取先更换驱动风缸的处理方法进行检查。

(2)解锁风缸动作不灵活,导致锁钩无法复位,车门无法锁闭。通常情况下,可对解锁风缸的活塞进行清洁并喷涂橡胶保护剂润滑其密封件,若试验多次仍无法恢复正常,可以判断是解锁风缸内部存在故障,一般为内部排气孔堵塞造成,需更换解锁风缸。

(3)中央控制阀速度及缓冲调节失效。旋转各调整针阀,可将针阀拧至" + "或" – "的极限位置,若开关门速度或缓冲速度没有明显变化,说明针阀的调节作用已失效,需更换中央控制阀整件。

(4)单向节流阀调节功能失效,导致锁钩下落速度不可调。通常情况下关门逻辑为锁钩先落下,门页上的锁销撞击锁钩后把门锁上,需更换单向节流阀。

5.4.2　电控电动车门系统故障检测及处理

1）列车单个车门不能打开的检测及处理

（1）单/多个车门故障检测处理程序（车辆显示屏在关门状态下有个别车门状态显示黄色及红色）。

①列车在站关门时发现司机室关门指示灯不亮，司机可在确认屏蔽门与列车之间的空隙无人后等待20s后，重新开、关门一次、观察能否恢复正常，能恢复正常则确认站台安全、进路正确，可以开车。

②若不能恢复正常，则通知站台在场工作人员，要求其确认好故障屏蔽门的位置和准备好"此门故障暂停使用"的字条，通过车辆显示屏确认故障门的位置并记录在手账上，同时做好乘客广播，并将情况报告至行车调度员，重新打开屏蔽门、车门，司机带上方孔T形钥匙到达故障门处进行处理。

③司机进入客室切除故障门。需要注意的是：司机到达故障车门时要第一时间先检查故障门的门槽内无异物。若开门情况下切除车门，司机必须要用力将车门推至关闭状态，两扇车门之间无缝隙，用力反方向推门，车门不打开，切除指示灯红灯亮。

④切除完毕后，要求车站在故障门张贴"此门故障暂停使用"的告示，司机从其他车门下车，回到司机室后关屏蔽门、关车门。

⑤确认站台安全，站台岗给信号、进路正确，动车后报告行车调度员。

（2）列车在站停车开门时发现某一节车门有一个或多个车门不能打开或关闭，相应车门状态显示黑色闪烁。

①向行车调度员报告，同时做好乘客广播，安抚乘客。

②到故障车检查车门开关是否跳闸，若跳闸则复位，继续维持运营。

③若自动开关无跳闸或复位不成功，则将情况报告至行车调度员，建议切除故障车门，按行车调度员的指示执行。

2）列车所有左侧/右侧车门不能打开的检测及处理

（1）单节整边门不能打开。检查相应车的左边门或右边门开关是否跳闸。如果是，须复位；如果不是或复位不了，须报告OCC（运营控制中心），请求运行到前方终点站退出服务。

（2）单节车整边门不关闭。检查相应车的左边门或右边门开关是否跳闸。如果是，须复位；如果不是或复位不了，须报告OCC，请求清客退出服务。

（3）整列车左侧门/右侧门不能打开。手动操作有关继电器开门，疏散乘客后报告OCC，退出服务。

3）车门在未接到门开激活指令的情况下离开关门位置的检测及处理

故障现象："门关"行程开关显示车门没有关好。

处理方法：

（1）检查紧急解锁的机械调整装置以及紧急解锁行程开关的调节装置。

（2）检查车门锁闭机械装置。

（3）检查车门驱动机械装置。

（4）检查"门关"行程开关的调整装置和接线。

（5）检查车门控制单元的输入电路。

4）关门位置检测开关故障的检测及处理

故障现象：车门打开按下关门按钮后，单个车门无法关闭，车辆显示屏显示该车门故障。该故障的主要原因是开门行程开关在车门打开过程中出现故障或误动作，在关门过程中，EDCU收不到"门关好"信息，于是向列车诊断系统发出"车门故障"信息。

处理方法：

（1）检查该行程开关是否有故障，若有故障须更换。

（2）检查该行程开关的安装是否过紧，并检查其调整是否满足要求，若不符合要求则应重新调整。

5）车门电机故障的检测及处理

故障现象：车门不动作、车门动作一段距离后停止运动等。

处理方法：

（1）检查车门电动机各接线是否有松动或断裂的情况，若松动则须重新紧固或更换断裂的部件。

（2）检查车门电动机的连接件包括电动机皮带、联轴器是否异常。若皮带出现断裂则须更换。

（3）以上故障都排除后仍然不能解决该问题，则可能是车门电动机本身的故障，可考虑更换车门电机。

6）车门锁闭行程开关故障

故障现象：车门能够正常开关，但司机操纵台上门关好灯不亮，列车控制及故障诊断（ATI）系统报红框故障。

处理方法：

（1）检查S2和S3行程开关是否出现卡滞。

（2）检查S2和S3行程开关的常闭触点接线是否松脱。

（3）检查S2和S3行程开关的常闭触点接线在端子排上是否出现断路。

7）车门3s以上不释放

故障现象：开门时中央锁钩无法抬起，或车门中央锁钩动作但电机不动作，车门无法开启。

处理方法：

（1）查看中央锁钩与锁闭撞轴是否有间隙。

（2）检查S1行程开关是否出现卡滞（锁钩动作后，行程开关S1卡在了动作位置，行程开关的常闭触点无法闭合）。

（3）检查S1行程开关常闭触点回路上接线是否断路。

（4）电磁铁得电，但电磁铁卡滞导致中央锁钩抬起一半，车门未正常解锁。

8）电磁铁输出故障

故障现象：车门不解锁，无法开启。

处理方法：

（1）检查门控器与电磁铁的电源控制模块是否烧损，若已烧损，须更换门控器。

（2）检查电磁铁是否有故障,若有故障,则须更换电磁铁。

9）车门指示灯输出故障

故障现象:开关门正常,但 ATI 系统报红框故障,该车门内侧指示灯不亮(只有通过复位门控器该灯才能正常发亮)。

处理方法:

（1）如果车门指示灯阻值变小,门控器输出电压不稳定,须检查门控器及门控器与指示灯的接口元件是否有故障。若有故障,则须更换门控器或者更换接口元件。

（2）检查车门指示灯是否正常。

10）车门电机或编码器故障

故障现象:车门无法开关,或者开关车门时无缓冲,同时 ATI 系统提示电机或编码器故障。

处理方法:

（1）ATI 系统提示电机或编码器故障,可下载查看门控器故障数据,或者检查门控器上LED 显示管的故障状态,若存在故障,则更换门控器。

（2）检查车门电机及电机接线是否有故障,若有故障,则更换电机或更换接线。

（3）检查编码器、编码器接线及插头是否有故障,若有故障,则更换编码器、接线或插头。

复习思考题

1.城市轨道交通车辆车门的类型有哪几种？各有何特点？

2.试述城市轨道交通车辆电控气动客室车门的结构及气动工作原理。

3.城市轨道交通车辆电控气动客室车门采用了哪些行程开关？各有何作用？

4.试述城市轨道交通车辆电控电动客室塞拉门的结构及开、关门动作原理。

5.试述城市轨道交通车辆电控电动客室内藏门的结构及开、关门动作原理。

6.司机操纵台显示屏上车门状态及显示意义是什么？

7.客室车门指示灯的显示意义是什么？

8.电控气动客室车门电路系统故障有哪些？如何处理？

9.电控电动客室车门常见故障有哪些？如何处理？

单元6 城市轨道交通车辆连接装置

教学目标

1. 掌握城市轨道交通车辆三种车钩的结构与作用原理;
2. 熟悉缓冲器的结构与特点;
3. 理解附属装置结构及工作原理;
4. 熟悉贯通道的分类和结构。

建议学时

6 学时

车辆连接装置主要包括车钩缓冲装置和贯通道装置,通过它们使列车中车辆相互连接,实现相邻车辆之间的纵向力传递和通道的连接。车钩缓冲装置是车辆实现编组连挂以及缓和纵向冲击力的重要装置。城市轨道交通车辆上的车钩缓冲装置中普遍采用刚性车钩(密接式车钩)。

城市轨道交通车辆车钩基本上可分为全自动车钩、半自动车钩和半永久性牵引杆三种。自动车钩主要用于编组列车的端部,必要时与其他车辆进行快速自动对接;半自动车钩用于城市轨道交通车辆两编组单元之间的连挂,半自动车钩和自动车钩的结构和作用原理基本相同;半永久牵引杆主要用于同一列车单元中车辆之间连接,运用过程中一般不需要分解。

城市轨道交通车辆常用的缓冲器有橡胶缓冲器、弹性胶泥缓冲器、气液缓冲器、环弹簧缓冲器和压溃管等,不同的缓冲装置配置直接影响车钩的缓冲和能量吸收性能。车钩附属装置主要包括风管连接器、电气连接器、车钩对中装置、车钩过载保护装置等。

贯通道装置位于两节车厢的连接处,具有良好的防雨、防风、防尘、隔音、隔热等功能,能够使乘客安全地穿行于车厢之间。

▶ 6.1 概　述

6.1.1 车辆连接装置的作用

车钩缓冲装置是车辆最基本的部件,车钩缓冲装置经常简称为车钩。

如图 6-1 所示,车钩主要是用来连接列车中各车辆,使之彼此保持一定的距离,并且传递和缓和列车在运行中或在调车时所产生的纵向力或冲击力。同时,采用高性能弹性缓冲器,使列车在较高速度下意外碰撞时,通过车钩缓冲器吸收巨大冲击能量,保障车辆不受损坏。此外,还可以实现车辆间的电路和气路连接。

贯通道装置也就是风挡装置,如图 6-2 所示。贯通道位于两节车厢的连接处,它能够适应车厢之间所有可能产生的相对位移,保证乘客自由穿行于两车厢之间。

图 6-1　车钩缓冲装置

图 6-2　贯通道装置

6.1.2　车辆车钩的主要分类

按照车辆牵引连挂装置的连接方法的不同,车钩可分为非自动车钩和自动车钩。非自动车钩需由人工来完成车辆的连挂及解钩,而自动车钩则可通过司机室远程控制实现连挂及解钩动作。

按照两车钩相对位移不同,车钩又可分为非刚性车钩和刚性车钩(图 6-3)。早期城市轨道交通车辆曾仿照铁道车辆采用非刚性车钩,目前均为刚性车钩。

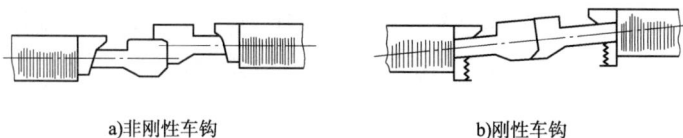

a)非刚性车钩　　　　　　　　　　b)刚性车钩

图 6-3　非刚性车钩与刚性车钩

非刚性车钩允许两个相连接的车钩钩体在垂直方向上有相对位移。当两个车钩的纵轴线存在高度差时,两个车钩呈阶梯状态,并且各自保持水平位置。由于钩体的尾端相当于销接,这就保证了车钩在水平面内的位移。

刚性车钩通常称为密接式车钩,两连挂车钩的连接不允许在垂直方向上有相对位移,而且对前后的间隙要求应限制在很小范围之内。如果在车辆连挂之前两车钩的纵向轴线高度已有偏差,那么在连挂后,两车钩的轴线处在同一条直线上并呈倾斜状态。两钩体的尾端具有完全的销接,这就能保证两连挂车辆之间可以具有相对的平移和角位移。保证具有这些位移的必要性是由于线路的水平面及纵剖面是变化的,其值是由车体在弹簧上的振动和作用于车辆上的力所决定的。

与非刚性车钩相比,刚性车钩有如下优点:

(1)减小了两个车钩连接表面之间的间隙,从而降低了列车中的纵向力,提高了列车运行的平稳性。

（2）减小了车钩零件的位移及作用在车钩零件上的作用力，改善了自动车钩内部零件的工作条件。

（3）减小了车钩连接表面的磨耗。

（4）减小了由于两连挂车钩相互冲击而产生的噪声，这对于城市轨道交通车辆尤为重要。

（5）避免在发生意外撞车事故时，产生一个车辆爬到另一个车辆上的危险。

我国城市轨道交通车辆以及高速动车组普遍采用刚性车钩，非刚性车钩用于一般铁路客车、货车上。

6.2 车 钩

城市轨道交通车辆车钩可分为自动车钩、半自动车钩和半永久性牵引杆三种。

国内 6 节编组的城市轨道交通列车一般采用-A＊B＊C＝C＊B＊A-的连接形式。其中，"-"为全自动车钩，"＊"为半永久性牵引杆，"＝"为半自动车钩。下面简要介绍三种车钩的特点。

1）全自动车钩

（1）在车钩头上设置有空气管路接口和电连接器，可以实现机械连挂、空气管路连接和电气连接。

（2）解钩机构和电连接器配置动作风缸及相应的机构，可实现机械、空气管路和电气的全自动分离，只需司机在司机室内完成操作，即所谓的全自动车钩。

（3）全自动车钩一般设置在列车的端部，在两列车连挂运行、救援以及库内调动列车时使用。

2）半自动车钩

（1）如果车钩和电连接器的连接和分离只能以手动方式，这种车钩就称为半自动车钩。

（2）半自动车钩一般设置在列车中部，用于列车的分段运行。

3）半永久性牵引杆

固定编组运行，正常情况下不解体，故经常在列车内部采用。

6.2.1 全自动车钩

全自动车钩位于 A 车端部，其电气和风路连接装置都组装在钩头上。当车辆连挂时，车钩的机械、风路、电路系统都能自动连接；解钩时，可在司机室控制自动解钩或采用手动解钩。解钩后，车钩即处于待挂状态；电气连接器通过盖板自动关闭，以防止水和尘土进入；主风管连接器也自动关闭，防止压缩空气泄漏。

城市轨道交通车辆自动车钩主要有三种：Scharfenberg 型密接式车钩、柴田式密接式车钩和 BSI-COMPACT 型密接式车钩。

1）Scharfenberg 型密接式车钩

Scharfenberg 型密接式车钩三维图和结构图分别如图 6-4、图 6-5 所示。

Scharfenberg 型密接式车钩主要由钩头、盖板、车钩控制、卡环、对中装置、风管接头、车钩牵引杆、接地系统、橡胶垫钩尾框、解钩风缸、电气钩头组成。车辆连挂时依靠两车钩相邻钩头前端的锥形喇叭口引导彼此精确地对中,实现两车钩的紧密连接;同时自动将两车之间的电气线路和空气通路接通。在两车分解时,亦可由司机控制解钩电磁阀自动解钩,并自动切断两车之间的电气线路和空气通路。

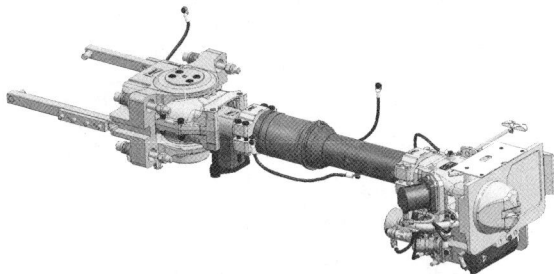

图6-4　Scharfenberg型密接式车钩三维图

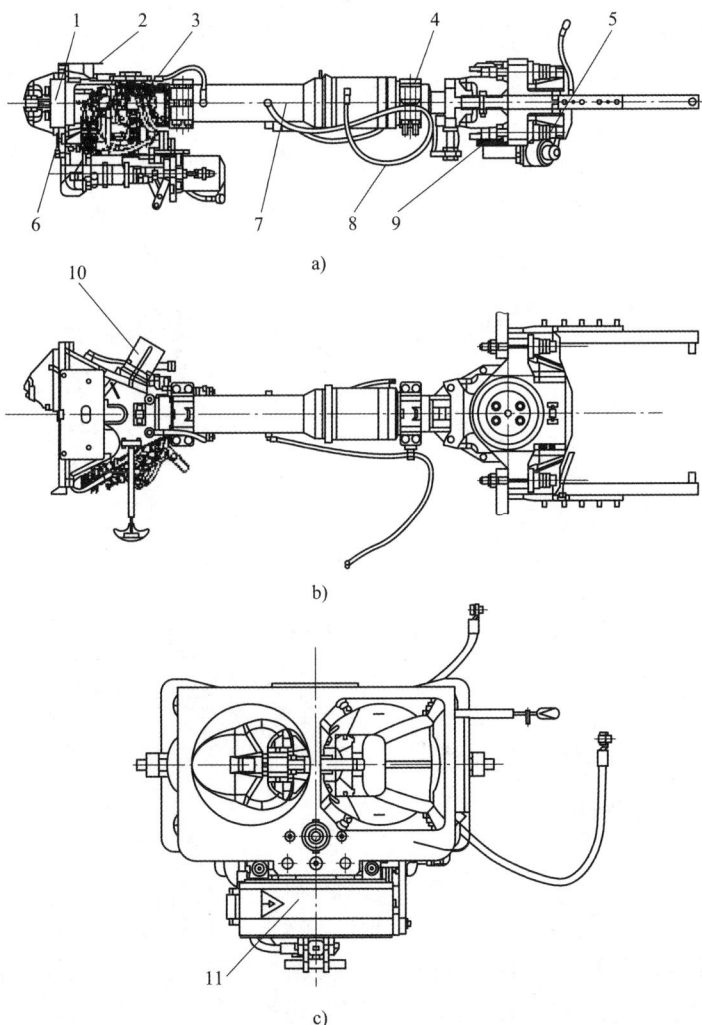

a)

b)

c)

图6-5　Scharfenberg型密接式车钩结构图

1-机械钩头;2-盖板;3-车钩控制;4-卡环;5-对中装置;6-风管接头;7-车钩牵引杆;8-接地系统;9-橡胶垫钩尾框;10-解钩风缸;11-电气钩头

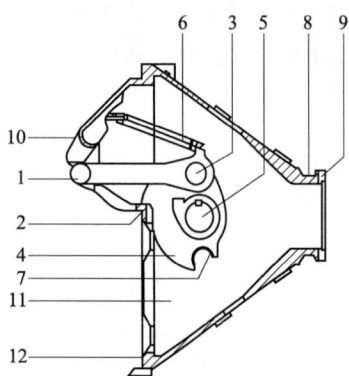

图 6-6　机械钩头结构

1-钩锁连接杆；2-止挡；3-钩舌销；4-钩舌；5-中心销；6-张力弹簧；7-钩舌凹槽；8-钩头箱体；9-卡环法兰；10-凸锥；11-凹锥；12-车钩断面

（1）机械钩头结构。

机械钩头如图 6-6 所示。车钩锁确保两节车厢之间的机械连接，端面有凸锥和凹锥，允许车钩自动对齐和同心，在水平和垂直方向提供一个大的连挂范围。车钩端面配有一只宽而扁的边缘以吸收缓冲荷载。牵引力通过钩锁（钩锁连接杆、钩舌、中心销和张力弹簧）传递。牵引和缓冲负载从车钩传送到车厢底架内。车钩有待挂、连挂、解钩三种状态。

（2）作用原理。

①待挂。待挂为车钩连接前状态，连接链紧贴外锥体的边缘，张力弹簧把钩舌压在机械钩头箱体的止挡上（图 6-7）。

②连接。与相邻车辆的车钩对撞自动完成（图 6-8）。在对方钩锁连接杆的撞击下，钩舌绕中心销向反时针方向旋转，弹簧压缩，钩锁连接杆滑入钩舌定位槽中锁定。连挂后，弹簧恢复到原状况，完成两车钩的连接互锁。当连挂完成后，钩锁形成一个平行四边形从而保证力的均衡，避免出现意外解锁现象。钩锁连接杆承受均匀分布在两个连接杆上的张力荷载，正常的磨损不会影响钩锁的安全使用。

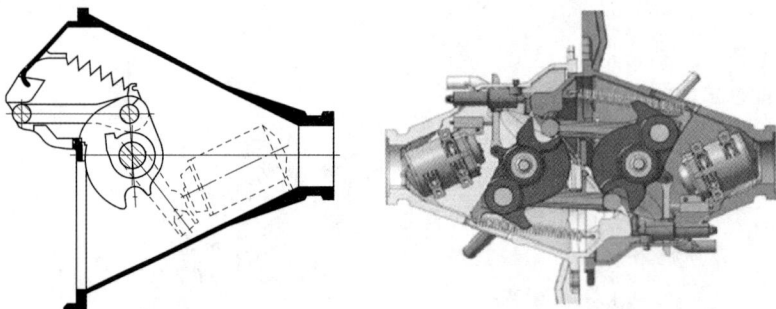

图 6-7　待挂原理图

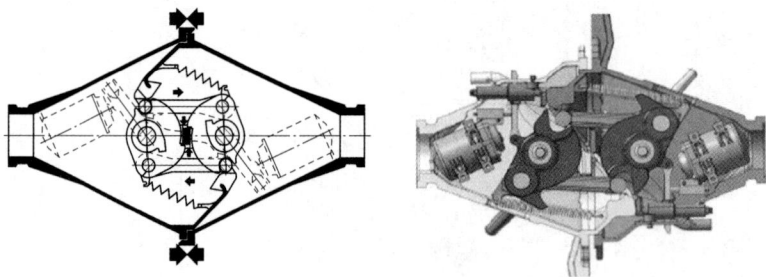

图 6-8　连接原理图

在连挂运行时，车钩受拉力作用，由于钩锁连接杆牵引负荷均匀，使钩舌始终处于锁紧位置，故能保证连挂牢固可靠。当推进运行时，车钩受推力作用，由车钩壳体的密贴平面传递力。

③解钩。司机操纵按钮控制电磁阀，使解钩风缸运动，风缸活塞杆推动钩舌顺时针转动，张紧状态的弹簧拉伸，使车钩的钩锁脱开相邻车钩的钩舌，车钩处于解钩状态，拉动一组车车钩分离。当两节车完全分离后，弹簧力使车钩恢复到待挂状态。车钩下部为电气连接部分，由电器箱等附属件组成，可前后伸缩，电气触点分别为固定触点和弹性触点，保证电气

连接时密接可靠。电气箱外装有保护罩,当连接时,电气箱可由操纵结构推出(图6-9),此时保护罩自动开启;当解钩后,电气箱退回至原位,保护罩自动关闭。

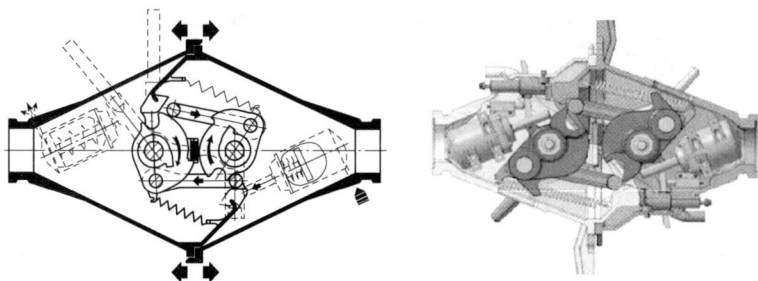

图6-9 解钩原理图

2)柴田式密接式车钩

柴田式密接式车钩如图6-10所示。

柴田式密接式车钩主要有车钩钩头、橡胶金属片式缓冲器、风管连接器、电器连接器和风动解钩系统等几部分组成,缓冲器位于钩头的后部。车辆连挂时依靠两车钩相邻钩头上的凸锥和凹锥孔的相互插入,实现两车钩的紧密连接;同时自动将两车之间的电路和空气通路接通。在两车分解时,亦可自动解钩,并自动切断两车之间的电路和空气通路。

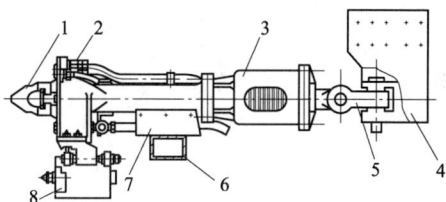

图6-10 柴田式密接式车钩缓冲装置
1-密接式车钩钩头;2-风管连接器;3-橡胶缓冲器;4-冲击座;5-十字式;6-托梁;7-磨耗板;8-电气连结器

车钩下面有车钩托梁,缓冲器尾部通过十字头连接器与车体上的冲击座相连,可以实现水平和垂直方向的摆动。

(1)钩头结构。

柴田式密接式车钩的内部结构如图6-11所示。车钩前端为钩头,它有一个凸锥和凹锥孔,内部由钩舌(半圆形)、解钩杆、解钩杆弹簧和解钩风缸组成。

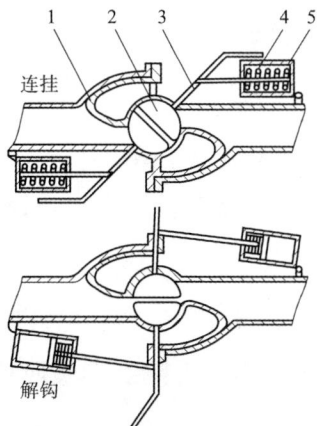

图6-11 柴田式密接式车钩内部结构
1-钩头;2-钩舌;3-解钩杆;4-弹簧;5-解钩风缸

(2)作用原理。

柴田式密接式车钩有待挂、连接和解钩三种状态。

①待挂。待挂状态为车钩连接前的准备状态,此时钩舌定位杆被固定在待挂位置,解钩风缸活塞杆处于回缩状态,此时半圆形钩舌的连接面与水平面成40°。

②连挂。两钩连挂时,凸锥插进对方车钩相应的凹锥孔中。这时凸锥的内侧面在前进中压迫对方的钩舌转动,使解钩风缸的弹簧受压,钩舌沿逆时针方向旋转40°。当两钩连接面相接触后,凸锥的内侧面不再压迫对方的钩舌。此时,由于弹簧的作用,钩舌可恢复到原来的状态,即处于闭锁位置。

③解钩状态。

a.自动解钩。要使两钩分解,需由司机操纵解钩阀,压缩空气由总风管进入前车(或后车)的解钩风缸,同时经解钩风管连结器送入相连挂的后车(或前车)解钩风缸,活塞杆向前推并带动解钩杆,使钩舌转动至开锁位置,此时两钩即可解开。两钩分解后,解钩风缸的压缩空气迅速排出,解钩弹簧得以复原,带动钩舌顺时针方向转动40°恢复到原始状态,为下次连挂做好准备。

b.手动解钩。如果采用手动解钩,只要用人力扳动解钩杆,也能使钩舌转动至开锁位置,实现两钩的分解。

我国早期建设的北京地铁1号线、2号线和天津地铁9号线轻轨车辆均采用了这种车钩形式。

3)BSI-COMPACT型密接式车钩

BSI-COMPACT密接式车钩的钩头由调质的铬、钼钢或含4%镍、12%铬的不锈钢制成。它有4种标准的结构系列尺寸,可分级地满足各种车辆和特殊操作的要求,其结构如图6-12所示。

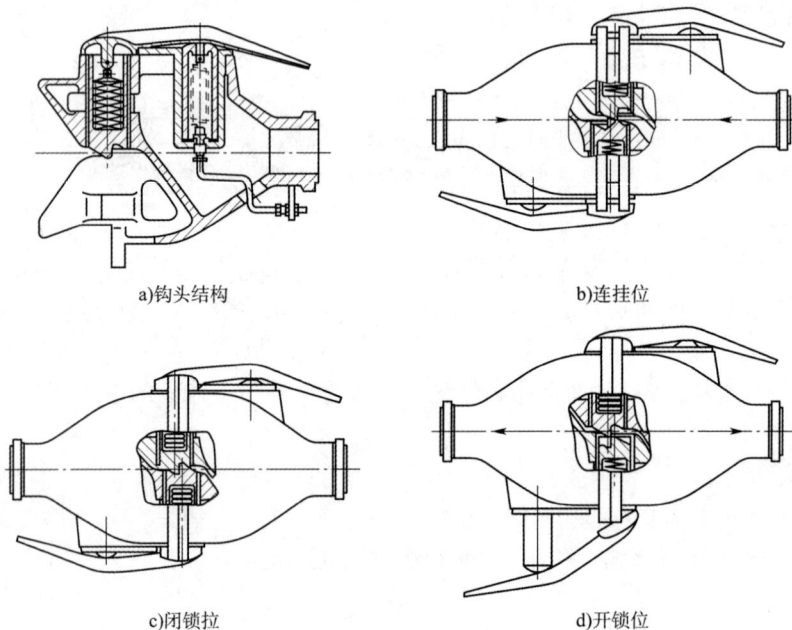

a)钩头结构   b)连挂位

c)闭锁拉   d)开锁位

图6-12 BSI-COMPACT型密接式车钩结构

(1)结构特点。

在钩头的内部配备有用于车钩机械连接的锁栓,以及气动、电气或液压控制装置。在每个车钩上均设有手动的解钩装置。锁栓由高硬度的钢制成,置于一套筒中,并利用弹簧,使其保持正常的位置。

(2)作用原理。

①连挂。

两钩的锁栓侧面相互挤压,压缩各自的弹簧,直至两锁栓的锁鼻彼此咬合,弹簧回复原位,达到连挂闭锁位。

②分解。

扳动钩头上方手柄或操纵解钩风缸使一个钩的锁栓要一直回拉到另一个钩的锁栓能够脱开为止。也可以同时操作两钩的锁栓使之脱开。

6.2.2　半自动车钩

通常情况下,半自动车钩的钩头连接形式、连挂方式和锁闭方式均与自动车钩相同。两个相同的车钩可以在直线线路和曲线线路上自动连挂。

半自动车钩可以实现列车单元之间的机械连接和风管连接自动连接,但电气连接只能手动。解钩时机械和气路部分可自动或手动操作,但不能由司机室集中控制。

在半自动车钩上设有贯通道支撑座,用于车辆运行过程和解钩之后支撑贯通道。支撑座可以承受贯通道及所承受的荷载。

Scharfenberg 型半自动车钩如图 6-13 所示。

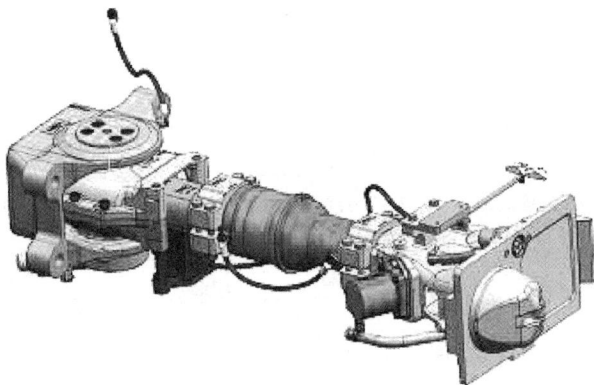

图 6-13　Scharfenberg 型半自动车钩

6.2.3　半永久性牵引杆

半永久性牵引杆用于同一单元内车辆之间的编组,使之编组成单元(图 6-14)。列车单元在运行过程中一般不需要分解,通常只在维修时才分解。当两车连挂时即形成刚性连接,其连接间隙最小,垂向运动和转动也很小。这样的连接形式可以保证列车在出轨时车辆之间仍然保持相对位置,防止车辆重叠和颠覆,减少列车起动及制动时的冲动。每个半永久性牵引杆上均有贯通道支撑座,用于车辆运行过程和解钩之后支撑贯通道。支撑座可以承受车辆正常运行时超员情况下贯通道所承受的荷载。

图 6-14　半永久性牵引杆

半永久性牵引杆只是将两车的连接方式由车钩连接改为牵引杆连接,但取消了风路和电路的连接。风路和电路的连接只能依靠手动连接。不同种类的车辆所安装的半永久性牵引杆的结构可能有所不同,但连接原理是一致的。

上海地铁2号线车辆半永久性牵引杆结构如图6-15所示,其主要特征是将两相邻车钩中的一个车钩钩体和另一车钩钩体、缓冲器总成分别由两个牵引杆代替,两牵引杆的端部各有一个锥孔和锥柱,在连挂时起定位作用,通过套筒式联轴器将两个牵引杆刚性相连,其电路、风路通过机械紧固获得永久连接。

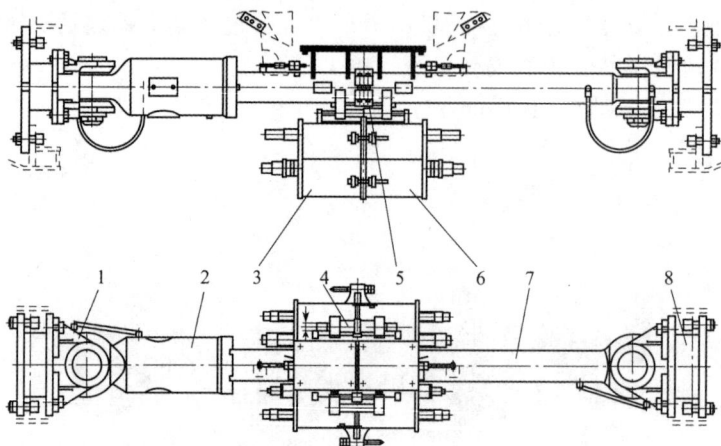

图6-15 上海地铁2号线车辆半永久性牵引杆

1-支撑座;2-具有双作用环弹簧的牵引杆;3,6-电气连接盒;4-风管;5-套筒式联轴器;7-牵引杆;8-过渡板

图6-16所示为北京地铁1号线车辆半永久牵引杆,其主要特征为半永久牵引杆是将两车的连接方式由车钩连接改为用一根牵引棒代替,将自动车钩中的两个车钩钩体取消,牵引杆的两端直接与两个缓冲器相连,同时取消了风路、电路的连接。

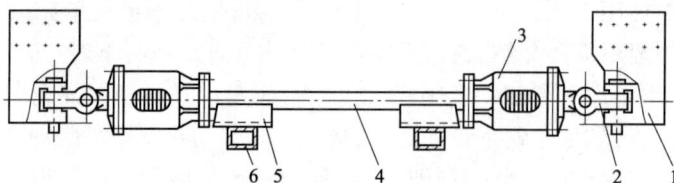

图6-16 北京地铁1号线半永久牵引杆

1-连接座;2-十字头;3-缓冲器;4-牵引杆;5-磨耗板;6-车钩托梁

6.3 缓冲装置

缓冲装置也称缓冲器,是城市轨道交通车辆车钩系统重要部件之一,其主要作用如下:

(1)缓和列车在正常运行中出现的纵向冲击,提高列车运行的平稳性和舒适性;

(2)缓和和吸收列车正常连挂时产生的冲击;

(3)吸收列车在非正常状态下以较高速度撞击时的冲击能量,保护车底架不受损坏、乘客不受伤。

目前城市轨道交通车辆车钩常用的缓冲器有橡胶缓冲器、弹性胶泥缓冲器、气液缓冲器、环弹簧缓冲器和压溃管等,不同的缓冲装置配置直接影响车钩的缓冲和能量吸收性能。

6.3.1 常见缓冲器类型

1）EFG 橡胶缓冲器

EFG 橡胶缓冲装置安装于车钩座内,采用的是环形的橡胶缓冲件。EFG 橡胶缓冲器的工作原理是借助橡胶分子内摩擦和弹性变形起到缓和冲击和消耗能量的作用。EFG 橡胶缓冲器在牵引和压缩方向均具有能量吸收功能,目前在城市轨道交通车辆车钩系统中被普遍采用。

EFG 橡胶缓冲器可吸收列车正常运行和连挂时的冲击,同时结合胶泥缓冲器或压溃管,还可以满足较高速度下列车碰撞的能量吸收要求。这种缓冲器可以根据容量的需要设计成有两组橡胶环的 EFG2 和有三组橡胶环的 EFG3 两种形式。

EFG3 缓冲器属于可复原的能量吸收部件,其结构如图 6-17 所示。

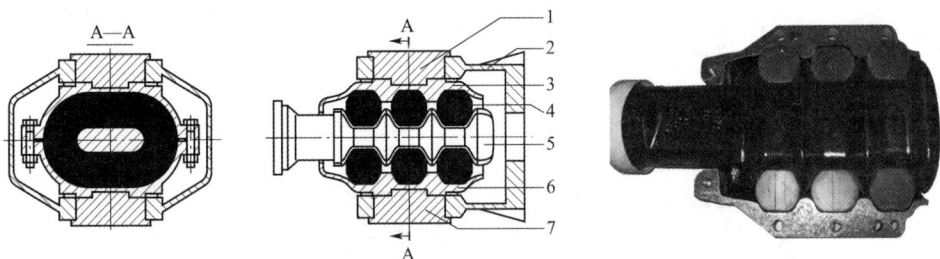

图 6-17　EFG3 橡胶缓冲器

1,7-枢轴;2-轴承座;3-上壳体;4-橡胶环;5-芯轴;6-下壳体

EFG3 缓冲器作用力的大小与冲击速度有关,冲击速度越高,作用力越大。目前国内 A 型车常用的 EFG3 缓冲器技术参数见表 6-1。

EFG3 缓冲器技术参数　　　　　　　　　　　　　　表 6-1

项　　目	参　数　值
最大压缩行程	55mm
最大拉伸行程	40mm
容量(压缩)	14.1kJ
容量(拉伸)	7.075kJ
最大静态压缩力	680kN
最大静态拉伸力	390kN
能量吸收率	30% ~40%

2）弹性胶泥缓冲器

弹性胶泥缓冲器图 6-18 所示。

弹性胶泥材料为该缓冲器接受能量的元件。将其装进一个能够承受一定压力的缓冲器活塞缸体内,根据实际运用的需要,增加一定的预压缩力。当活塞杆受到一定的压力(静压力或冲击力)时,活塞利用缸内的节流孔或节流间隙以及弹性材料本身体积被压缩产生的反作用力产生一定的阻抗力。当活塞杆外力撤销后,弹性胶泥会自行膨胀,将活塞推回

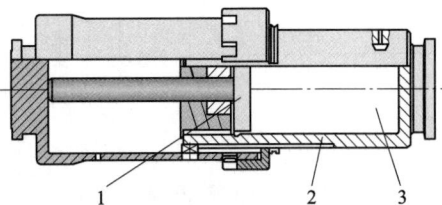

图 6-18　弹性胶泥缓冲器

1-活塞;2-壳体;3-胶泥

到原始位置。

弹性胶泥缓冲器一般具有较高的初始动作力,所以经常与 EFG 橡胶缓冲器配合使用,拉伸方向的冲击和压缩方向较小的冲击(例如车辆正常连挂时的冲击)由 EFG 橡胶缓冲器吸收,而胶泥缓冲器吸收压缩方向较大的冲击。胶泥缓冲器的容量较大,例如某型 150mm 行程的胶泥缓冲器的容量约为 142kJ,能量吸收率一般为 55% ~ 65%。

3)气液缓冲器

气液缓冲器是将气体和液压油作为介质,利用气体和液压油的特性组合成具有吸能特性的可恢复式缓冲器,气体的可压缩性可满足较低速度初始能量吸收,液体的阻尼可满足较高速度的能量吸收。

如图 6-19 所示,气液缓冲器一端由一个带增压阀的活塞与充满液压油的油缸组成,另一端由充满氮气的气缸及带密封的活塞组成,活塞一边充满氮气而另一边充满液压油。一般的气液缓冲器,气体和液压油均承受压缩方向负荷,在拉伸方向需要设置环弹簧实现缓冲;采用双行程原理的气液缓冲器在拉伸方向也具有缓冲作用,无须另外配置环弹簧。

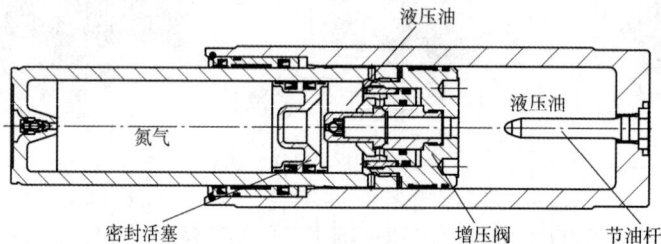

图 6-19 气液缓冲器

气液缓冲器结构较复杂,密封性要求高,维修成本高,一般在大修时需要返回到缓冲器供货商处进行维修。

气液缓冲器初始动作力较小,能量吸收后可自行恢复,因此一般与球铰和摩擦环弹簧配合使用。

气液缓冲器的吸能特性对冲击速度敏感,当列车冲击速度很高时,缓冲器会在短时间内产生很大的力,甚至超过车体强度。

4)环弹簧缓冲器

环弹簧缓冲器由弹簧盒、弹簧前后座板、外环弹簧(共 7 片)、内环弹簧(5 片内环弹簧、1 片开口环弹簧和 2 片半环弹簧组成)、端盖、球形支座、牵引杆等组成,其结构如图 6-20 所示。

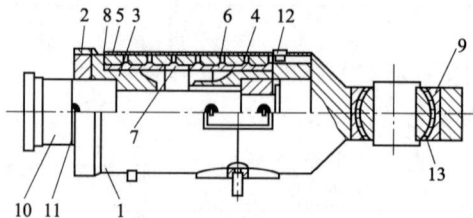

图 6-20 环弹簧缓冲器

1-弹簧盒;2-端盖;3-弹簧前从板;4-弹簧后从板;5-外环弹簧;6-内环弹簧;7-开口弹簧;8-半环弹簧;9-球形支座;10-牵引杆;11-标记环;12-预紧螺母;13-橡胶嵌块

当车钩受冲击时,牵引杆推动弹簧前从板向后挤压环弹簧;当车钩受牵拉时,拧紧在牵引杆后端的预紧螺母带动弹簧后从板向前挤压环弹簧。所以不论车钩受冲击或牵拉环弹簧均受压缩作用。由于内、外环弹簧相互接触的接触面为 V 形锥面,受压缩相互挤压时,外环扩胀、内环压缩,这样就产生了轴向变形,借此起到缓冲的作用。同时,内、外环弹簧接触面产生相对滑动,摩擦力做功也可以消耗部分冲击能。

环弹簧缓冲器的前端通过一组对开连接套筒与钩头连接,后端的球形支座通过销轴与车钩支撑座相连接。整个车钩缓冲装置在水平面内可绕销轴左右摆动40°,在垂直面内借助于球形轴套嵌有橡胶件可上下摆5°,以满足车辆运行于水平曲线和竖曲线的要求。

5)压溃管

压溃管是一种破坏性的能量吸收元件,通过特制的可压溃变形管安装于车钩杆上,在管子的管口安装一涨块,通过对管子的扩口变形来吸收能量。压溃管材料的强度被准确地控制在一个较小的范围内,理论上,压溃力在全行程中保持一恒定值。压溃管结构简单,免维护,能量吸收率为100%。

由于存在初始动作力,压溃管一般配合 EFG 橡胶缓冲器使用,列车正常连挂时的冲击能量由 EFG 橡胶缓冲器吸收,较高速度的冲击通过压溃管变形吸收能量,对车体进行保护。

图 6-21 为某型压馈管变形图。

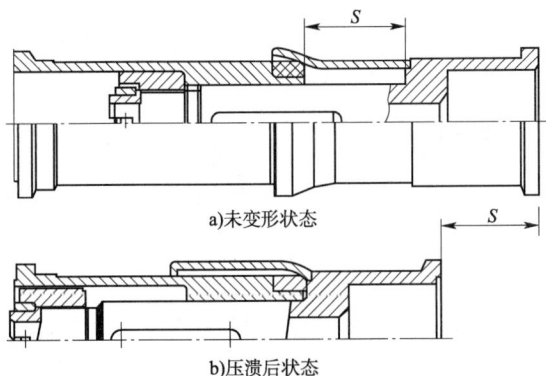

图 6-21　压溃管变形图
S-变形

在车辆遭受撞击时,能量吸收可分为三级。第一级,速度最大为 8km/h 时,车钩内的缓冲、吸收装置吸收全部能量,产生的变形可以恢复;第二级,速度为 8 ~ 15km/h 时,压溃管产生的变形不可恢复;第三级,速度超过 15km/h 时,自动车钩的过载保护系统产生不可恢复的变形,车辆前端将参与能量吸收以保护乘客。

压溃管的能量吸收作用可以保护车体钢结构免受破坏。但当冲击速度过大,导致压溃管产生不可恢复的变形时,必须更换。

6.3.2　车钩缓冲器系统的配置选型

列车中的不同部位会根据需要配置不同的车钩,这些车钩及缓冲器会作为一个系统发挥缓冲和吸能作用,而不是孤立地起作用。在设计列车的车钩缓冲器系统时,要根据车辆的技术数据、缓冲吸能性能要求,综合考虑列车各个部位的缓冲器配置(必要时包括车体前端吸能区的特性),才能准确地找出满足要求的车钩缓冲器系统方案。

影响车钩缓冲器系统配置的因素主要有：

（1）列车编组形式，确定车辆数量及列车各个部位的车钩形式。

（2）列车各个车辆的质量，质量越大，运动的动能越大，对缓冲吸能性能要求越高。

（3）车体强度，直接限制车钩缓冲器系统允许发生的最大作用力。

（4）不导致车体损坏的最大冲击速度，速度越快，动能越大，对吸能容量要求越高。

（5）车钩前端面允许突出车体前端的距离，直接限制列车前端车钩缓冲器的最大允许行程，该距离越小，车钩缓冲器系统设计难度越大。

（6）如果被撞击列车是施加了停放制动的静止列车，停放制动的摩擦系数也有影响。摩擦系数越高，车钩缓冲器系统设计难度越大。

车钩缓冲器系统的缓冲吸能性能是列车的一项总体性能，列车的很多总体参数都影响车钩缓冲器系统的吸能性能，特别是车体强度，可以说对列车的允许冲击速度有决定性的影响，所以车钩缓冲器系统的吸能性能要求应与列车的总体参数一起考虑。

多个地铁项目的选型和运用经验表明，EFG橡胶缓冲器配合压溃管的设计可以满足列车正常连挂对吸能保护的要求，运用的寿命周期成本较低；EFG橡胶缓冲器配合胶泥缓冲器和气液缓冲器配合球铰的设计都可以满足较高速度（可达15km/h）的可恢复冲击吸能要求，但是胶泥缓冲器和气液缓冲器的维护成本较高；而气液缓冲器的特性对冲击速度敏感，在发生更高速度（如20km/h）的冲击时会过早动作过载保护装置，为车体前端吸能区的设计带来难度。

6.4　附属装置

6.4.1　风管连接器

如图6-22所示为自动开闭式风管连接器。该装置可自动开闭，当两车钩连挂时，顶杆与密封圈同时受压，在密封圈防止泄漏的同时，顶杆压缩阀垫、滑阀和顶杆弹簧，阀垫和滑阀后退，使阀垫与阀体脱开，气路开通。解钩时由于密封圈和顶杆失去压力，在弹簧的作用下，各部件恢复原位，风路断开。

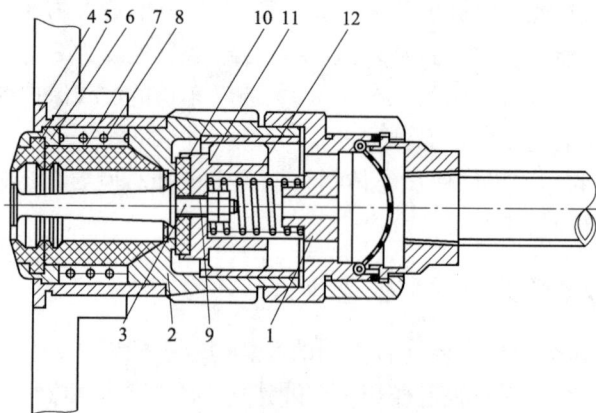

图6-22　自动开闭式风管连接器

1-后接头；2-阀体；3-顶杆；4-阀壳；5-密封圈；6-滑套；7-橡胶套；8-前弹簧；9-调整垫片；10-阀垫；11-滑阀；12-顶杆弹簧

6.4.2 电气连接器

柴田式密封式车钩电气连接器如图6-23所示。通过悬吊装置使钩体与电气连接器成弹性连接。两车钩连挂时,箱体可退缩3～4mm,靠弹簧压力,保证良好接触;触头上焊有银片,以减小电阻。它与箱体成弹性连接,靠弹簧压力保证触头处于可伸缩状态,相互接触良好,保证电流畅通。箱体的一侧有一个定位销,对称侧有定位孔,两钩连挂时定位销插入对应的定位孔,以保证触头的准确连接;密封条是防雨水和防灰尘的。解钩时,将箱盖盖好,防止触头损坏。箱体内还设有接线板,使触头的引线和从车上来的引入线对应相连;在它后部有电线孔,为防止电线磨损,设有塑料套。

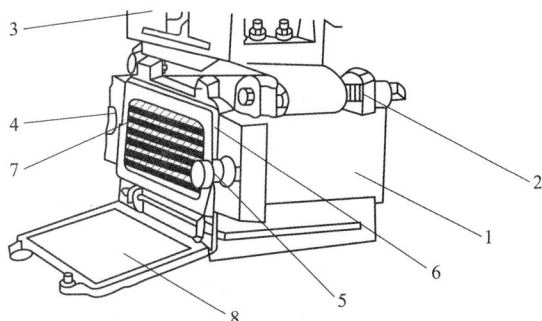

图6-23 柴田式密封式车钩电气连接器

1-箱体;2-悬吊装置;3-车钩;4-定位孔;5-定位销;6-密封条;7-触头;8-箱盖

电气箱外装有保护罩,当两钩连接时,电气箱可推出使其端面高于车钩端面,此时保护罩自动开启;当解钩后,电气箱退回至原位置,保护罩自动关闭。电气箱内的触点分别为固定触点和弹性触点,保证电气连接时密接可靠。

6.4.3 车钩对中装置

车钩对中装置能够将解钩后的车钩保持在纵向车轴位置,防止车钩产生横向摆动。

图6-24、图6-25分别为Scharfenberg型车钩对中装置及其结构图,可以看到通过四个螺钉固定在缓冲装置的支承座下方。

图6-24 Scharfenberng型车钩对中装置

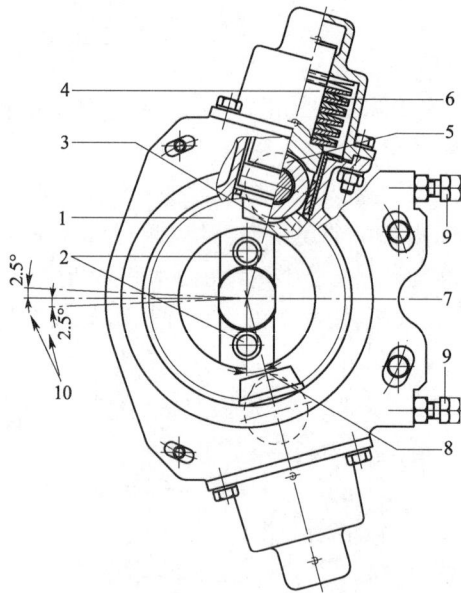

图 6-25　对中装置结构图

1-凸轮盘;2-平行销;3-凹槽;4-心轴;5-滚子;6-碟形弹簧;7-车辆纵向轴线;8-复位角;9-六角头螺钉;10-调整角

　　车钩的偏转范围为 ±45°,对中装置能够保证车钩在偏转 ±15° 的范围内自动对中。该装置外壳内安装了一个旋转式凸轮盘,与钩尾座枢轴之间形成一种刚性连接。车钩水平摆动时,钩尾座枢轴就会转动。凸轮盘有两处凹槽,通过碟形弹簧,两根带有滚子的心轴被压入凹槽。碟形弹簧使车钩保持在纵向车轴位置。解钩并分离车辆后,车钩在偏准连挂范围内自动回到中心位置。如果车钩与车轴夹角超出 15°,车钩保持外摆,失去自动对中功能,在解钩并将车辆分开之后,车钩会自动地回到中心角内。

　　可根据纵向车轴,通过外壳后侧的两个螺钉对车钩重新进行水平调节。

6.4.4　车钩过载保护装置

1)概述

　　当城市轨道交通列车上的车钩弹性缓冲器和压溃管无法满足列车的吸能要求时,为不妨碍车体防爬器接触及车体吸能,司机室端车钩配有过载保护装置。当压溃管完全压溃后,车钩从车钩安装座上脱开。

　　目前,国内地铁车辆采用的过载保护装置分为 5 种:EFG 内剪切方式、EFG 拉断螺栓方式、胶泥缓冲器拉断螺栓方式、安装螺栓拉断方式、安装螺栓增加压溃体的方式。

2)选择依据

　　车钩采用 EFG 内剪切、缓冲器内部拉断螺栓过载保护方式时,车钩与车体的配合可采用前安装方式,过载保护动作后,车钩缓冲器穿过车钩安装座开孔后移。其中,EFG 内剪切、EFG 拉断螺栓方式结构更紧凑,车钩钩尾座的尺寸更小。

　　车钩采用安装螺栓拉断、安装螺栓增加压溃体的过载保护方式时,由于车钩整体后退,车钩与车体的配合只能采用后安装方式,需将车钩安装座开孔成"n"形,便于车钩安装。此方式会削弱车钩安装座强度,车钩安装后,安装座下部需补强。经过载保护动作后,车钩沿车体设置的导轨后移,防止车钩掉落到轨面上。

6.5　贯通道装置

贯通道装置也称风挡装置,位于两节车厢的连接处,是两车辆通道连接的部分,分为单体式和分体式。它具有良好的防雨、防风、防尘、隔音、隔热等功能,能够使乘客安全地穿行于车厢之间。

1)单体式贯通道

单体式贯通道多用于车端间距较小的 B 型车(700mm 及以下),主要由折棚组成、踏板组成、渡板装置组成、顶板组成、侧护板组成构成。单体式贯通道质量轻,在车端安装后可实现自支撑。目前应用于北京地铁2、5、10 号线及深圳地铁3 号线车辆等。

(1)优点:质量轻,结构简单,能够自支撑(不需要车钩支撑),成本低。

(2)缺点:受车端间距限制,单体式贯通道外折棚及内饰板的可拉伸量小,很难通过曲线半径过小的曲线(110m 以上,不含 S 曲线)。

2)分体式贯通道

分体式贯通道多用于车端间距较大的车辆(700mm 以上),其同样主要由折棚组成、踏板组成、渡板组成、侧护板组成和顶板组成构成。分体式贯通道质量大,在车端安装后需由车钩支撑。目前应用于北京地铁首都机场线,深圳地铁1、2 号线,泰国地铁部分车辆等。分体式贯通道包括单块板结构式和多块板搭接结构式。

(1)优点:车端间距较大,贯通道外折棚及内饰板的可拉伸量大,能通过较小半径的曲线。另外由于分体式贯通道是两个半部对称结构,顶板和渡板的连挂时直接对接即可,因此,连挂和分解过程较单体式贯通道方便。

(2)缺点:由于质量较大,需要车钩支撑。

下面以分体式贯通道为例进行介绍。

6.5.1　贯通道结构

贯通道主要由折棚体、侧护板、顶板、渡板、踏板、护板安装架等组成,如图 6-26 所示。

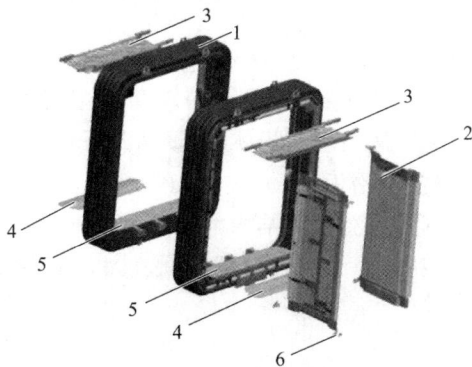

图 6-26　贯通道结构
1-折棚体;2-侧护板;3-顶板;4-踏板;5-渡板;6-护板安装架

1）折棚体组成

折棚体由端框、对接框和棚布组成。每套折棚组成均能实现拉伸和压缩,在最大和最小情况时,均能满足技术条件中线路的要求。为防棚布受损,对接框与车体间装有收紧弹簧,分别装在贯通道上部和下部,以限制折棚的最大拉伸量。

（1）棚布组成由多折环状棚布面料缝制而成,每折环的下部设有排水孔。折棚体选用特制的阻燃、高强度、耐老化进口棚布面料制作,棚布采用双层夹心结构,大大提高了贯通道的隔音、隔热性能。折棚体各折用铝合金型材镶嵌,折棚体的一端连接在端框上,另一端与对接框连接。

（2）端框由铝合金型材焊接而成,通过安装螺钉固定在车体端墙上。端框型材上设计有沟槽,安装有橡胶密封胶条,保证了水密性要求。

（3）连接框由铝合金型材焊接而成,表面喷塑,并安装有对接锁销、锁销孔座,以实现连挂时的对中和锁闭。连接锁闭机构为滑杆结构,滑杆装有楔形板销。两车连挂时,操作手柄,楔形板销同时运动,这样的结构使对接框承载均衡并能可靠定位。

连接框型材上设计有沟槽,安装橡胶密封胶条,可调整并确保端框间距离。两连接框连接后能够保证贯通道不漏雨、不渗水。

2）侧护板组成

每个通道两侧各有一个侧护板,侧护板有多种结构形式,可以采用一体式侧护板,也可采用采用叠板互动、差位伸缩式结构。

护板上下设有橡胶裙边,避免侧护板在车辆运行中与顶板及渡板干涉,减少侧护板上、下边部与顶板及渡板之间的间隙。

3）顶板组成

每半个贯通道配一套顶板组成。每套顶板组成通过两个边梁分别安装在车体安装框和贯通道对接框上。两车连挂后,可组成完整的顶板。

每套顶板包含两个边梁、一个大顶板、一个小顶板和两套连杆。小顶板搭接在大顶板上面,大顶板上装有滑块和滑轨,通过滑块和滑轨吊装在连杆上。当贯通道在车辆通过曲线,压缩、拉伸时顶板在连杆控制下保持正常运动。顶板的结构能满足车辆运行中极限运动及复合运动的要求。

4）踏板和渡板组成

贯通道的过道板组成包括踏板和渡板,其材料采用铝合金,其中踏板包括固定踏板,可转动踏板和折页组成。固定踏板固定在车端,可转动踏板安装在踏板支承上。固定踏板采用具有防滑作用的菱纹板制成。渡板由渡板体、折页和渡板页组成,渡板体安装在贯通道对接框下部横梁上,渡板页前端置于踏板上,渡板页和踏板结合面间铆接装有尼龙耐磨条,渡板由具有防滑作用的菱纹板制成。渡板页结构可降低车辆过曲线时与踏板间的错动量。踏板和渡板均可抬起,以便检查和清洁。当通过曲线时,渡板和踏板间不产生干涉现象,并可以安全通过。

5）其他组成

贯通道对接框底部与渡板支承相连,并支承在车钩磨耗板上（每个车钩上安装一块磨耗板）。车钩磨耗板由钢板贴耐磨层制成。每个车钩磨耗板通过四个螺钉固定在车钩上。

6.5.2 贯通道的作用原理及特点

1)作用原理

两车连挂时,锁闭机构通过定位机构实现互锁,将两半贯通道连接形成一个整体。列车运行时,顶板及护板通过四连杆机构实现与列车运动协调。

2)特点

(1)可手动连挂和手动解挂。

(2)贯通道框架结构及金属部件均为铝型材,具有质量轻、有利于安装和维护的特点。

(3)侧护板组成采用连杆连接在一起,使安装工序简化,便于安装和维护。

(4)锁闭机构简单可靠。

复习思考题

1. 与非刚性车钩相比,刚性车钩有哪些优点?

2. 简述 Scharfenberg 型密接式车钩的结构及作用原理。

3. 说明柴田式密接式车钩的结构及作用原理。

4. 举例说明半永久性牵引杆的结构。

5. 缓冲装置有何作用?选型时应考虑哪些因素?

6. 简要说明车钩对中装置的原理。

7. 简述贯通道装置的主要结构。

单元 **7** 城市轨道交通车辆动力学

教学目标

1. 掌握车辆振动的形式及产生原因;
2. 了解车辆运行平稳性及评定标准;
3. 了解曲线通过及提高车辆曲线通过性能的措施;
4. 熟悉轮对脱轨条件及影响脱轨的因素。

建议学时

4 学时

随着经济的发展,大运量的地铁、轻轨、新交通系统及磁悬浮列车等轨道交通运输方式以其快捷、准时、舒适、安全等特点而备受青睐。在所有这些轨道交通运输方式中,轨道车辆都是在轨道线路上运行。轨道线路由直线、曲线、坡道、高架桥梁、隧道等组成,因此线路的走向变化、线路表面的不平顺以及基础的弹性变形等都会引起运行中的车辆振动。

城市轨道交通车辆通常由动车和拖车组成动车组。动车组运行时受线路约束产生相应的动态位移和力的变化。城市轨道交通车辆动力学的具体内容就是研究车辆及其主要零部件在各种运用情况下的位移、加速度和由此产生的动作用力,其研究目的在于确定车辆在线路上安全运行的条件,研究车辆悬挂装置和牵引缓冲装置的结构、参数和性能对振动及动荷载传递的影响,并为这些装置提供设计依据,以保证车辆在最大运行速度下安全平稳地运行。确定动载荷的特征,可为计算车辆动作用力提供依据。

7.1 车辆振动的形式及产生原因

7.1.1 车辆的振动形式

城市轨道交通车辆为了隔离振动,在车体与走行部之间设置了柔软的悬挂系统。不考虑车体自身的弹性振动时,车体作为刚体在悬挂系统上的振动具有 6 个自由度,如图 7-1 所示。

一般将沿 x 轴的纵向振动称伸缩,沿 y 轴的左右振动称横摆,沿 z 轴的上下振动称浮沉。

在横断面内的转动称侧滚,沿水平面的转动称摇头,在纵向立面中的转动叫点头。一般情况下,车体振动是上述六种振动形式构成的不同组合。通常弹簧对称支承在车体下部,当车体横摆时,其重力与弹簧支承合力形成力矩使车体发生侧滚,这意味着车体的横摆与侧滚不能独立存在,它们形成了两个耦合振型:绕车体重心上方某滚心运动的上心滚摆和绕车体重心下方某滚心运动的下心滚摆。车体的摇头与滚摆属于车辆横向振动范畴,浮沉、点头为垂向运动范畴,伸缩则为纵向振动。

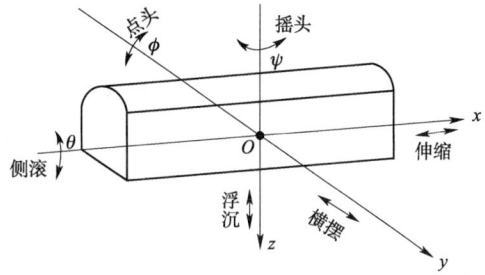

图 7-1 车体的空间振动

与车体类似,转向架作为刚体也有 6 个自由度。当车辆运行时,在线路不平顺的随机激励下,车体及其他零部件均会产生振动。此时,上述各种振动都会同时呈现,但是振动幅度和频率都是随机变化的。

7.1.2 引起车辆振动的线路原因

在城市轨道交通线路中,除了少部分线路采用碎石道床外,一般在隧道或高架线上均采用整体道床或承载台等形式。轨道在车轮动荷载作用下将沿长度方向呈现不均匀的弹性下沉,造成轨道实际几何形状与名义尺寸的偏差,即轨道不平顺。而轨道不平顺是车辆产生各种振动的主要根源。

轨道的不平顺度会随着运行逐渐扩大,当道碴逐渐磨损、碎化,线路的弹性和几何不平顺也会逐渐劣化。这种过程扩大了轮轨打击力,同时也加重了线路的不平顺。整体道床的问题要小得多,但也不是一成不变的。高架预应力梁的徐变、橡胶垫的蠕变与老化、地基的不均匀下沉以及钢轨的波浪性磨耗等,都可能引起车辆振动。

影响车辆动力学性能的轨道不平顺可以用四种方式表示,如图 7-2 所示。

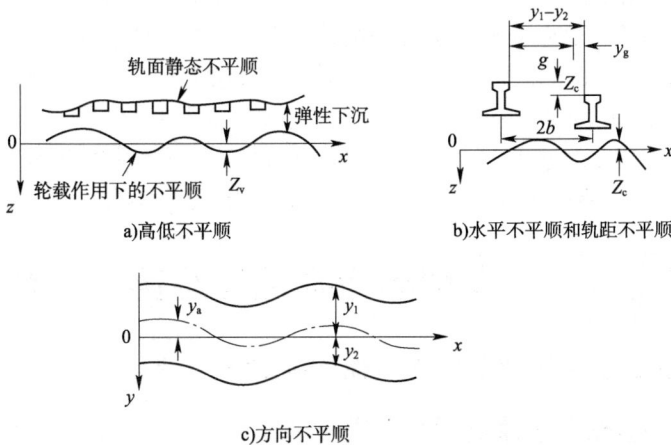

a)高低不平顺

b)水平不平顺和轨距不平顺

c)方向不平顺

图 7-2 轨道不平顺的四种类型

高低不平顺 Z_v 主要影响车辆的垂直振动,以左右轨面高度(严格讲应是轮对在左右轨面上的纯滚动线高度)Z_1、Z_2 的平均值表示:

$$Z_v = \frac{Z_1 + Z_2}{2}$$

水平不平顺 Z_c 主要影响车辆的横向振动,表示为:

$$Z_c = Z_1 - Z_2$$

方向不平顺 y_a 影响车辆的横向振动,以左右轨头内侧面中心线偏离轨道中心线(严格讲应是左右轨面上纯滚动线距线路中心线偏离量) y_1 及 y_2 的平均值表示:

$$y_a = \frac{y_1 + y_2}{2}$$

轨距不平顺 y_g 影响轮轨几何参数,在线性假设下一般不考虑它的影响。

轨道不平顺按性质不同分为三种:离散不平顺,如道岔、低接头、三角坑等;周期性不平顺,如钢轨接头、波浪形磨耗等;随机性不平顺。

各种不平顺对车辆运行平稳性、安全性有重大影响,因而要限制不平顺的幅度。

随机不平顺一般用功率谱 $S_L(\omega)$ 表示,该值反映不同波长的不平顺程度。图 7-3 为轨道随机不平顺功率谱的示例。从图 7-3 中可知,长波的不平顺幅度大,短波的不平顺幅度小。

当车辆结构与参数确定之后,线路不平顺功率谱的大小决定了车辆运行时的振动幅度,也决定了它的平稳性指标。因而不同的运行环境及条件对车辆结构与参数有一定的要求。

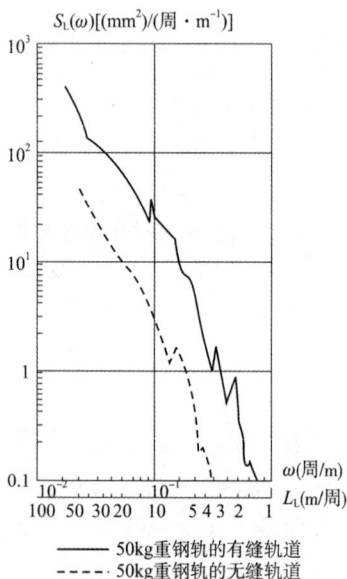

图 7-3 轨道高低不平顺的功率谱密度函数示例

7.1.3 车辆的自激振动

在钢轮与钢轨的接触面或橡胶轮胎与导向路面之间存在着切向力,这种切向力称蠕滑力或黏滑力,它随车轮与轨面的相对位置或运动状态变化而变化。在一定条件下,这种切向力会引起车轮乃至车辆发生剧烈振动,这种振动属于自激振动。我国某种铁路货车空车时,在速度达到70km/h 时会产生一种所谓的自激蛇行运动。某种橡胶轮胎的车辆即使运行在平直道上,超过某一速度时也会产生剧烈横摆。可以肯定其产生的原因不是线路不平顺。这种自激振动主要是在横向平面内产生的,它引起了车辆及其部件的剧烈摇头和滚摆。

7.2 车辆运行平稳性及评价标准

车辆的动力学性能主要有平稳性、安全性及曲线通过性等。

7.2.1 车辆运行平稳性及评价标准

车辆运行平稳性是评价乘客舒适程度的主要依据,反映了车辆振动对人体感受的影响程度。因此,评价车辆运行平稳性的方法主要是以人的感觉疲劳程度为依据,通常以运行平稳性指标表示。我国主要用斯佩林公式来计算车辆运行平稳性指标 W。W 值越大,说明车辆的运行平稳性越差。

$$W = 0.896 \sqrt[10]{\frac{j^3}{f}F(f)}$$

式中:j——振动加速度,cm/s^2;

f——振动频率,Hz;

$F(f)$——与频率有关的修正公式,反映人体对不同方向和频率振动的敏感度。

图7-4为运行平稳性指标曲线示例。

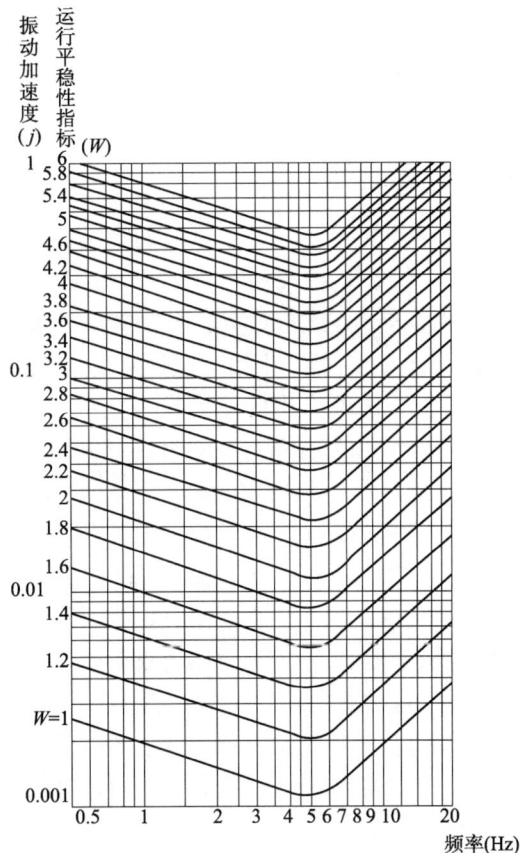

图7-4 运行平稳性指标曲线

图7-4中的纵坐标表示振动加速度值,横坐标表示振动的频率值,而粗实线则表示运行平稳性指标W的等值线。根据振动的频率及加速度就可以从表中查出相应的平稳性指标值。由等值线的下凹特点可知,人体对某些低频的振动是敏感的。

我国铁路客车现行的运行平稳性等级见表7-1。

我国铁路客车运行平稳性等级 表7-1

平稳性等级	评　定	平稳性指标
1级	优	<2.5
2级	良好	2.5～2.75
3级	合格	2.75～3.0

国际标准化组织 ISO 2631 标准的规定如下：

ISO 2631 标准评估振动对人体影响时用疲劳时间 T 表示。从维持工作效能、健康和舒适度出发相应提出 3 种限度：工效下降限度、承受限度及舒适度下降限度。这些限度是在对飞行员及汽车司机进行大量测试研究后取得的。研究表明，人体对 2Hz 左右的水平振动很敏感，而对 $4\sim8$Hz 的垂直振动最敏感。英国、法国等欧洲国家也运用洛奇疲劳时间评定法评估，日本则采用等舒适度曲线法评价运行平稳性。

由于新车与运用后的车辆的轮轨关系、悬挂参数有所不同，车辆性能发生相应变化，因而不仅需对新车运行平稳性或其他性能提出要求，运用一段时间的车辆也必须符合适当的运行平稳性指标。这就要求在设计时采用的结构参数必须确保在整个运用期内有稳定的动力学性能。

7.2.2 车辆的蛇行运动稳定性

具有一定踏面形状的轨道车辆轮对，即使沿着平直轨道滚动，受到微小激扰后就会产生一种振幅保持或继续增大直到轮缘受到约束的特有运动。此时轮对向前滚动，一面横向往复摆动，一面又绕铅垂中心线来回转动，其轮对中心线轨迹呈现波浪形，称蛇行运动。轮轨间的蛇行运动是由具有等效斜率的踏面而产生的。这种踏面是为避免轮对的轮缘始终贴靠轨侧运动而采取的自动取中措施。这种取中的能力在一定的条件下便可转化为失稳的动力。当激扰消失而剧烈的蛇行运动不能收敛时，则称为蛇行失稳。表面上看，轮对并未受到钢轨的纵向或横向位移激振，因此它是一种自激振动。实际上，是轮对对钢轨的相对运动产生了内部激振力，由这种激振力维持着轮对的运动。由机车牵引力提供的非振动能量通过轮轨间的自激机理转化为蛇行运动的能量。当车辆运行提高到某一速度，车辆系统中的阻尼无法耗散这种能量时，蛇行运动就呈现出失稳现象，该速度称为蛇行失稳临界速度。

最初人们对蛇行运动的认识是表面的，随着对蠕滑现象的认识和研究不断深入，人们了解到轮对在钢轨上的蠕滑运动及这种蠕滑产生的蠕滑力是导致车辆水平振动的重要原因。在引入蠕滑与蠕滑力关系后，轮对及车辆运动方程中产生了自激振动的因素，因此可以从运动微分方程中直接推导出自激蛇行运动的解。由此，对车辆蛇行运动稳定性的研究进入了崭新的阶段。

20 世纪 60 年代，英国及日本首先将蠕滑理论运用于高速车辆蛇行稳定性的研究，成功地指导了高速列车的开发。城市轨道交通车辆运行速度不高，但是如果轮对定位刚度及悬挂参数选择不当，也会出现蛇行失控现象。尤其近年来，为改善城市轨道交通车辆小曲线通过性能，减小噪声及磨损度，轮对定位刚度逐渐减小至有可能导致蛇行运动和失稳。车辆出现蛇行失稳会使运行品质恶劣，引起轮轨磨耗并扩大动荷载，严重时还会导致脱轨。因而车辆的蛇行稳定性的裕量大小是衡量车辆能否始终满足正常运行的条件之一。

带有弹性定位转向架的车辆在直线运行时会产生两种不同阶段的蛇行运动：车体蛇行运动（一次蛇行）、转向架蛇行（二次蛇行）。在较高速度下的二次蛇行，蛇行频率较高，车体振动很小而转向架及轮对振幅较大，一旦出现便不可能随速度升高而消失。在较低速度时出现的一次蛇行则是车体振幅相对大的一种蛇行振动，其原因是在这种振动下，车辆系统的阻尼无法吸收来自轮轨接触切向力输入的能量，因而振动扩大直到轮缘碰击钢轨。只要选择适当的悬挂系数,这种失稳是完全可以克服的。而对二次蛇行,只能通过选择合理的参数,提高失稳的临界速度而不能完全消除它的出现。

影响蛇行运动的因素很多,主要有以下几个。

1)轮对定位刚度

轮对的纵向定位刚度 K_{1x} 和横向定位刚度 K_{1y} 是转向架控制轮对运动的直接因素。不同的参数匹配可以获得不同的蛇行临界速度 v_{cr},如图7-5所示。一般来讲,增加 K_{1x} 和 K_{1y} 都能提高临界速度。但是定位刚度较大,增加效果将不明显,太大时反而会变差。纵向刚度过大会不利于曲线通过,而横向定位刚度过大则可能降低车辆横向舒适度。因此要综合各方面需要来确定定位刚度的数值。

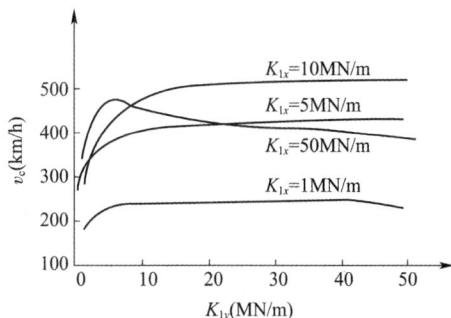

图 7-5　轮对定位刚度与临界速度的关系

2)车轮踏面等效斜率 λ_e

λ_e 是影响蛇行运动的关键参数之一,它与临界速度的关系可用 $v_{cr} \propto 1/\sqrt{\lambda_e}$ 来描述。小的 λ_e 可以获得高的临界速度,但是要维持小的 λ_e 就需要经常镟轮。新轮的踏面斜率虽然合适,但运用一段时间后就迅速增大。λ_e 的另一个缺点是其值较小时不利于曲线通过。对于城市轨道交通车辆,需要有很好的曲线通过性能及适当的蛇行稳定性,因此 λ_e 不宜太小。目前国际上通常采用磨耗型(凹形)踏面,λ_e 大致可稳定在 0.15 ~ 0.25,此时城市轨道交通车辆的蛇行临界速度可设计为 100 ~ 120km/h,但其正常最高运行速度一般在 80km/h 左右。

3)蠕滑系数

一般情况下,蠕滑系数小,临界速度也小,实际上并非完全如此。蠕滑系数对蛇行运动的影响与定位刚度、重力刚度有关。有些类型的车辆在干燥天气(蠕滑系数大)时临界速度反而下降。需要注意的是,在城市运用的城市轨道交通车辆,轨面污染相对严重,运用车辆既要考虑蠕滑系数高的条件,又要考虑蠕滑系数低的情况。

4)转向架固定轴距

固定轴距增大会使蛇行临界速度提高,但是却对曲线通过不利。在城市轨道交通线路条件下,一般倾向取短的固定轴距以改善轮轨磨耗。

5)中央悬挂装置

中央悬挂装置内的两系回转复原弹簧 K_{2x} 对提高蛇行临界速度有很大影响。如果在那里并联抗蛇行减振器后则作用更加明显,当然 K_{2x} 不宜过大,过大的 K_{2x} 对曲线通过不利。通常在这里设置了具有非线性磁滞饱和特性的悬挂元件,在直线运行的小振幅时,这种特性呈现出高约束性。而在曲线通过时,则位于饱和位置,以减少对转向的约束,如图7-6所示。

其他二系悬挂如 K_{2y}、K_{2z} 的取值与具体车辆结构及目标速度、运用条件有关,需要具体分析。一般情况下,它们对转向架失稳仅有一定的控制作用,但对车体蛇行(如上下心滚摆失稳)的控制作用要更大些。在设计时要注意它们对车辆的平稳性、舒适性的影响。

二系阻尼 C_{2z}、C_{2y} 对蛇行稳定性及车辆的平稳性均有影响,一般增大其值会提高稳定性,但过大会破坏平稳性,因此必须综合考虑参数的选取。

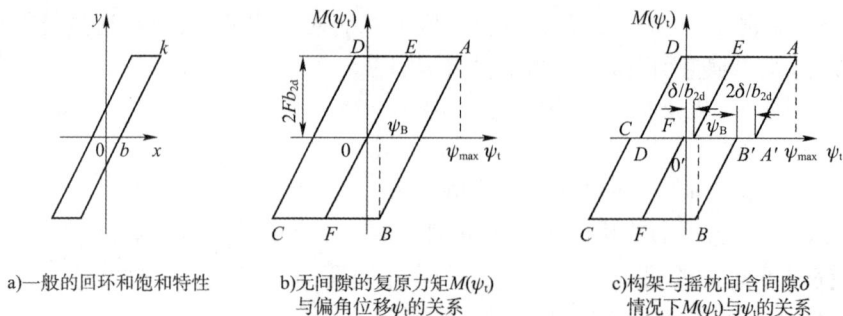

图 7-6　非线性悬挂元件特征曲线

　　总之,影响车辆蛇形运动的因素很多,在设计车辆或改进车辆时应作多种参数选择和方案比较,从垂直及横向平稳性、蛇行运动稳定性、曲线通过性能等方面综合考虑。既要考虑新车状态,也要考虑运用后的条件,保证在使用或检修间隔期内性能保持优良。从城市轨道交通车辆运用的实际考虑,过高的临界速度是不必要的,而要更多地考虑曲线通过、舒适性及对环境的影响。

7.3　车辆曲线通过

　　车辆曲线通过性能是城市轨道交通车辆运行的一个重要指标。车辆在进入曲线时,轮对与线路间发生相对位移,由此产生导向线路对轮对运动的约束力或导向力,通过转向架的悬挂系统传至车体,引导转向架及车体克服离心力平顺地通过曲线。

　　具有轮缘的钢轮在曲线上受钢轨的约束,在轮缘踏面与钢轨之间产生了复杂的作用力,也相应产生了轮轨损耗。过大的侧向作用力会导致轨距挤宽、轨排横移或钢轨翻转,从而引起安全问题。轮缘与钢轨的侧向磨损增加了运行阻力和能耗。具有导向轮的独轨车辆或其他新型导向车辆在曲线通过时依靠导向轮来迫使转向架沿着曲线前进,虽然没有轨排移动等问题,仍然存在过大的侧向力或离心力引起车辆在曲线上倾覆等问题。因此城市轨道交通车辆的曲线通过性能是一个需要评价的重要性能。

　　目前利用非线性动态曲线通过计算软件可以研究轨道车辆从直线进入曲线然后离开曲线的整个动态过程,由此可以获得车辆在风力、轨道不平顺等条件下的曲线轮轨作用力、脱轨安全系数、车辆间的纵向作用力、轮对冲角与轮缘损耗等一系列信息。

　　随着曲线通过理论和分析技术的发展,一系列具有良好曲线通过性能的新型转向架得到了发展和运用。下面将介绍蠕滑力导向机理并引出径向转向架的理论。

7.3.1　自由轮对的线性蠕滑力导向理论

　　图 7-7 给出了自由轮对在曲线上的蠕滑力。假设轮对在曲线上的横向位移较小,接触角较小,轮轨接触几何与蠕滑规律都是线性的。在不考虑自旋蠕滑时,轮对踏面沿纵向与横向的蠕滑力分量 T_y、T_x 与蠕滑率 γ_x、γ_y 的线性关系如下:

$$\begin{cases} T_x = -f_{11}\gamma_x \\ T_y = -f_{11}\gamma_y \end{cases}$$

考虑到曲线超高不足引起的左右轮重变化率 $q = \Delta P/P$，作用在整个轮对踏面上的合成横向蠕滑力与纵向蠕滑力矩为：

$$\begin{cases} T_y = T_yL + T_{yr} = 2f_{22}\Psi \\ M_z = (T_{xL} + T_{xr})b = -2f_{11}\left(1 - \frac{4}{9}q^2\right)\frac{\lambda_e b}{r_0} \cdot y^* \end{cases}$$

式中：f_{11}、f_{22}——纵向、横向蠕滑系数；

　　　Ψ——轮对轴线与曲线径向方向的夹角；

　　　y^*——轮对中心距轮对在曲线上的纯滚线的偏移量；

　　　λ_e——踏面导致斜率。

当轮对从直线进入曲线时，轮对中心如果没有处在纯滚线上，如图 7-8 所示，则在左右踏面上产生方向相反的纵向蠕滑力 T_y。在 T_y 作用下，轮对中心将向纯滚线移动，因而又反过来减小了纵向蠕滑力。最终，轮对中心到达纯滚线，其轴线指向曲线的半径方向。因此在自由轮对条件下，如果曲线半径不是太小时，轮对偏离纯滚线和径向方向产生的蠕滑力将迫使轮对返回到径向和纯滚线位置上去，从而形成蠕滑力导向的能力。要使轮对具备较强的蠕滑导向能力可采取以下措施：

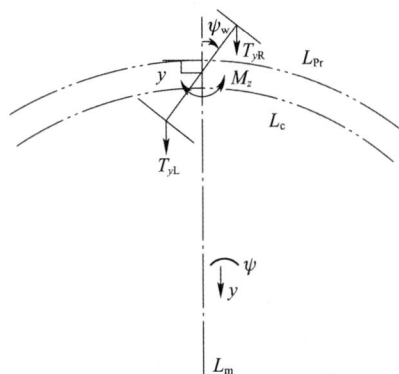

图 7-7　作用在轮对上的蠕滑力　　　　图 7-8　轮对进入曲线的蠕滑导向

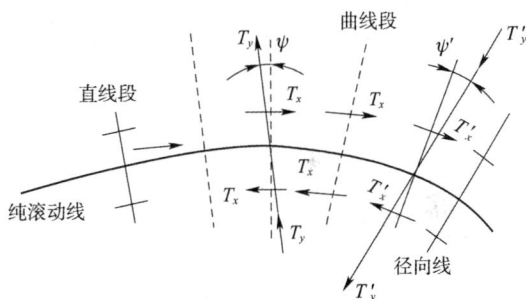

（1）增大轮轨蠕滑系数，这与轮轨表面黏着能力和接触面积有关，因此增强曲线上的黏着系数，采用凹形踏面将有利于曲线通过性能的提高。

（2）增大踏面等效斜率 λ_e，减少轮缘接触的可能。目前一些城市的轻轨为了减少曲线通过时过大的冲角导致的轮缘损耗，损耗形（凹形）踏面的等效斜率增大至 0.2～0.4。这种措施一方面能够减少损耗，另一方面也能大大降低曲线上的噪声水平。

（3）采用小半径车轮，减少冲角和轮缘力，同时可以降低车辆高度，降低工程造价。

7.3.2　带转向架车辆的曲线通过

自由轮对自身具有蠕滑力导向通过曲线的能力，但是车辆不可能采用自由轮对的方式，轮对总是由悬挂系统约束在转向架上，即轮对通过纵向及横向的一系弹簧约束在构架的下面，并不具备自由移动转动的能力。当轮对偏离径向和纯滚动线而产生蠕滑力及力矩并力图恢复到径向及纯滚动线时，车辆及转向架通过一系悬挂妨碍了这种趋势，除非采用非常柔软的一系定位刚度才有可能减少这种阻碍,但是这会导致蛇行失稳。

车辆在均衡速度下通过曲线时,车辆圆周运动的离心力将由曲线超高产生的重力分力来平衡。由于轮对在一系悬挂的约束下并不能完全达到径向位置,一定数量的冲角产生的踏面横向蠕滑力使导向轮对向外轨移动,直到轮缘碰到钢轨产生了轮缘力以抵消方向向外的踏面力。

因此,一系摇头刚度过大将产生大冲角,从而引起轮缘与钢轨接触,加快轮缘及钢轨的侧磨。同样,二系摇头刚度过大也将阻碍转向架转到曲线的径向方向,对于防止轮缘接触也是极不利的。

为了提高车辆曲线通过性能,应主要采取如下措施:

(1)一系及二系摇头约束刚度要低,减少轮对趋向径向的阻力。

(2)采用短轴距,以减少径向时的摇头位移量。

(3)减小车辆定距,减少转向架的摇头位移。

(4)提高蠕滑系数或黏着系数,借此增加轮对蠕滑导向的能力。一般采取大轴重、凹形踏面,并在踏面上涂抹增摩剂。

(5)采用大的踏面等效斜率和小的轮径。

例如,Skytrain 的轨道正线有半径 70m 的曲线地段,停车段内曲线半径仅为 35m。为了改善曲线通过性能,减少磨耗和噪声,它的 Mark I 转向架采取了短轴距、大踏面等效斜率,在踏面上涂抹固体高摩剂,并采用了径向转向架技术,结果大大减少了冲角,改善了轮轨磨耗,也降低了曲线上的噪声。Skytrain 的动车组在高架上穿越市区,不少地段紧贴居民住房通过,甚至穿过大楼,显示了它的优良性能。

7.3.3 径向转向架技术

提高转向架的蛇行稳定性需要较高的一系定位刚度,特别是纵向刚度,要求小的等效斜率和大的二系摇头刚度,而曲线通过又要求低的一系定位刚度特别是纵向刚度。这一系列互相矛盾的要求使得参数的选择十分困难。为了解决这些问题,近 20 年来,通过减小轮对纵向定位刚度,增加两轮对间的弹性约束,达到使轮对轴线处于纵向位置上的径向转向架技术迅速发展起来。

城市轨道交通线路的曲线半径要比干线铁路小得多,速度虽然不高,也需考虑 80 ~ 100km/h 的普遍情况。各种径向转向架不同程度地减小了轮对冲角和侧压力,改善了轮轨磨耗度,降低了曲线运行的摩擦噪声,降低了维修成本。因此径向转向架技术必将在城市轨道交通车辆上获得广泛的应用。

具有代表性的径向转向架主要分为两类。一种径向转向架采用的是迫导向技术,它是利用曲线通过时车体与转向架之间产生的相对转动推动轮对相对构架也相应转动一定的角度,来达到径向的目的。另一种径向转向架技术称自导向技术。这是一种利用锥形踏面或磨耗型踏面的轮对在曲线上的自发纵向蠕滑力矩推动下趋向径向的技术。

径向转向架主要有以下几个优点:一是能减小车辆通过曲线时的阻力,由此节约牵引能耗;二是减轻车辆各零部件间的磨耗;三是由于减小了轮轨相互作用力,因而可以适当降低线路标准,减少投资费用。

7.4 车辆运行安全性

城市轨道交通车辆运行安全性只有在轮轨处于正常接触状态时才能得到保证。由于车辆在线路上运行时,受到外界或内在因素产生的各种作用,在最不利因素组合作用下可能丧失车辆安全运行的基本条件,从而造成轮轨分离、车辆脱轨或倾覆的恶性事故,因而研究运行安全性及其评价标准非常重要。

1)轮对脱轨条件及评价标准

一般条件下,车辆从直线进入曲线,其转向是在轮轨导向力作用下完成的。这时,前轮对的外侧车轮轮缘紧靠外轨,轮轨接触力如图7-9所示。车轮在侧向力推动下逐渐爬上轨头,当到达轮缘圆弧拐点时,如车轮不能滑回原位,则呈现脱轨临界状态,此时车轮很有可能在 Q_1 力作用下维持上升趋势直至脱轨发生。因此,拐点处的临界状态是爬轨的分析条件。图7-9中,Q_1 及 P_1 是外轮作用给轨头的力,N_1 及 $\mu_1 N_1$ 分别是轮轨接触处给车轮的法向力及切向力。其平衡方程式为:

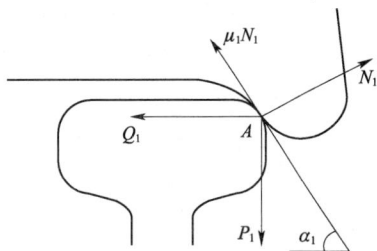

图 7-9 车轮脱轨的作用力关系

$$\begin{cases} P_1 \sin\alpha_1 - Q_1 \cos\alpha_1 = \mu_1 N_1 \\ N_1 = P_1 \cos\alpha_1 + Q_1 \sin\alpha_1 \end{cases}$$

式中:μ_1——摩擦系数;

α_1——轮缘角。

可求得方程的解为:

$$\frac{Q_1}{P_1} = \frac{\tan\alpha_1 - \mu_1}{1 + \mu_1 \tan\alpha_1}$$

此式是车轮在爬轨过程中维持在拐点的平衡条件。可以看出,α_1 越大或 μ_1 越小,越不易发生脱轨。

式中,Q_1/P_1 为脱轨系数,超过限度就有脱轨可能。根据我国轮轨状态,规定我国标准为:$Q_1/P_1 = 1.0$ 为允许限度,$Q_1/P_1 = 1.2$ 为安全限度。第一限度是希望不超过的允许限度,新车不能超过允许限度,第二限度则是安全限度。

采用测力轮对直接测取 Q_1 及 P_1,可以评价脱轨安全性。在没有测力轮对时可采用测量转向架构架力的方法。测取左右侧架轴箱垂直力及横向力,可以计算左右车轮的垂直力 P_1 及 P_2,左右侧架的横向力之和 H 是转向架作用在轮对上的横向力。低速时,省略轮对的惯性力后,脱轨条件可近似表示为轮对形式:

$$\frac{H + \mu_2 P_2}{P_1} \geq \frac{\tan\alpha_1 - \mu_1}{1 + \mu_1 \tan\alpha_1}$$

上面的评价条件均适用于低速脱轨过程。高速脱轨是由跳轨或蛇行失稳产生的,此时瞬时侧向力可以很大,因此 Q_1/P_1 的临界值与出现峰值瞬时力的时间 Δt 成反比。

2)轮重减载引起的脱轨条件

上面考虑的脱轨过程都是轮对在较大水平力和较小轮重下形成的。总结实际运用中出现的脱轨事故发现,有时脱轨轮对所受侧向力并不大,只是左右轮重发生较大差异。这时,

只要令 $H≈0$ 时就可推出轮重减载的脱轨条件：

$$\frac{\Delta P}{P} = \left(\frac{\tan\alpha_1 - \mu_1}{1 + \mu_2\tan\alpha_1} - \frac{\tan\alpha_2 + \mu_2}{1 - \mu_2\tan\alpha_2}\right) \bigg/ \left(\frac{\tan\alpha_1 - \mu_1}{1 + \mu_2\tan\alpha_1} + \frac{\tan\alpha_2 + \mu_2}{1 - \mu_2\tan\alpha_2}\right)$$

式中： ΔP——左右轮重差；

μ_1、μ_2、α_1、α_2——左、右车轮与轨头接触处的摩擦系数及接触角。

我国规定 $\Delta P/P$ 的允许限度为 0.6。

在使用上述公式计算时应注意具体条件，脱轨系数 Q_1/P_1 是衡量防止脱轨的安全指标的根本依据，而最后两个公式的使用则是有条件的，条件不满足时会得到矛盾的结果。

3）影响车辆脱轨的因素

影响车辆脱轨的因素很多，而实际脱轨往往是多种因素的组合，只是其中某个因素起了决定性作用。影响车辆脱轨因素为运行线路、车辆结构参数和运用条件，线路方面的因素有曲线超高、顺坡、三角坑及局部不平顺等。车辆的转向架制造公差、回转力矩、轴箱横向定位刚度、斜对称荷载均会影响侧向力或引起轮重变化。侧向力过大、重心过高在曲线上也会导致减载超限。装载偏重、空车弹簧静挠度过小亦会引起轮重减载。一般车辆低速由曲线进入直线时容易脱轨，风力过大有时也可能造成曲线脱轨。

4）车辆倾覆安全性

当车辆弹簧柔性过大、重心过高时，在过大的离心力、振动惯性力或风力组合作用下，可能造成车辆一侧车轮减载过大而使车辆倾覆，这与低速脱轨时不考虑离心力、振动的情况有所不同。

车辆在横向力作用下可能倾覆的程度用倾覆系数 D 来表示：

$$D = \frac{P_2 - P_1}{P_2 + P_1}$$

式中：P_1——车辆内轨侧的垂直轮轨力；

P_2——车辆外轨侧的垂直轮轨力。

我国规定 $D = 0.8$ 为危险限度，因此当 $D < 0.8$ 时为安全状态。

为了防止车辆倾覆，可加大车辆横向刚度或抗侧滚刚度，以减少重心偏移过大引起的簧上失稳。由于增大横向刚度会减小横向平稳性，因此目前大多采用增加抗侧滚刚度的扭杆来减小侧滚角，从而提高抗倾覆能力。

复习思考题

1. 车体的振动形式有哪些？

2. 引起车辆振动的线路原因有哪些？

3. 车辆运行平稳性及其评价标准是什么？

4. 何谓蛇行运动及蛇行失稳？影响蛇行运动的因素有哪些？

5. 什么是蠕滑、蠕滑力？提高轮对蠕滑导向能力有哪些措施？

6. 提高车辆曲线通过性能有哪些主要措施？

7. 轮对脱轨条件及评价标准是什么？

8. 影响脱轨的因素有哪些？

参 考 文 献

[1] 曾青中,韩增盛.城市轨道交通车辆[M].3版.成都:西南交通大学出版社,2016.

[2] 邱志华,彭建武.城市轨道交通车辆构造[M].北京:人民交通出版社股份有限公司,2016.

[3] 刘亚磊.城轨轨道交通车辆[M].北京:北京交通大学出版社,2019.

[4] 廖斌.Scharfenberg 密接式车钩结构及其维修保养[J].电力机车与城轨车辆,2009(7):
    44-49.

[5] 帅纲要,常明,何华.城轨车辆车钩缓冲器的配置与能量吸收[J].电力机车与城轨车辆,
    2009(9):17-21.

[6] 宿方宗.北京地铁1号线用车钩缓冲装置的故障分析与改进[J].铁道车辆,2010(3):
    19-20.

[7] 龚明,丁叁叁.城市轨道车辆不锈钢车体结构优化探索[J].铁道车辆 2009(7):16-18.

[8] 顾玉林,刘龙玺,牟晓莎.地铁车辆用车钩主要部件简介及选型[J].机车车辆工艺,2018
    (2):34-37.